Volker Sellin

Das Jahrhundert der Restaurationen

Volker Sellin
Das Jahrhundert der Restaurationen

1814 bis 1906

Oldenbourg Verlag München 2014

Bibliografische Information der Deutschen Nationalbibliothek
Die Deutsche Nationalbibliothek verzeichnet diese Publikation in der Deutschen Nationalbibliografie; detaillierte bibliografische Daten sind im Internet über http://dnb.dnb.de abrufbar.

Library of Congress Cataloging-in-Publication Data
A CIP catalog record for this book has been applied for at the Library of Congress.

© 2014 Oldenbourg Wissenschaftsverlag GmbH
Rosenheimer Straße 143, 81671 München, Deutschland
www.degruyter.com/oldenbourg
Ein Unternehmen von De Gruyter

Dieses Werk ist urheberrechtlich geschützt. Die dadurch begründeten Rechte, insbesondere die der Übersetzung, des Nachdrucks, des Vortrags, der Entnahme von Abbildungen und Tabellen, der Funksendung, der Mikroverfilmung oder der Vervielfältigung auf anderen Wegen und der Speicherung in Datenverarbeitungsanlagen, bleiben, auch bei nur auszugsweiser Verwertung, vorbehalten. Eine Vervielfältigung dieses Werkes oder von Teilen dieses Werkes ist auch im Einzelfall nur in den Grenzen der gesetzlichen Bestimmungen des Urheberrechtsgesetzes in der jeweils geltenden Fassung zulässig. Sie ist grundsätzlich vergütungspflichtig. Zuwiderhandlungen unterliegen den Strafbestimmungen des Urheberrechts.

Gedruckt in Deutschland

Dieses Papier ist alterungsbeständig nach DIN/ISO 9706.

Umschlagbild: Louis-Philippe Crépin (1772–1851): Allégorie du retour des Bourbons le 24 avril 1814: Louis XVIII relevant la France de ses ruines. Musée national du Château de Versailles. © akg-images.

ISBN 978-3-486-76504-5
e-ISBN 978-3-11-035437-9

Inhalt

Einleitung	7
Frankreich 1814	15
Polen 1815	35
Deutschland 1818–1848	55
Spanien 1834	75
Italien 1848	97
Russland 1906	117
Schluss	137
Anmerkungen	141
Quellen und Literatur	159
Personenregister	173

Einleitung

Im Jahre 1989 wurde in der ganzen Welt das zweihundertjährige Jubiläum der Französischen Revolution begangen. Das Ereignis wurde gefeiert als Durchbruch des Prinzips der Volkssouveränität und des gewaltenteiligen Verfassungsstaats. Mit Namen wie Sieyès und Mirabeau verbindet sich die Erinnerung an die historische Leistung der ersten französischen Nationalversammlung, an die Abschaffung des Feudalsystems, an die Erklärung der Menschen- und Bürgerrechte und an die demokratische Verfassung von 1791.

Im Jahre 2014 jährt sich ebenfalls zum zweihundertsten Mal ein anderes Ereignis aus der Geschichte Frankreichs, das in der historischen Erinnerung jedoch einen weitaus bescheideneren Platz einnimmt als der Ausbruch der Revolution: der Sturz Napoleons und die Restauration der Monarchie unter der Dynastie der Bourbonen. Zwar hat auch dieser Vorgang einem ganzen Zeitalter den Namen gegeben, doch mit dem Begriff der Restauration verbinden sich im Bewusstsein der Gegenwart keine Ziele, die auch nach zwei Jahrhunderten noch gültig wären. Der Begriff steht vielmehr für den zweifelhaften Versuch, etwas Überwundenes und Abgelebtes gegen die Zeit gewaltsam wiederherzustellen. Die Wiedereinsetzung der Bourbonen in Frankreich scheint diese Auffassung zu bestätigen, hatte die restaurierte Monarchie doch nur anderthalb Jahrzehnte Bestand. Die zweihundertste Wiederkehr der Thronbesteigung Ludwigs XVIII. soll zum Anlass genommen werden, die vorherrschende Bewertung der Restauration zu überprüfen.

Schon der Begriff ist mehrdeutig. Nach dem Sprachgebrauch der Zeitgenossen verdient die Rückkehr der Bourbonen auf den französischen Thron nicht deshalb den Namen einer Restauration, weil dadurch die Monarchie überhaupt, sondern weil die Monarchie von Gottesgnaden wiederhergestellt und damit der Grundsatz der Volkssouveränität zurückgewiesen wurde, auf dem in Frankreich seit 1789 alle Regime beruht hatten. Hätte Ludwig XVIII. die vom napoleonischen Senat in dessen Verfassungsentwurf vom 6. April 1814 ausgesprochene Berufung zu einem demokratisch legitimierten König der Franzosen angenommen, wäre die Monarchie zwar auch wieder eingeführt worden, aber nicht im Zeichen der Restauration. Ungeachtet seiner Herkunft aus der alten französischen Herrscherdynastie wäre Ludwig kein König historischen Rechts geworden, sondern ein König der Revolution, *un Roi par la révolution*, wie Jacques-Claude Beugnot am 2. Juni 1814 in einem Brief an den König formulierte, und statt sein ererbtes Herrschaftsrecht wieder zur Geltung zu bringen und die Revolution in der Monarchie aufzuheben (*absorber la révolution dans la monarchie*), hätte er vielmehr die Monarchie in der Revolution aufgehoben.[1]

Erst die Erneuerung der Legitimität von Gottes Gnaden machte die Wiederherstellung der Monarchie zur Restauration. Herrschaftslegitimität ist eine Zuschreibung von Geltung durch diejenigen, die der Herrschaft unterworfen sind. Dementsprechend erforderte die Restauration die Wiederbelebung von Überzeugungen, die während der Revolution und des Kaiserreichs verlorengegangen waren. Dem Mut, der Klugheit und der Beharrlichkeit Ludwigs XVIII. ist es zuzuschreiben, dass diese Operation gelang. Zu verdanken ist dieser Erfolg in erster Linie der Umsicht, mit der Ludwig den Verfassungsentwurf des Senats behandelte. Statt ihn geradezu abzulehnen, bestand er lediglich auf seiner Revision. Im Zuge des Revisionsprozesses, an dem Vertreter des Senats und des *Corps législatif* mitwirkten, wurde statt der Nation der Monarch zum Urheber der Verfassung erklärt, und das demokratische Prinzip wurde durch das monarchische ersetzt. Damit wahrte der König seinen Anspruch auf den Vollbesitz der Herrschaftsgewalt, ohne deshalb die Nation von der Mitwirkung an der Bildung des politischen Willens auszuschließen. Nach Abschluss der Revision oktroyierte Ludwig XVIII. die Verfassung unter dem Namen einer *Charte constitutionnelle*.[2] Als *Charte* oder *Carta* war im Mittelalter eine Urkunde bezeichnet worden, mit der ein Herrscher Privilegien erteilte. Ein Privileg war eine freiwillige Leistung, auf die der Empfänger keinen Anspruch hatte. Durch den Oktroi der Verfassung gewann der König formell die Legitimität zurück, die sein Bruder Ludwig XVI. in der Revolution verspielt hatte. Insofern war der Oktroi der entscheidende Akt der Restauration. Mit der Stiftung der Verfassung erkannte Ludwig XVIII. zwar wesentliche Errungenschaften der Revolution an, aber er ließ seine Herrschaft nicht zugleich durch die Revolution legitimieren. Vielmehr verwandelte er die Revolution durch den Oktroi aus einer Bedrohung der Monarchie in ein Unterpfand ihrer Stabilität.

Ludwig datierte die *Charte* auf das 19. Jahr seiner Regierung, als ob die Monarchie ununterbrochen weiterbestanden hätte. In der Tat hatte er weder die Inanspruchnahme der verfassunggebenden Gewalt durch die Nation im Juni 1789 noch den Sturz der Monarchie im September 1792 jemals anerkannt. Wenn die Monarchie in der Revolution jedoch gar nicht untergegangen war, dann brauchte sie auch nicht wiederhergestellt zu werden. Wäre sie aber untergegangen, dann hätte sie in der Fülle ihres überlieferten Rechts von niemandem in der Welt wieder zum Leben erweckt werden können, auch nicht durch die Nation, denn diese hätte nur die demokratische Legitimität, nicht aber das Gottesgnadentum verleihen können. In den Augen Ludwigs XVIII. konnte die Restauration der Monarchie nur vom Monarchen selbst ausgehen, und sie konnte nicht deren Wiederherstellung, sondern nur ihre Wiederanerkennung und Konsolidierung zum Ziel haben.

Wenn Ludwig XVIII. die *Charte* oktroyierte, um die Legitimität von Gottesgnaden bei den Bürgern wieder zur Anerkennung zu bringen, dann unterschied sich der Oktroi von 1814 nicht grundsätzlich von den Verfassungsoktrois, die im Laufe der nächsten einhundert Jahre auch von anderen Monarchen durchgeführt wurden. Dementsprechend müssen auch diese Oktrois als monarchische Restaurationen interpretiert werden, und Restauration erweist sich nicht als ein einmaliger und auf eine bestimmte Epoche begrenzter Vorgang, sondern als ein Verfahren, das die Herrscher Europas in der Zeit zwischen der Französischen Revolution und dem Ersten Weltkrieg nach Bedarf einsetzten, um ihre wankenden Throne zu stabilisieren. Dementsprechend wird Restauration aus einer Epoche der europäischen Geschichte zu einer Epoche in der Geschichte jeder einzelnen Monarchie, und das 19. Jahrhundert wird zu einem Jahrhundert nicht nur der Revolutionen, sondern auch der Restaurationen.

Die Restauration von 1814 in Frankreich nimmt in dieser Reihe dennoch einen herausgehobenen Platz ein. Mit dem Oktroi der *Charte constitutionnelle* vermittelte Ludwig XVIII. den in der Revolution geschaffenen Verfassungsstaat an das neue Jahrhundert. Man könnte geradezu von einer revolutionierenden Wirkung der Restauration sprechen, diente sie doch ebenso wie zuvor die Revolution dem Fortschritt der Freiheit. Neben den Akteuren von 1789 muss man daher auch Ludwig XVIII. zu den Wegbereitern des modernen Verfassungsstaats in Europa zählen. Durch den Oktroi der *Charte constitutionnelle* zeigte Ludwig XVIII. dem 19. Jahrhundert, wie elementare Forderungen der Revolution mit der monarchischen Legitimität von Gottesgnaden in Einklang gebracht werden konnten. Je stärker die revolutionäre Bedrohung wuchs, desto mehr wurde Restauration nach dem Vorbild Frankreichs zur Überlebensstrategie auch anderer Monarchien. Nicht die Verfassungsschöpfung durch eine verfassunggebende Versammlung nach dem Grundsatz der Volkssouveränität, sondern der monarchische Verfassungsoktroi nach dem 1814 in Frankreich gegebenen Beispiel bestimmte für ein Jahrhundert die Verfassungsentwicklung in den Monarchien des Kontinents, und der Siegeszug des modernen Verfassungsstaats in Europa ist weit weniger der Revolution selbst als vielmehr den zahlreichen Restaurationen zu verdanken, die zur Vermeidung oder zur Überwindung von Revolutionen ins Werk gesetzt wurden. Während die *Charte* zunächst bis 1830 und nach ihrer Revision in der Julirevolution weitere 18 Jahre in Kraft blieb, hatten die nach ihrem Muster in anderen Staaten geschaffenen Verfassungen zum Teil noch viel länger Bestand.

Restauration steht in einem Spannungsverhältnis zur Revolution. Ohne revolutionäre Bedrohung hätte es keiner Restauration bedurft. Eintritt und Grad der Bedrohung bestimmten den Zeitpunkt der Restaurationen. Restaurationen sind stets aus Krisen der monarchischen Legitimität hervorgegangen. Aussicht auf nachhaltige Überwindung einer Legitimitätskrise bot nur die Restauration durch den Oktroi einer Verfassung. Durch den Oktroi suchten die Monarchen die Entwicklung zu beherrschen, statt von ihr überrollt zu werden. Im Jahre 1814 fand eine Restauration nur in Frankreich statt. Nur dort hatte die Nation die Monarchie abgeschafft und sich selbst zur Quelle der Souveränität erklärt. Dementsprechend bedeutete nur in Frankreich die Wiederanerkennung des Gottesgnadentums eine Abkehr der Bürger von Grundsätzen, die im Zeitalter der Revolution ihren Durchbruch erlebt hatten. In allen anderen Staaten, die zuvor unter der Herrschaft Napoleons gestanden hatten, waren die Monarchen nicht von der Nation, sondern vom siegreichen Frankreich abgesetzt worden. Durch die Vertreibung allein hatten sie die Zustimmung der Bürger jedoch nicht verlieren können. Daher bedurften sie nach dem Zusammenbruch des Kaiserreichs auch keiner Restauration der monarchischen Legitimität, und die Epoche sollte nicht länger als Zeitalter der Restauration schlechthin, sondern als Zeitalter nur der französischen Restauration bezeichnet werden.

Ziel des nachfolgenden Essays ist die Rehabilitierung des Restaurationsbegriffs und eine Neubewertung der Restaurationspolitik. In dieser Absicht soll der Durchbruch des monarchischen Konstitutionalismus durch Verfassungsoktroi in ausgewählten europäischen Monarchien des 19. Jahrhunderts vergleichend untersucht werden. Am Anfang steht die Restauration in Frankreich 1814. Von allen nachfolgenden Restaurationen unterscheidet sich die französische Restauration dadurch, dass die Dynastie, ungeachtet ihres fortdauernden Anspruchs auf den Thron, die Herrschaft tatsächlich verloren hatte, während die

Restaurationen in anderen Staaten ins Werk gesetzt wurden, um dem drohenden Herrschaftsverlust zuvorzukommen. Beide Arten von Restauration glichen sich jedoch darin, dass sie ihr Ziel durch Konzession einer Verfassung zu erreichen suchten. Die Garantie von Grundrechten und die politische Beteiligung der Nation sollten die Zustimmung der Nation zur Monarchie befestigen. Auf die französische Restauration folgte die Restauration in dem von Russland eroberten polnischen Teilstaat durch Alexander I. im Jahre 1815. Die vom Zaren oktroyierte Verfassung sollte die Bewohner des Landes mit ihrem neuen Herrn versöhnen. In Deutschland wurden die ersten Verfassungen nach der Befreiung von der napoleonischen Herrschaft oktroyiert. Wie an den Beispielen Baden, Bayern und Württemberg gezeigt wird, dienten sie der politischen Integration der seit 1801 erheblich vergrößerten Staaten. Dagegen oktroyierte der König von Preußen im Dezember 1848 eine Verfassung, um die im März ausgebrochene Revolution einzudämmen. In Spanien wurde 1834 der *Estatuto real* oktroyiert in der Hoffnung, auf diese Weise die doppelte Krise zu überwinden, in die das Haus Bourbon nach dem Tod Ferdinands VII. geraten war, die Minoritätskrise und den Konflikt um die Nachfolge des Verstorbenen auf dem Thron. In Italien wurden in sämtlichen Staaten außer in der Lombardei und Venetien kurz vor Ausbruch der Revolution von 1848 überstürzt Verfassungen oktroyiert, um das monarchische Prinzip zu wahren. Nach dem Scheitern der Revolution wurden sie außer im Königreich Sardinien allesamt wieder aufgehoben. Im Zuge der nationalen Einigung Italiens wurde der *Statuto albertino* zur Verfassung des Königreichs Italien. Der Übergang Russlands zum Verfassungsstaat durch Oktroi der Fundamentalgesetze im April 1906 war der Versuch zur Überwindung der Staats- und Vertrauenskrise, die im Jahr zuvor zum Ausbruch der Revolution geführt hatte.

Die Untersuchung ist exemplarisch angelegt. Österreich, die skandinavischen Länder, die Niederlande, Belgien und Portugal bleiben ausgespart. Der Vergleich verschiedener Restaurationen in der Geschichte Europas im 19. Jahrhundert sucht das Identische, den Restaurationsakt, in der Differenz der vielfältigen äußeren Erscheinungen. Dieses Ziel ist nur erreichbar, wenn die Legitimitätskrisen, zu deren Überwindung Verfassungen oktroyiert wurden, aus ihren jeweiligen Voraussetzungen analysiert werden. Die Fruchtbarkeit von Vergleichen wird wesentlich durch die Entscheidung darüber mitbestimmt, auf welche Vorgänge sie sich beziehen. So hat die Fixierung des Restaurationsbegriffs auf die Epoche nach dem Sturz Napoleons in der Forschung dazu geführt, dass

Monarchen und die Politik von Monarchen miteinander verglichen wurden, die ganz gegensätzliche Ziele verfolgten. Als Restaurationsregime werden zum Beispiel bis heute sowohl das Spanien Ferdinands VII. als auch das Frankreich Ludwigs XVIII. behandelt. Beide Monarchen kehrten nach dem Sturz Napoleons im Frühjahr 1814 aus dem erzwungenen Exil auf ihre Throne zurück, und beide sollten eine Verfassung beschwören, die im Namen der Nation für sie erarbeitet worden war, in Spanien von den *Cortes*, in Frankreich vom napoleonischen Senat. Im Unterschied zu Ludwig XVIII. lehnte Ferdinand VII. die Annahme der Verfassung jedoch ab und ließ ihre Urheber verfolgen. Den italienischen Fürsten wurden bei ihrer Rückkehr gar keine Verfassungen vorgelegt.

Die vorliegende Abhandlung fußt auf einem breiten Fundus an Quellen und Literatur zu den verglichenen Restaurationen. Allerdings haben sich nur wenige Arbeiten finden lassen, in denen das Phänomen der Restauration länderübergreifend und vergleichend analysiert worden wäre. Zu den wenigen zählt das 1968 erschienene Buch des österreichisch-amerikanischen Historikers Robert A. Kann, The Problem of Restoration. A Study in Comparative Political History.[3] Kanns Ansatz unterscheidet sich in mehrfacher Hinsicht von dem hier gewählten. So heißt Restauration für ihn Wiederherstellung eines untergegangenen politischen oder sozialen Systems und nicht primär die Erneuerung verlorener Legitimität. Dementsprechend zählt er die Rückkehr der Bourbonen im Jahre 1814, nicht aber die sonstigen Verfassungsoktrois des 19. Jahrhunderts zu den Restaurationen, weil nur in Frankreich der Wiederherstellung der Monarchie ein republikanisches Zwischenspiel vorausgegangen war. Wie weit er den Restaurationsbegriff in anderer Hinsicht fasst, wird daran erkennbar, dass er die Gründung des Deutschen Kaiserreichs von 1871 als Restauration des 1806 untergegangenen Heiligen Römischen Reiches deutscher Nation behandelt.[4] Kann folgt einem Dreierschema, nach dem auf ein ursprüngliches System ein durch Revolution oder politischen Verfall entstandenes intermediäres und auf dieses schließlich das System der Restauration folgte. Dieses Schema wendet er auf Fälle an, die bis ins frühe Altertum zurückreichen.

Die Entwicklung des Restaurationskonzepts in der Geschichte zeichnet der begriffsgeschichtliche Artikel „Reaktion, Restauration" von Panajotis Kondylis aus dem Jahre 1984 nach.[5] Gestützt auf eine große Zahl von Belegen gelangt Kondylis zu dem Ergebnis, dass unter Restauration seit der ersten Hälfte des 19. Jahrhunderts überwiegend der Versuch zur „Wiederherstellung veralteter Anschauungen und

Einrichtungen" verstanden worden sei.[6] Er zitiert jedoch auch eine Denkschrift des Generals und Diplomaten Joseph Maria von Radowitz für König Friedrich Wilhelm IV. von Preußen vom 4. Februar 1850, worin der Begriff in der Bedeutung von Konsolidierung einer bestehenden Monarchie durch Reform gebraucht wird. Kondylis geht auf diese Bedeutungsvariante allerdings nicht weiter ein. Am 2. Februar hatte Friedrich Wilhelm IV. die revidierte Verfassung für den Preußischen Staat in Kraft gesetzt. In seiner Denkschrift blickt Radowitz auf die Entstehungsgeschichte dieser Verfassung seit der Märzrevolution von 1848 zurück. Den Oktroi der preußischen Verfassung vom 5. Dezember 1848 bezeichnet er als ersten Schritt eines „Restaurationsprozesses". Im weiteren Verlauf der Revolution seien „innerhalb der konstitutionellen Partei die beiden Bestandteile" getrennt worden, nämlich „die abstrakt Konstitutionellen, die Doktrinäre, für welche die Konstitution das Wesentliche und der Monarch ein bloßes Requisit in derselben ist", auf der einen und „die konservativ Konstitutionellen, für welche ein festes, würdiges Königtum die Hauptsache, der Mittelpunkt ist, und die Konstitution nur die Form für dessen Beschränkung durch positive Volksrechte" auf der anderen Seite. Worauf Radowitz mit diesen Worten abzielte, ist nichts anderes als die Unterscheidung zwischen demokratischem und monarchischem Prinzip, zwischen demokratischem und monarchischem Konstitutionalismus. Über die revidierte Verfassung schrieb er dementsprechend, sie habe „überwiegend den konservativen monarchistischen Charakter erhalten", „die doktrinäre Partei" habe „sich ausgeschieden" und sei „im schließlichen Kampfe gegen die Krone unterlegen". Die Durchsetzung der revidierten Verfassung nannte Radowitz eine „organische Restauration". Für die kommende Zeit empfahl er, „Schritt für Schritt und streng legal" die Elemente des „falschen Konstitutionalismus" auszuscheiden, „einerseits in den Köpfen, andererseits in den Institutionen". Ziel müsse „eine nur durch die wahren Rechte der Untertanen beschränkte, organisch gegliederte monarchische Regierung" sein.[7]

Der Schlüsselbegriff in der Denkschrift ist „organische Restauration". Radowitz spricht von Restauration, obwohl die Monarchie in Preußen in der Revolution nicht gestürzt worden war. „Restauration" kann daher an dieser Stelle nur die Wiedergewinnung politischer Vitalität nach der vorübergehenden Lähmung der Monarchie in der Märzrevolution bedeuten. Dass die Wiedererstarkung gelang, führt Radowitz darauf zurück, dass die Regierung im Bündnis mit der „monarchisch-konstitutionellen Partei" den Einfluss der Demokraten hatte zurückdrängen können. „Organisch" nennt Radowitz diese Restauration, weil der König seinen monarchischen Standpunkt hatte behaupten können, ohne „mit dem konstitutionellen Prinzip überhaupt zu brechen".[8] Damit stellt Radowitz die Verfassungsstiftung durch Friedrich Wilhelm IV. in eine Reihe mit dem Oktroi der *Charte constitutionnelle* durch Ludwig XVIII. im Jahre 1814. In ähnlichem Sinne wie Radowitz hatte der österreichische Gesandte in Neapel, Graf Karl Ludwig von Ficquelmont, den Begriff „Restauration" schon am 1. April 1824 in einem Schreiben an Staatskanzler Metternich gebraucht. Ficquelmont schreibt, nach der Einrichtung von Beratungsorganen im Königreich beider Sizilien könne dort „die wirkliche Restauration der Monarchie" (*la véritable restauration de la monarchie*) beginnen.[9] Auch der König von Neapel war nicht gestürzt, die Monarchie war nicht abgeschafft worden. In der Revolution von 1820 war Ferdinand I. lediglich gezwungen worden, die spanische Verfassung von 1812 einzuführen. Durch die militärische Intervention Österreichs war das konstitutionelle Zwischenspiel jedoch bereits nach einem Jahr wieder beendet worden.

Bei Ficquelmont wie bei Radowitz heißt Restauration der Monarchie also nicht deren Wiederherstellung nach einer republikanischen Phase, sondern die Behauptung und Stärkung des monarchischen Prinzips durch Reform oder Konstitutionalisierung. Unter den von Radowitz hierfür gebrauchten Begriff der „organischen Restauration" lassen sich sämtliche Restaurationen im Europa des 19. Jahrhunderts zusammenfassen.

Der nachfolgende Essay knüpft an frühere Veröffentlichungen des Autors an: eine Monographie von 2001, die dem Sturz Napoleons und der Restauration der Monarchie in Frankreich im Jahre 1814 gewidmet ist, und eine Analyse der Grundlagen monarchischer Legitimität im revolutionären Zeitalter von 2011.[10] Im siebenten Kapitel dieses Buches wird die legitimitätsstiftende Kraft von Verfassungen behandelt. Namentlich die dort entwickelten Überlegungen werden in der hiermit vorgelegten Arbeit vertieft und weitergeführt.

Frankreich 1814

Im Frühjahr 1814 erlebte Frankreich einen epochalen Machtwechsel: Das napoleonische Kaiserreich brach zusammen, und die Bourbonen kehrten auf den Thron zurück.[1] Der politische Umschwung war das Ergebnis eines Zusammenspiels mehrerer zunächst voneinander unabhängiger Akteure. Am Anfang stand der Vormarsch der Koalition, die Russland, Preußen, Österreich und Großbritannien nach dem Scheitern Napoleons in Russland im Laufe des Jahres 1813 geschlossen hatten. Er mündete am 31. März 1814 in die Besetzung der Hauptstadt Paris. Von den verbündeten Souveränen gewann Zar Alexander I. in den ersten Apriltagen den größten Einfluss. Der österreichische Kaiser Franz I. und Außenminister Metternich weilten zunächst noch in Dijon, und Friedrich Wilhelm III. von Preußen ordnete sich bereitwillig dem Zaren unter, um dessen Zusagen aus dem Vertrag von Kalisch nicht aufs Spiel zu setzen. Der englische Prinzregent war nicht auf den Kontinent gekommen. Die britischen Interessen wurden von Außenstaatssekretär Lord Castlereagh wahrgenommen, doch auch der traf erst in Paris ein, nachdem die Stadt sich ergeben hatte. Auf französischer Seite war zunächst Talleyrand der wichtigste Akteur. Nach dem Einmarsch der Alliierten überredete er den französischen Senat, Napoleon formell abzusetzen und eine Verfassung zu verabschieden, die den im englischen Exil lebenden Bruder Ludwigs XVI., den Grafen von Provence, als König vorsah. Unter dem Titel eines Ludwig XVIII. folgte der Auserwählte dieser Aufforderung und kehrte nach Frankreich zurück, aber er übernahm die Krone zu seinen eigenen Bedingungen und unterwarf die vom Senat vorgelegte Verfassung einer elementaren Revision. Erst diese Revision machte aus dem Machtwechsel die Restauration.

Voraussetzung für die Restauration der Monarchie war die Absetzung Napoleons. Die Einnahme von Paris und der Sturz des Kaiserreichs hatten ursprünglich nicht zu den Zielen der Koalition gehört. Einzig Zar Alexander I. hatte sich seit dem Brand von Moskau 1812 in den Kopf gesetzt, in die französische Hauptstadt einzumarschieren und dort an Napoleon Rache zu nehmen. Er hielt es geradezu für seine Mission, Europa vom Joch Bonapartes zu befreien. Der österreichische Außenminister Metternich dagegen hatte bis weit in den März 1814 hinein gehofft, mit Napoleon einen Verhandlungsfrieden schließen zu können. Unter Napoleons Führung, so glaubte er, würde Frankreich auch künftig ein starkes Gegengewicht gegen die Macht Russlands bilden und auf diese Weise die Unabhängigkeit Mitteleuropas gewährleisten. Noch im Dezember 1813 war Metternich bereit gewesen, auf der Basis der Rheingrenze mit Napoleon abzuschließen. Dem hatte der britische Außenminister Castlereagh von Anfang an widersprochen. Großbritannien wollte die Unabhängigkeit der Niederlande durch eine breite Barriere, die zumindest die Scheldemündung mit Antwerpen einschloss, vor der französischen Grenze absichern. Mit dem Vordringen der Koalitionsarmeen auf französischen Boden seit Januar 1814 war die Frage entschieden. Ziel der Verbündeten war jetzt die Wiederherstellung Frankreichs in den Grenzen von 1792, dem Jahr, in dem der erste Revolutionskrieg ausgebrochen war.

Am 5. Februar 1814 trat in Châtillon-sur-Seine ein Kongress zusammen, auf dem Bevollmächtigte Russlands, Österreichs, Preußens und Großbritanniens mit dem französischen Außenminister Caulaincourt über ein Ende der Feindseligkeiten verhandeln wollten. Gleichzeitig wurde weitergekämpft. Bisher war Napoleon zu keinerlei Zugeständnissen bereit gewesen, da er stets darauf gesetzt hatte, den Krieg militärisch zu beenden. Da war es eine Überraschung, als Caulaincourt in der Sitzung vom 7. Februar nach einer längeren Ausführung die Frage stellte, ob die Verbündeten einem sofortigen Waffenstillstand zustimmen würden, wenn Frankreich ihre Friedensbedingungen annähme.[2] Ursache für diese plötzliche Wendung war die Niederlage, die Napoleon am 1. Februar bei La Rothière gegen Blücher und den Prinzen von Württemberg erlitten hatte. Der Kaiser befürchtete, die Koalitionsarmeen würden die Situation nutzen, um auf die Hauptstadt zu marschieren.[3] Offensichtlich war Napoleon sich darüber im klaren, dass seine Herrschaft die Einnahme von Paris durch die Verbündeten kaum überdauern würde.

Caulaincourts Frage stürzte die Koalition in eine Krise. Noch am selben Tag setzte der russische Bevollmächtigte Graf Razumovskij durch, dass dem französischen Außenminister erst geantwortet werde, nachdem zuvor bei den Regierungen neue Instruktionen eingeholt worden seien. Der Zar suchte die Verhandlungen zu verschleppen, um die Chance zu wahren, sein langgehegtes Ziel zu verwirklichen und in Paris einzumarschieren. Diese Taktik konnte jedoch nicht unbegrenzt fortgesetzt werden, nachdem sich die französische Regierung bereit erklärt hatte, die Bedingungen der Koalition zu erfüllen. Auf der Suche nach einer Lösung der Krise lud Metternich die verbündeten Regierungen zur Beratung ins Hauptquartier nach Troyes ein. Da Caulaincourt ihre territorialen Forderungen angenommen hatte, wurde in Troyes in erster

Linie darüber verhandelt, ob die Verbündeten den erbetenen Waffenstillstand sofort und mit Napoleon schließen oder ob sie den Wünschen Alexanders nachgeben und so lange weiterkämpfen sollten, bis sie einen Dynastiewechsel in Frankreich herbeigeführt hätten. Um die Beratungen zu beschleunigen, legte Metternich den Regierungen einen Katalog von Fragen darüber vor, welche politischen Ziele die Verbündeten sich in der gegebenen Situation setzen sollten. Castlereagh hatte schon im Januar in Basel zusammen mit Metternich nach Möglichkeiten gesucht, in der Frage der Dynastie noch vor der Eröffnung des Kongresses in Châtillon in der Koalition eine Verständigung herbeizuführen. Die beiden Außenminister hatten sich zunächst darauf geeinigt, als Alternative zur Aufrechterhaltung der Herrschaft Napoleons einzig die Rückkehr der Bourbonen in Betracht zu ziehen. Damit waren sowohl eine österreichische Regentschaft für Napoleons dreijährigen Sohn als auch die Berufung des vom Zaren ins Spiel gebrachten schwedischen Kronprinzen Bernadotte ausgeschlossen. In den anschließenden Beratungen in Langres hatten die Verbündeten wenigstens darüber Einigkeit erzielt, dass nicht sie die Initiative zu einem Dynastiewechsel in Frankreich ergreifen sollten, dass sie einer Wiedereinsetzung der Bourbonen durch die französische Nation jedoch keine Hindernisse in den Weg legen würden.[4] Der Dissens mit dem Zaren war damit vorerst vertagt. Da die militärischen Operationen fortgesetzt wurden, hoffte Alexander Paris zu erreichen, bevor der Kongress ein Ergebnis erzielt hätte, während Metternich alles daran setzte, noch vor der Einnahme der Hauptstadt mit Napoleon zu einem Abschluss zu gelangen.

Mit der Anfrage Caulaincourts vom 7. Februar schien dieser Augenblick gekommen. Die Vertreter Englands und Preußens stimmten mit Metternich darin überein, dass die Chance genutzt werden müsse, zumal sie an der Legitimität von Napoleons Herrschaft nicht zweifelten. Der preußische Staatsrat Friedrich Ancillon urteilte in einer Ausarbeitung für Staatskanzler Hardenberg, der französische Kaiser habe zwar einen „blutigen und beklagenswerten Gebrauch" von seiner Herrschaft gemacht, aber „usurpiert" im gebräuchlichen Sinne habe er sie nicht.[5] Metternich bestritt den Monarchen grundsätzlich das Recht, über die Regierungsform eines unabhängigen Staates zu entscheiden. Wenn sie in die rechtmäßige Thronfolge in einem anderen Staate eingriffen, „untergrüben sie die Existenz aller Throne".[6] Weder Castlereagh noch Hardenberg konnten Anzeichen dafür erkennen, dass die Bürger Frankreichs der Herrschaft Napoleons überdrüssig seien.[7] Der Zar dagegen beharrte auf seinem ursprünglichen Plan. Zwar wolle er sich dem Willen der französischen Nation unterwerfen, aber feststellen lasse sich dieser Wille erst, wenn die Verbündeten in Paris einmarschiert seien. Nach ihrer Ankunft sollten sie dort die Mitglieder der höchsten Verfassungsorgane und weitere Persönlichkeiten zusammenrufen und darüber entscheiden lassen, wer Frankreich künftig regieren solle.[8] Vergeblich stellte Castlereagh dem Zaren die Risiken seines Plans vor Augen. Unter anderem wies er darauf hin, dass die Verbündeten auf diesem Wege gezwungen sein könnten, Ludwig XVIII. mit ihren Truppen in einem Bürgerkrieg gegen Napoleon zu unterstützen. Eine solche Konstellation aber würde den Neuanfang der bourbonischen Monarchie schwer belasten.[9] Der König hätte mit dem Vorwurf zu kämpfen, dass er nur mit auswärtiger Unterstützung auf den Thron gelangt sei. Der Bruch der Koalition stand vor der Tür.[10] Er wurde nur dadurch abgewendet, dass Napoleon zwischen dem 10. und 14. Februar bei Champaubert, Montmirail, Château-Thierry und Vauchamps mehrere Erfolge über Blüchers Schlesische Armee erzielte. Sofort widerrief er die Vollmacht, die er Caulaincourt unter dem Eindruck der Niederlage bei La Rothière erteilt hatte. Das Ende des Krieges war wieder in weite Ferne gerückt und ebenso die Aussichten auf eine Rückkehr des Hauses Bourbon auf den französischen Thron.

Der Publizist Friedrich Gentz kommentierte die Diskussion unter den Verbündeten über die Frage eines Dynastiewechsels in Frankreich in einem Brief an Metternich vom 15. Februar.[11] Darin drückte er sein Erstaunen darüber aus, dass sich offenbar alle vier Regierungen in schneidendem Widerspruch zu ihrem monarchischen Charakter dadurch den Grundsatz der Volkssouveränität zu eigen gemacht hätten, dass sie der französischen Nation das Recht zusprachen, selbst über die Form ihrer Regierung zu entscheiden. Wenn man der Nation aber die Befugnis zugestehe Napoleon abzusetzen, dann müsse man auch erklären, unter welchem Titel ein solcher Schritt vollzogen werden könne. Zu rechtfertigen wäre eine Absetzung nur mit zwei Argumenten: entweder dass Napoleon den Thron unrechtmäßig erworben oder dass er von seiner Herrschaft einen unrechtmäßigen Gebrauch gemacht habe. Selbst wenn Napoleon unrechtmäßig auf den Thron gelangt sein sollte, so wäre dieser Mangel durch die stillschweigende Zustimmung der Nation und die Anerkennung seines Kaisertums seitens der Mächte längst geheilt. Eine Absetzung wegen Missbrauchs der Herrschaft aber setze voraus, dass es im Staate jemanden gebe, der befugt sei, den Missbrauch festzustellen. Eine solche Instanz gebe es jedoch nicht. Im übrigen könne man der französischen Nation „die Initiative einer Thron- und Dynastierevolution" nicht zugestehen, ohne auch allen anderen Nationen dieses Recht einzuräumen. Damit aber würde man ein universelles „Recht zur Rebellion" propagieren.[12] Wenn nun Napoleon als legitimer Herrscher zu betrachten sei, der nur durch eine Rebellion gestürzt werden könne, dann wäre auch die Wiedereinsetzung der Bourbonen ein „Akt der Willkür und Gewalt".[13] Mit seinem Kommentar zeigte Gentz, in welche Verlegenheit die Rachsucht des Zaren die Verbündeten gebracht hatte. Darum hätte er gewünscht, dass die „halsbrechende Frage wegen der Dynastie" gar nicht erst aufgeworfen worden wäre.[14] Nach Gentz' Auffassung war den Verbündeten die Absetzung Napoleons verwehrt, aber auch eine ohne ihr Zutun erfolgende Erhebung der französischen Nation selbst hätten sie nicht unterstützen dürfen. Das hieß jedoch, dass das monarchische Europa auch die Wiederherstellung der Monarchie der Bourbonen in Frankreich keinesfalls betreiben dürfe.

Ganz anders urteilte in denselben Tagen ein unbeugsamer Anhänger der traditionellen monarchischen Legitimität: Am 10. Februar hatte der Freiherr vom Stein, ehemaliger Reichsritter und preußischer Reformer, an Alexander geschrieben, in wenigen Tagen werde der Zar Gelegenheit haben, „den Tyrannen zu stürzen, einen dauerhaften Frieden zu sichern und Frankreich seinen legitimen Herrscher zurückzugeben". Wenn man die Regierungsform Frankreichs jedoch „vom Ausdruck des Nationalwillens abhängig machen" wolle, dann spreche man der Nation eine Befugnis zu, die ihr nicht zukomme, denn das Haus Bourbon habe „nichts getan, womit es das Recht auf den Thron verwirkt" hätte.[15] Mit Gentz war Stein der Auffassung, dass ein legitimer Herrscher allenfalls dann abgesetzt werden könne, wenn er seine Herrschaft missbraucht habe. Anders als Gentz hielt er Napoleon jedoch für einen Herrscher, der niemals Legitimität erlangt hatte.

Am 17. Februar trat der Kongress in Châtillon unter den ungünstigsten Vorzeichen wieder zusammen. Die Verbündeten legten der französischen Delegation den Entwurf eines Friedensvertrags vor, nach dem Frankreich die Grenzen von 1792 zugestanden werden sollten. Napoleon aber bestand weiterhin auf der Rheingrenze. Eine Annäherung zwischen diesen Standpunkten konnte auch in den folgenden Wochen nicht erzielt werden. Am 19. März wurde der Kongress ohne Ergebnis abgebrochen. In der Zwischenzeit hatte Caulaincourt seinen Kaiser immer wieder bestürmt, die Bedingungen der Koalition anzunehmen, bevor es zu spät sei. Schon am 18. Januar hatte Caulaincourt ihn auf die Gefahr eines Umsturzes hingewiesen.[16] Am 3. März schrieb er, die „Sturmglocke" habe geschlagen.[17] Er berichtete vom Besuch des Fürsten Paul Esterházy, den Metternich geschickt hatte, um ihm eine letzte Warnung zu überbringen. Mit diesem Schritt hatte der österreichische Außenminister noch einmal offenbart, wie sehr er Napoleons Thron zu erhalten wünschte. Esterházy hatte freilich hinzugefügt, bei den Verbündeten verfestige sich allmählich der Eindruck, dass Napoleon nur deshalb alles riskiere, weil er danach trachte alles wiederzugewinnen. Dieser Eindruck war fatal, denn er untergrub die Position derer, die den Krieg am Verhandlungstisch beenden wollten.

Mit seiner Weigerung, von seinen Maximalzielen Abstand zu nehmen und sich rechtzeitig auf Verhandlungen einzulassen, spielte Napoleon seinem schärfsten Gegner, dem Zaren Alexander, unwiderruflich in die Hände. Offenbar verschloss er im Vertrauen auf sein überlegenes militärisches Können allmählich die Augen vor der Wirklichkeit. Die Zeit arbeitete jedoch für Alexander. Am 24. März beschlossen die Verbündeten, nach Paris zu marschieren. Am 25. März, dem Tag ihres Aufbruchs, wandten sie sich mit einer Erklärung an die französische Öffentlichkeit. Darin machten sie Napoleon für das Scheitern des Kongresses von Châtillon verantwortlich und verteidigten ihr Beharren auf den Grenzen von 1792 mit der fortdauernden Gefährdung des Friedens, die über viele Jahre hinweg von Napoleon ausgegangen sei. Die Erklärung endete mit einem Appell an die französische Nation, sich gegen ihren Kaiser zu stellen: „Wo sollte die Garantie der Zukunft liegen, wenn einem so zerstörerischen System nicht durch den allgemeinen Willen der Nation ein Ende gesetzt würde?"[18] In ihrer Hilflosigkeit appellierten die Repräsentanten des monarchischen Europa in dieser Form zuletzt doch an die Revolution, um Napoleon zum Einlenken zu bewegen. Gentz' Warnungen hatten nicht gefruchtet.

Am 29. März erschienen die Koalitionsarmeen vor Paris. Am nächsten Tag wurden sie von französischen Einheiten in heftige Kämpfe verwickelt. In der Hauptstadt lag die politische Verantwortung in den Händen von Napoleons Bruder Joseph. Der Kaiser hatte ihn im Januar, bevor er sich an die Front begab, zu seinem Stellvertreter und zum Vorsitzenden eines Regentschaftsrats ernannt. Angesichts der Kämpfe vor den Mauern der Stadt verlor Joseph allen Mut. Er folgte der Kaiserin und ihrem Sohn nach Rambouillet und erteilte den Marschällen Marmont und Mortier Vollmacht, nach Gutdünken mit dem Feind eine Kapitulation zu schließen. Von dieser Vollmacht machte Marmont in der Nacht Gebrauch. Den französischen Truppen wurde freier Abzug nach Fontainebleau gewährt. Am Vormittag des 31. März zogen Alexander und Friedrich Wilhelm III. von Preußen an der Spitze der verbündeten

Armeen kampflos in die französische Hauptstadt ein. Napoleon hatte für diesen Fall Vorsorge getroffen und angeordnet, dass vor einem drohenden Einmarsch der Verbündeten sämtliche Würdenträger des Regimes die Stadt verlassen. Der Feind sollte in Paris niemanden vorfinden, mit dem er politische Vereinbarungen hätte schließen können. In diesem Zusammenhang warnte er besonders vor Talleyrand, bis 1807 sein Außenminister: „Das ist mit Sicherheit der größte Feind unseres Hauses", hatte er seinem Bruder eingeschärft.[19] Talleyrand bekleidete damals die kaum mehr als dekorative Funktion eines stellvertretenden Vorsitzenden des Senats unter dem Titel eines *Vice-Grand-Électeur*. Wie alle anderen Repräsentanten des Regimes hatte er sich am 30. März auf den Weg nach Rambouillet gemacht, zuvor aber Sorge getragen, dass er an der Barrière des Bonshommes vom diensthabenden Kommandanten der Nationalgarde zurückgewiesen und zum Verbleib in der Stadt gezwungen wurde.

Während die alliierten Truppen in die Hauptstadt einrückten, suchte der russische Außenminister Nesselrode Talleyrand in dessen Haus in der rue Saint-Florentin auf. Am Nachmittag stießen auch der Zar und der König von Preußen sowie der Oberbefehlshaber der Koalitionsarmee, Fürst Schwarzenberg, dazu. Alexander nahm Talleyrands Einladung an, fürs erste zusammen mit seinem Außenminister in seinem Haus Wohnung zu nehmen.[20] Schon die Entscheidung für den Marsch nach Paris hatte gezeigt, dass die Verbündeten die Hoffnung aufgegeben hatten, mit Napoleon einen Verhandlungsfrieden schließen zu können. Doch wie konnte er aus dem Amt entfernt werden? Wer sollte ihm nachfolgen? Und wie konnte die Zustimmung der französischen Nation zu einem Regimewechsel gewonnen werden? Das waren die Fragen, über die sich der Zar mit Talleyrand beriet. In einem Lande, dessen Regierungen ihre Legitimität seit einem Vierteljahrhundert aus dem Grundsatz der Volkssouveränität abgeleitet hatten, hätte es in der gegebenen Situation nahegelegen, eine verfassunggebende Versammlung einzuberufen. Allerdings wäre schon die Ausschreibung von Wahlen die Anmaßung einer Autorität gewesen, über die nur der Kaiser verfügte. Solange weite Teile des Landes von den Truppen der Koalition besetzt waren und die übrigen Gebiete unter der Kontrolle Napoleons standen, hätten die Wahlen kaum durchgeführt werden können. Schließlich hätte das Verfahren mehrere Wochen beansprucht und damit auf unbestimmte Zeit ein gefährliches Machtvakuum geschaffen.

Die Geschichte bot jedoch mehrere Beispiele dafür, wie Verfassungsorgane, ohne formell dazu legitimiert zu sein, sich in Notzeiten zu

Anwälten der Nation aufwarfen und unter Berufung auf deren mutmaßlichen Willen einen Systemwechsel herbeiführten. Als Vorbild für die Lösung des in Frankreich anstehenden Problems eignete sich am ehesten die Glorreiche Revolution von 1688 in England. War es dort das Parlament gewesen, das den Dynastiewechsel herbeiführte, so schlug Talleyrand in den Beratungen mit dem Zaren den napoleonischen Senat als Entscheidungsgremium vor. Über die Person, die Napoleon nach seinem Sturz ersetzen sollte, entspann sich noch einmal eine längere Debatte. Offenbar wurden mehrere Lösungen diskutiert, auch solche, die von der Koalition bereits verworfen worden waren. Talleyrand wäre am liebsten gewesen, wenn Napoleon in einer Schlacht gefallen wäre. Dann hätte man, so hatte er am 21. März der Herzogin von Kurland geschrieben, eine Regentschaft für seinen Sohn eingerichtet.[21] Schon deshalb kann er den Zaren nicht, wie er in seinen viel später niedergeschriebenen Memoiren behauptet, mit der Begründung für die Unterstützung der Bourbonen gewonnen haben, dass Ludwig XVIII. „der legitime König von Frankreich sei".[22] Wenn überhaupt, dann hatte Talleyrand das Legitimitätsargument nicht in das Gespräch eingeführt, um für die Absetzung des Hauses Bonaparte zu werben, sondern um dem Zaren andere Kandidaten als den Grafen von Provence auszureden. Die Inanspruchnahme der Legitimität für das Haus Bourbon war in keinem Fall so zu verstehen, als sollten die Rechte der Monarchie des *Ancien Régime* wiederhergestellt werden. Talleyrand selbst will dem Zaren versichert haben, die Rückkehr der Bourbonen werde nicht nur von den Anhängern der alten Monarchie gewünscht, sondern auch von solchen, die „eine neue Monarchie mit einer freien Verfassung" anstrebten. Schon deshalb sollten die Bourbonen „nicht auf den Thron Ludwigs XIV." gesetzt werden.[23] Das wäre auch nicht vereinbar gewesen mit der revolutionären Rolle, die der Senat übernehmen musste, um den Regimewechsel unter dem Schein eines legalen Verfahrens durchzuführen. Das Gremium hätte sich kaum dazu verstanden, den Kaiser unter Berufung auf den Nationalwillen abzusetzen, nur um anschließend einem Bourbonen die unumschränkte Herrschaftsgewalt zu übertragen.

Nach der Besprechung in der rue Saint-Florentin ließ Zar Alexander im Namen der verbündeten Souveräne eine Proklamation verbreiten, wonach mit Napoleon oder einem Mitglied seiner Familie nicht mehr verhandelt werde.[24] Damit griff er massiv in die freie Selbstbetätigung des französischen Nationalwillens ein, denn die Proklamation stellte die Bürger Frankreichs vor die Wahl zwischen Napoleon und dem Frieden.

Wenn Napoleon nicht mehr verhandeln durfte, dann konnte das Blutvergießen nur beendet werden, wenn die Nation sich eine neue Regierung gab. Mit seiner Erklärung bot der Zar Talleyrand und dem Senat Schützenhilfe bei ihrem bevorstehenden Versuch, den Kaiser zu stürzen.

Talleyrand berief den Senat auf den Nachmittag des 1. April ein. Nach der Verfassung des Kaiserreichs wäre nur Napoleon selbst dazu befugt gewesen, aber das Amt des stellvertretenden Vorsitzenden verlieh Talleyrand wenigstens den Schein des Rechts zu diesem Vorgehen. Das wichtigste Ergebnis der Sitzung war die Schaffung einer provisorischen Regierung unter Talleyrands Vorsitz. Damit wurde zwar der zweite Schritt vor dem ersten getan, denn einer provisorischen Regierung bedurfte es erst nach dem Sturz Napoleons. Offensichtlich jedoch wollte Talleyrand ganz sicher gehen, dass nach der Absetzung des Kaisers kein Machtvakuum eintrete. Erst am folgenden Tag beschloss der Senat, Kaiser Napoleon und seine Familie für abgesetzt zu erklären und das französische Volk und die Armee von ihren Treueiden zu entbinden. Senator Lambrechts wurde beauftragt, das Absetzungsdekret vor seiner endgültigen Verabschiedung am 3. April mit einem Katalog von rechtlichen Begründungen zu versehen. Damit folgte der Senat der Tradition ständischer Absageerklärungen, wie sie zu verschiedenen Zeiten in der Geschichte Europas abgegeben worden waren – so 1581, als die aufständischen Niederländer Philipp II. absetzten, 1688, als das britische Parlament Jakob II. des Throns für verlustig erklärte, und 1776, als die amerikanischen Kolonien sich vom Mutterland lossagten.[25]

In allen genannten Fällen diente der Katalog der Absetzungsgründe dem Nachweis, dass der ursprünglich legitime Herrscher seine Macht missbraucht, das Recht gebrochen und sich dadurch in einen Tyrannen verwandelt habe. Als Tyrann aber habe er sein Herrschaftsrecht verwirkt. Dem Argument lag die Vorstellung eines Vertrags zugrunde, demzufolge die Untertanen nur so lange zum Gehorsam verpflichtet seien, als auch der Herrscher seine Schutzpflichten erfüllte. In diesem Sinne diente die Absetzung der Verteidigung des überkommenen Rechts gegenüber einem ungerechten Herrscher und war ein wesentlich konservativer Akt. Dieser Gedanke wird in dem Absetzungsdekret des Senats explizit ausgeführt. Napoleon habe, so heißt es dort, zunächst mit Festigkeit und Klugheit regiert und auf diese Weise Anlass gegeben, auch für die Zukunft „Akte der Weisheit und Gerechtigkeit" von ihm zu erwarten, dann aber habe er „den Vertrag, der ihn mit dem französischen Volk" verbunden habe, zerrissen.[26] Dem Kaiser werden unter anderem die Erhebung von Steuern ohne gesetzliche Ermächtigung, die

Führung von Kriegen ohne Genehmigung der gesetzgebenden Organe und die Unterdrückung der Pressefreiheit vorgeworfen. Als Verletzung seines Amtseids wird die Tatsache hingestellt, dass er, „statt ausschließlich zum Nutzen, zum Wohl und zum Ruhme des französischen Volks zu regieren, das Maß des Unglücks des Vaterlands durch seine Weigerung voll gemacht habe, Friedensbedingungen zu akzeptieren, die im nationalen Interesse gelegen und die französische Ehre nicht angetastet hätten".[27] Aus den aufgeführten Verfehlungen wird ohne weiteres gefolgert, dass die Regierung des Kaisers „zu bestehen aufgehört" habe. Das heißt nichts anderes, als dass Napoleon infolge seiner unrechtmäßigen Amtsführung seiner Herrschaft bereits ledig war und daher gar nicht mehr förmlich abgesetzt zu werden brauchte.

Die zweite Kammer des Kaiserreichs, der *Corps législatif*, stimmte dem Absetzungsdekret des Senats noch am 3. April ebenfalls zu. Zur Begründung hieß es dort, Napoleon habe den „Verfassungsvertrag verletzt".[28] Die Pointe des Arguments, der Kaiser habe die Institutionen des Kaiserreichs missachtet und daher sein Herrschaftsrecht verwirkt, bestand darin, dass es die Geltung dieser Institutionen zugleich bekräftigte. Insofern erzwang die Berufung des Senats auf den Bruch des Verfassungsvertrags durch den Kaiser die weitgehende Wahrung der institutionellen Kontinuität. Die Unterscheidung zwischen Napoleon und den Institutionen, die aus der Revolution hervorgegangen und im Kaiserreich weiterentwickelt worden waren, erleichterten der Nation die Zustimmung zum Sturz des Kaisers, aber sie legten den Senat bei der Ausgestaltung eines Nachfolgeregimes auch auf die Grundsätze der Revolution fest. Das neue Regime würde daher institutionell zwangsläufig weit mehr dem Kaiserreich als der Monarchie des *Ancien Régime* gleichen. Das schränkte die Gestaltungsspielräume für die Wiederherstellung der Monarchie ein.

Am 6. April verabschiedete der Senat eine neue Verfassung. Am folgenden Tag stimmte auch der *Corps législatif* ihr zu. Die Verfassung zählte 29 Artikel. Der erste Artikel begründete eine konstitutionelle Erbmonarchie nach dem Erstgeburtsrecht. Der zweite Artikel enthielt ein Bekenntnis zur Volkssouveränität. Nach seinem Wortlaut berief „das französische Volk [...] aus freien Stücken" Louis-Stanislas-Xavier de France, „Bruder des letzten Königs", und nach ihm die anderen Mitglieder des Hauses Bourbon „entsprechend der alten Reihenfolge" auf „den Thron Frankreichs". Der 29. Artikel bestimmte, dass die Verfassung einem Referendum unterworfen und dass Louis-Stanislas-Xavier zum „König der Franzosen" proklamiert werde, sobald er die Verfassung beschworen und unterzeichnet habe. Louis-Stanislas-Xavier de France war der bürgerliche Name des Grafen von Provence. Mit der Verwendung dieses Namens wurde unterstrichen, dass die Königswürde dem Kandidaten erst durch die Verfassung verliehen werde. Damit wurde klargestellt, dass er keinen historisch oder dynastisch begründeten Anspruch auf den Thron habe. Ebendeshalb wurde betont, dass die Berufung „aus freien Stücken" und nicht in Anerkennung eines originären Herrschaftsrechts der Dynastie erfolge. Dem demokratischen Charakter der Verfassung entsprach der Titel eines „Königs der Franzosen" in Artikel 29. Der Ausschluss jeglicher dynastischer Ansprüche kommt schließlich darin zum Ausdruck, dass der Graf von Provence als Bruder des letzten Königs bezeichnet wurde. Nach monarchischer Auffassung war jedoch der 1795 im Gefängnis verstorbene Sohn Ludwigs XVI. der letzte König gewesen. Der Graf von Provence war dessen Onkel, und da die Royalisten den Dauphin, der niemals regiert hatte, als Ludwig XVII. zählten, bezeichnete er sich selbst als Ludwig XVIII.

Die Bestimmungen der Artikel 2 und 29 belegen, dass der Senat den König daran hindern wollte, die Errungenschaften der Revolution und des Kaiserreichs rückgängig zu machen. Auch andere Artikel weisen in diese Richtung. So wurde der Verkauf der Nationalgüter bestätigt (Artikel 24), die Gleichheit der Besteuerung proklamiert (Artikel 15) und die Gleichheit des Zugangs zu allen öffentlichen Ämtern garantiert (Artikel 27). Schließlich wurde festgestellt, dass die bestehende Rechtsordnung und namentlich der *Code civil*, den Napoleon geschaffen hatte, in Geltung blieben (Artikel 28). Eine Reihe von Grundrechten wurde garantiert, allerdings ohne dass sie in einen eigenen Katalog zusammengefasst worden wären, so die Glaubens- und Gewissensfreiheit (Artikel 22), die Pressefreiheit (Artikel 23), das Petitionsrecht (Artikel 26) und die Garantie der Staatsschuld (Artikel 24). Durch Artikel 25 wurden politische Säuberungen ausgeschlossen. Er bestimmte, dass niemand für sein politisches Verhalten unter einem der vorhergehenden Regime zur Rechenschaft gezogen werden dürfe. Die Verfassung gab der Volksvertretung großes Gewicht. Die gesetzgebende Gewalt sollten der König und die beiden Kammern gemeinsam ausüben, und beide Kammern sollten die Gesetzesinitiative erhalten (Artikel 5).

Dank ihres liberalen Charakters war die Senatsverfassung tatsächlich völlig ungeeignet, der Wiederherstellung der Monarchie des *Ancien Régime* den Weg zu ebnen. Wenn sie ein untergegangenes Regime wiederaufleben ließ, dann war es die konstitutionelle Monarchie nach der Verfassung von 1791. Insoweit zielte der Senat, wie man sagen könnte, auf eine demokratische Restauration, die einzige Form der Restauration, die mit den Grundsätzen der Revolution vereinbar war. Die Verfassung des Senats unterschied sich allerdings erheblich von der Verfassung von 1791. Sie war viel kürzer und daher weniger detailliert, besaß keinen separaten Grundrechtskatalog, sah ein Zweikammersystem vor, gestattete den Ministern die Mitgliedschaft in einer der Kammern und enthielt eine ganze Reihe von Artikeln, die unmittelbar darauf abzielten, die durch das Kaiserreich geschaffenen Institutionen in das neue Regime hinüberzuretten. Insofern schuf sie die Grundlage für eine ganz neue Monarchie, die mit der im Jahre 1792 untergegangenen konstitutionellen Monarchie außer durch den demokratischen Grundcharakter vor allem durch die Dynastie verbunden war.

In der Verfassung wurde keine Vorsorge für den Fall getroffen, dass der Graf von Provence sich der Berufung verweigerte. Offensichtlich wurde eine Wiederherstellung der Monarchie nur mit dieser Dynastie für möglich gehalten. Diese Auffassung steht in merkwürdigem Kontrast zu dem Grundsatz, dass der König nur diejenigen Herrschaftsrechte beanspruchen dürfe, die ihm die Verfassung verlieh. Zwar wurde den Bourbonen der Anspruch auf Wiederherstellung der Monarchie bestritten – diese Entscheidung oblag allein der Nation, – aber wenn die Nation zur monarchischen Staatsform zurückkehrte, galten offenkundig nur die Bourbonen als berechtigt, den Thron zu übernehmen. Trotz seiner Berufung auf den Nationalwillen hätte der Senat daher weder eine andere Dynastie bestimmen noch die Frage einfach offen lassen können. Das gab dem Kandidaten eine starke Position, die er, wie sich alsbald zeigen sollte, zu seinem Vorteil zu nutzen wusste. In ihren Erinnerungen berichtet die Herzogin von Fleury von einem Gespräch, das sie vor der Absetzung Napoleons mit Talleyrand über die künftige Regierung Frankreichs geführt haben will. Als Talleyrand den Herzog von Orléans als Thronkandidaten ins Gespräch brachte, habe sie geantwortet, dieser wäre „zwar ein Usurpator aus besserem Hause als jeder andere", aber er bleibe doch „ein Usurpator".[29] Jahre später gebrauchte auch Talleyrand dieses Argument in seinen Memoiren.[30] Das heißt aber, dass nicht einmal ein Referendum über die Verfassung des Senats einen anderen Kandidaten als den Grafen von Provence vor dem Vorwurf der Usurpation hätte schützen können. Insoweit erfolgte die Berufung des Grafen doch nicht aus gänzlich „freien Stücken", wie in Artikel 2 behauptet.

Die Einsetzung einer provisorischen Regierung, die Absetzung des Kaisers und die Ausarbeitung einer neuen Verfassung hatte der Senat nur im Schutze der Koalitionsarmeen wagen können. Napoleon befand sich unterdessen unweit der Hauptstadt in Fontainebleau. Obwohl er die Einnahme von Paris durch die Verbündeten gerne verhindert hätte, gab er sich dennoch nicht geschlagen. Vielmehr schickte er sich an, die Stadt zurückzuerobern. Als er diesen Plan am Morgen des 4. April seinen Marschällen eröffnete, verweigerten diese ihm die Gefolgschaft. Die Rebellion der Marschälle bewog Napoleon zur Abdankung. Zunächst versuchte er noch, seinem Sohn den Thron zu erhalten, doch nach dem versehentlichen Übergang des Corps von Marschall Marmont zum Feind am 4. April sah der Zar keinen Grund mehr ihm entgegenzukommen. Das einzige, was Napoleon erwirken konnte, war ein förmlicher Abdankungsvertrag, in dem Alexander ihm im Namen der Verbündeten die Herrschaft über die Insel Elba, der Kaiserin Marie-Luise Parma und Piacenza und beiden üppige Pensionen zu Lasten der französischen Staatskasse zubilligte.[31]

Talleyrand offenbarte sein ganzes politisches Geschick, als er das Verfahren des Parlaments in der Glorreichen Revolution von 1688 zum Vorbild für den Regimewechsel in Frankreich wählte. Die Zugeständnisse, die dem Grafen von Provence abverlangt wurden, reichten jedoch weit über die Reformen hinaus, die Maria Stuart und Wilhelm von Oranien vor ihrer Thronbesteigung hatten bestätigen müssen. Der Graf von Provence hatte die erstmals 1789 von der Nationalversammlung statuierte Volkssouveränität und dementsprechend auch die Verfassung von 1791 nie anerkannt. Rechtzeitig vor deren Fertigstellung war ihm im Unterschied zu seinem Bruder Ludwig XVI. am 21. Juni 1791 die Flucht ins Ausland gelungen.[32] Daher war völlig offen, ob er wie einst Heinrich IV. um der Krone willen seine Überzeugungen verleugnen und die für ihn geschaffene Verfassung annehmen werde.

Wegen eines Gichtanfalls verzögerte sich die Abreise des Grafen von Provence aus seinem englischen Exil in Hartwell. Dafür kündigte schon bald sein Bruder, der Graf von Artois, sein Eintreffen in Paris an. Der Graf von Provence hatte ihn bis zu seiner eigenen Rückkehr entsprechend der Praxis des *Ancien Régime* zum Generalstatthalter des Königreichs und damit zum Stellvertreter des Königs, der er selbst zu sein beanspruchte, ernannt. Daher stand zu erwarten, dass Artois nach seiner Ankunft die förmliche Übergabe der Regierungsgewalt verlangen werde. Diese Forderung stellte den Senat vor eine schwere Prüfung. Solange der Graf von Provence die Verfassung nicht angenommen und beschworen hatte, wollte der Senat die Ernennung seines Bruders zum Generalstatthalter nicht anerkennen. Er betrachtete Artois einstweilen lediglich als Privatmann und lehnte es ab, ihn bei seinem feierlichen Einzug in die Stadt am 12. April 1814 an der Barriere von Bondy offiziell zu begrüßen. Dort aber fanden sich die provisorische Regierung, der Rat der Stadt und die Spitzen der wichtigsten Behörden ein, als Artois mit der weißen Kokarde der Monarchie unter dem Jubel der Bevölkerung in die Hauptstadt einritt. In der Frage, wie dem Anspruch von Artois auf die Übernahme der Regierungsgewalt ohne Gesichtsverlust Rechnung getragen werden könne, fand Fouché, der einstige Polizeiminister Napoleons, eine Lösung, die der Senat am 14. April umgehend akzeptierte.[33] Wenn der Senat die Vollmacht des Grafen von Provence nicht anerkennen wolle, solle er dem Prinzen die Vollmacht selbst erteilen. So konnte Artois sich weiterhin als Bevollmächtigten seines Bruders, der Senat aber würde ihn als seinen eigenen Bevollmächtigten betrachten. Der Kompromiss überwand den aktuellen Konflikt, aber er konnte die Befürchtung nicht aus der Welt schaffen, dass angesichts der wachsenden Zustimmung der Bevölkerung zur Rückkehr der Bourbonen die Macht des Senats kaum ausreichen würde, um beim Grafen von Provence den vorgeschriebenen Eid auf die Verfassung durchzusetzen, von dem die Übernahme des Throns abhängen sollte. Ein Machtkampf zeichnete sich ab, der bei der Rückkehr des Thronkandidaten leicht in einen Bürgerkrieg hätte ausarten können. Zar Alexander geriet in größte Unruhe und sandte dem Grafen von Provence am 17. April einen Brief nach England, in dem er ihn ermahnte, den „Willen der Nation" zu respektieren, wenn er das Land nicht neuen Erschütterungen aussetzen wolle. Der König werde alle Herzen gewinnen, wenn er „liberalen Ideen" Raum gebe, die darauf abzielten, „die gewachsenen Institutionen Frankreichs aufrechtzuerhalten und zu befestigen".[34] Mit den „gewachsenen Institutionen" waren natürlich die Errungenschaften der Revolution und des Kaiserreichs gemeint. Dass ausgerechnet der Zar auf ihre Bewahrung drängte, darf nicht verwundern. In den Augen der Großmächte besaß die Gewinnung politischer Stabilität Vorrang vor der Rückkehr zum Staatsrecht des *Ancien Régime*. Die Sehnsucht nach Stabilität setzte jedem buchstäblichen Restaurationsverlangen Grenzen.

Am 20. April, demselben Tag, an dem Napoleon sich in Fontainebleau vor seiner Abreise auf die Insel Elba von seiner Garde verabschiedete, brach der Graf von Provence in seinem englischen Exil in Hartwell auf. Am 24. April landete er in Calais. Fünf Tage später traf er in Compiègne ein. Dorthin hatte er die Marschälle Napoleons eingeladen, um sich der Unterstützung der Armee zu versichern. Bis zu diesem Zeitpunkt hatte er noch kein Wort über die Verfassung verloren, die er beschwören sollte. Da ihm unterdessen überall, wohin er kam, die Herzen zuflogen, war es völlig unvorstellbar geworden, dass er ins Exil zurückgeschickt würde, wenn er den Eid auf die Verfassung verweigern sollte. Die lange erwartete Stellungnahme wurde endlich am Abend des 2. Mai in Saint-Ouen am Stadtrand von Paris verfasst und am folgenden Morgen in der Hauptstadt veröffentlicht.[35]

Über die Verfassung des Senats heißt es in der Erklärung von Saint-Ouen, „ihre Grundlagen seien gut", aber da eine große Zahl „von Artikeln von der Übereilung geprägt" sei, mit der sie formuliert worden seien, könne sie „in ihrer gegenwärtigen Form nicht Grundgesetz des Staates" werden. Da der König aber entschlossen sei, „eine freiheitliche Verfassung" zu schaffen, werde er eine Kommission aus Mitgliedern des Senats und der gesetzgebenden Körperschaft damit beauftragen, die erforderliche Revision des Textes vorzunehmen.[36] Die Formulierung des Revisionsauftrags erweckte den Eindruck, als bestätige Provence nachträglich auch die von den beiden Kammern bereits in Anspruch genommene verfassunggebende Gewalt. Wenn die Revision nur Mängel beheben sollte, die auf die Eile zurückzuführen seien, mit denen Talleyrand den Text durch den Senat gepeitscht hatte, konnte man darüber hinwegsehen, dass der Thronkandidat nicht bereit war, die Verfassung in der Fassung zu beschwören, die ihm vorgelegt worden war, zumal er die Garantien für die Bewahrung wesentlicher Errungenschaften der Revolution und des Kaiserreichs, die in der Verfassung aufgezählt waren, mit wenigen Ausnahmen ausdrücklich zu übernehmen versprach. Mit den gewählten Formulierungen verschleierte die Erklärung von Saint-Ouen geschickt, dass Provence in Wirklichkeit gerade die „Grundlagen" der Senatsverfassung ablehnte. Das geht schon aus dem Format der Erklärung hervor. Nicht der Graf von Provence hatte sie abgegeben, sondern, wie es in der Intitulatio hieß, „Ludwig, von Gottes Gnaden König von Frankreich und Navarra". Das war eine schallende Ohrfeige für den Senat und eine glatte Zurückweisung seines Anspruchs, den zum König Ausersehenen auf die Anerkennung der Volkssouveränität zu verpflichten und von dieser Anerkennung seine Erhebung auf den Thron abhängig zu machen. In seinen eigenen Augen war Ludwig bereits seit 19 Jahren König und zwar von Gottes Gnaden König von Frankreich und nicht demokratisch legitimierter König der Franzosen.

König und Senat vertraten zwei miteinander völlig unvereinbare Legitimitätsvorstellungen. Der Senat hatte gemäß dem erstmals in der

Erklärung der Menschen- und Bürgerrechte von 1789 verkündeten und seither alle Regime in Frankreich tragenden Grundsatz gehandelt, dass keine Körperschaft und kein Individuum politische Autorität beanspruchen könnten, die nicht ausdrücklich von der Nation ausgehe.[37] Im Namen der Nation hatte der Senat Napoleon gestürzt und die Wiedereinführung der Monarchie unter der Dynastie der Bourbonen beschlossen. Ein anderer Weg zur Restauration der Monarchie war mit dem Grundsatz der Volkssouveränität nicht vereinbar. Ludwig dagegen stellte sich über die Revolution. In seinen Augen war die Monarchie niemals rechtsgültig abgeschafft worden. Auch der 1792 eigens gewählte Nationalkonvent hatte dazu keine Befugnis gehabt. Wenn die Monarchie jedoch niemals aufgehört hatte zu bestehen, dann konnte der Senat sie auch nicht wiederherstellen. Mit dem Grundsatz monarchischer Legitimität war schon der Gedanke einer Restauration in diesem Sinne schlechthin unvereinbar. Wäre die Monarchie in der Revolution tatsächlich untergegangen, dann hätte keine Macht der Welt sie wieder ins Leben rufen können, da die Wiederherstellung einer Legitimation bedurft hätte, die notwendig über der monarchischen Legitimität gestanden hätte. Das aber wäre mit dem überlieferten Anspruch der Monarchie von Gottes Gnaden nicht vereinbar gewesen. Nach monarchischer Auffassung wurde im Jahre 1814 daher nicht die Monarchie wiederhergestellt, sondern es wurden lediglich die Hindernisse beiseite geräumt, die der tatsächlichen Ausübung der Regierungsgewalt durch den Monarchen seit über zwei Jahrzehnten im Wege gestanden hatten. Nach monarchischen Begriffen konnte Restauration nicht die Wiedergewinnung, sondern allein die Durchsetzung des niemals erloschenen Herrschaftsrechts der alten Dynastie bedeuten. Diese Durchsetzung war allerdings nicht schon dadurch erreichbar, dass der König aus dem Exil zurückkehrte und den Thron wieder in Besitz nahm. Vielmehr hing ihr Erfolg davon ab, dass der König die in der Revolution entstandenen Erwartungen erfüllte und eine liberale Regierung versprach. Die Erklärung von Saint-Ouen zeigt, dass Ludwig XVIII. diesen Zusammenhang verstanden hatte. Seine Zusage, „eine liberale Verfassung anzunehmen", mündete alsbald, wie angekündigt, in die Berufung einer Kommission zur Revision der Senatsverfassung. Die Kommission, die 22 Mitglieder zählte, nahm ihre Beratungen am 22. Mai unter dem Vorsitz des Kanzlers Dambray auf. Innerhalb einer Woche formte sie die Verfassung des Senats nach den Direktiven des Königs zur *Charte constitutionnelle* um, die schon durch ihren Namen anzeigt, dass sie ihre Geltung nicht aus der Souveränität der Nation, sondern aus der Herrschaftsgewalt des

Monarchen ableitete. Die Verwendung des Begriffs *constitution* hätte Assoziationen mit der Revolution hervorgerufen; *charte* dagegen war die traditionelle Bezeichnung für eine Urkunde, mit der die Könige im *Ancien Régime* Privilegien verliehen hatten.[38]

Die Verkündung der *Charte constitutionnelle* wurde auf den 4. Juni 1814 im Rahmen einer *séance royale*, einer feierlichen Sitzung beider Kammern, anberaumt. Noch in der Nacht vor der Sitzung fertigte Jacques-Claude Beugnot, ein in Napoleons Diensten aufgestiegener hoher Beamter und inzwischen Generaldirektor der Polizei, eine Präambel zu dem Dokument an.[39] Die historische Bedeutung dieses Textes beruht darauf, dass hier zum ersten Mal das sogenannte monarchische Prinzip formuliert wurde. Dieses Prinzip besagt, dass der Monarch auch im Verfassungsstaat im Besitz der gesamten Staatsgewalt bleibe und sich nur in deren Ausübung an die Mitwirkung von Vertretungskörperschaften binde. Das monarchische Prinzip bildete die Grundlage des monarchischen im Gegensatz zum demokratischen Konstitutionalismus, der auf dem Prinzip der Volkssouveränität beruhte und dem sowohl die Verfassung von 1791 als auch die Senatsverfassung von 1814 zugehört hatten. Mit der *Charte constitutionnelle* trat ein ganz neuer Typus monarchischer Verfassungen ins Leben. Die *Charte* wurde vom Monarchen oktroyiert, und da dieser als Inhaber der obersten Staatsgewalt handelte, trat sie ohne Bestätigung durch die Nation oder deren Vertreter in Kraft. Ein vergleichbares Verfahren hatte nur Napoleon bei Verfassungsschöpfungen angewandt, allerdings nicht in Frankreich selbst, wo alle Verfassungen oder Verfassungsänderungen durch Plebiszite bestätigt wurden, sondern in Satellitenstaaten wie dem Königreich Westphalen 1807 oder Spanien 1808. Während durch die Gewährung der *Charte* aber eine jahrhundertealte Monarchie Zugeständnisse an den revolutionären Zeitgeist zu machen suchte, um die traditionelle monarchische Legitimität aufrechtzuerhalten, dienten die napoleonischen Oktrois dem Ziel, Monarchien revolutionären Ursprungs revolutionär zu konsolidieren. Das wesentliche Kennzeichen der *Charte constitutionnelle* und aller Verfassungen, die nach ihrem Vorbild geschaffen wurden, bestand in der Verknüpfung von traditioneller monarchischer Legitimität und liberalen Reformen. Die Reformen gingen jeweils gerade so weit, als dem Verfassungsschöpfer unabdingbar erschien, um die grundlegenden Erwartungen der Bürger zu erfüllen. Wie eifersüchtig Ludwig XVIII. darauf bedacht war, soviel wie möglich von seiner Prärogative zu bewahren, lässt sich an der Auseinandersetzung über die Gesetzesinitiative verfolgen, die in der Verfassungskommission geführt wurde. Ursprünglich hatte der König dieses Recht, eine „Zierde seiner Krone", uneingeschränkt in seiner Hand behalten wollen. Da die Mehrheit der Kommission jedoch widersprach, musste nach einem Kompromiss gesucht werden. Das Ergebnis war die Einführung eines Petitionsrechts der Kammern. Artikel 19 und 20 der *Charte* verliehen jeder der beiden Kammern das Recht, beim König um die Vorlage eines Gesetzes zu ersuchen. Nach Artikel 21 sollte die Petition dem König jedoch erst vorgelegt werden, wenn auch die jeweils andere Kammer ihr zugestimmt hatte.[40]

Mit dem Oktroi der *Charte constitutionnelle* gelang Ludwig XVIII. die Restauration der Monarchie in Frankreich, eine Restauration nicht im Sinne einer Wiederherstellung nach dem Untergang, sondern im Sinne der zeitgemäßen Erneuerung durch Reform. Nicht der Senat, sondern der König selbst hatte die Monarchie restauriert. Damit aber wurde das Werk Ludwigs XVIII. für das ganze Jahrhundert zum Vorbild der Erneuerung von Monarchien, die von der Revolution in ihrem Bestand bedroht wurden. Die Methode der Restauration folgte stets dem gleichen Muster: Durch den Oktroi von Verfassungen, die wesentliche Forderungen der Revolution umsetzten, ohne die traditionelle monarchische Legitimität anzutasten, gelang in den meisten Staaten Europas die Stabilisierung der Monarchie bis zum Ende des Ersten Weltkriegs und darüber hinaus.[41] Nachdem die Verfassungen der Revolution in Frankreich allesamt schon nach wenigen Jahren wieder aufgehoben worden waren, blieb die oktroyierte *Charte* zunächst bis zur Julirevolution von 1830 und in revidierter Gestalt immerhin bis zur Revolution von 1848 in Kraft. Insofern war es wesentlich die *Charte* von 1814, durch die das Erbe der Revolution in Frankreich an das 19. Jahrhundert vermittelt wurde. Entsprechendes gilt von den Verfassungen, die im Laufe des Jahrhunderts in anderen europäischen Monarchien oktroyiert wurden. Das heißt aber, dass die seit 1789 entwickelten liberalen Grundsätze nicht in erster Linie unmittelbar durch die zahlreichen Revolutionen, als vielmehr mittelbar durch Restaurationen in dauerhafte Institutionen ausgeformt wurden.

Auch wenn die französische Nation keine Gelegenheit erhielt, die Restauration von 1814 durch ein Referendum formell zu bestätigen, so hat sie der *Charte* und damit der Wiederherstellung der Monarchie durch Stillschweigen doch informell zugestimmt. Auf diese Weise machte sie die im Jahre 1792 beschlossene Abschaffung der Monarchie wieder rückgängig. Ermöglicht wurde ihr dieser Schritt durch die Garantien, die in der *Charte* niedergelegt waren. Insoweit beruhte die Restauration von 1814 in Frankreich auf einem Vertrag zwischen der Monarchie und der Nation. Ferdinand VII. von Spanien und die zahlreichen italienischen Fürsten, die nach dem Sturz Napoleons auf ihre Throne zurückkehrten, bedurften keines derartigen Vertrags, denn sie waren nicht von ihren Untertanen, sondern vom fremden Eroberer vertrieben worden. Dementsprechend gewährten sie nach ihrer Rückkehr keine Verfassung, sondern nahmen die Regierung fast überall im Zeichen des schroffsten Absolutismus wieder auf.

Die Monarchie Ludwigs XVIII. war das erste Regime in Frankreich seit 1789, das sich nicht zur Souveränität der Nation, sondern zur monarchischen Legitimität des *Ancien Régime* bekannte. Die Wiederherstellung der Monarchie von Gottesgnaden beruhte auf der Fiktion, dass die Monarchie des *Ancien Régime* niemals untergegangen sei und daher auch nicht wieder ins Leben gerufen zu werden brauche. Dieser Deutung entsprach das Verhalten Ludwigs XVIII. nach seiner Rückkehr aus dem englischen Exil Ende April 1814. Er wartete nicht auf einen förmlichen Akt der Wiedereinsetzung, sondern agierte von Anfang an als Souverän. Dementsprechend führte er seine Rückkehr auch nicht auf die Berufung durch den Senat zurück. Das lag ihm schon deshalb fern, weil er den Senat zutiefst verachtete und ihm jede Legitimation dazu absprach, über die Zukunft Frankreichs zu entscheiden. Sein Urteil findet sich in einem Kommentar, den er über dessen Verfassungsentwurf Artikel für Artikel niedergeschrieben hatte. Über den letzten Artikel, in dem bestimmt war, dass er erst König werden könne, nachdem er die Verfassung beschworen habe, schrieb er: „Ludwig XVIII., von Gottes Gnaden König von Frankreich und Navarra, setzt den gegenwärtigen Senat als mitschuldig an allen Verbrechen Bonapartes ab und appelliert gegen ihn an das französische Volk".[42] Die Äußerung zeigt, dass der König in seinem Bestreben nach Wiederherstellung der Monarchie von Gottesgnaden in vollem Einklang mit den Wünschen des französischen Volkes zu stehen glaubte. Die vom Senat vorgelegte Verfassung behandelte er lediglich als Vorschlag, nicht als eine Bedingung, die er hätte akzeptieren müssen. So war es zuletzt allein der Wille des Königs, aus dem die neue Monarchie hervorging.

Die Perspektive des Königs unterschied sich von der Perspektive der Bürger. Die Mehrzahl der Franzosen dürfte das Königtum Ludwigs XVIII. als ein neues Regime betrachtet haben, das seine Legitimation nicht aus der Dynastie bezog, sondern aus den Institutionen, die es garantierte. Nicht zufällig hatte es der Senat in der von ihm am 6. April verabschiedeten Verfassung peinlich vermieden, den darin enthaltenen Entwurf einer demokratischen Monarchie als eine Wiederherstellung der historischen Monarchie Frankreichs auszugeben. Diese Strategie ist ein Indiz für die vorherrschende Rechtsauffassung. Was Ludwig XVIII. als Restauration der Monarchie betrachtete, war in den Augen der Nation in erster Linie die Wiederherstellung der 1789 errungenen Freiheiten. Die französische Restauration von 1814 war offensichtlich ein Doppeltes: die Wiedergeltendmachung und Konsolidierung der unzerstörbaren Monarchie von Gottesgnaden und die Versöhnung dieser Monarchie mit elementaren Errungenschaften der Revolution. Vor allem auf diesem Kompromiss beruhte die Hoffnung auf Dauerhaftigkeit des neuen Regimes.

Polen 1815

Zwischen 1772 und 1795 teilten Russland, Preußen und Österreich die Adelsrepublik Polen (*Rzeczpospolita Polska*) vollständig untereinander auf. Danach verfügte die polnische Nation zwölf Jahre lang über keinen eigenen Staat mehr. Erst die Niederlage Preußens im Krieg der vierten Koalition schuf die Voraussetzung für die Bildung eines neuen polnischen Teilstaats. Im Frieden von Tilsit ließ Napoleon sich von Friedrich Wilhelm III. den größten Teil der Gebiete übertragen, die Preußen in der zweiten und dritten Teilung Polens erworben hatte, und formte daraus das Herzogtum Warschau (*Księstwo Warszawskie*). Er gab ihm eine Verfassung und setzte König Friedrich August I. von Sachsen in Personalunion als Herrscher in der polnischen Hauptstadt ein. Im Frieden von Schönbrunn von 1809 verzichtete Kaiser Franz I. zugunsten des Königs von Sachsen auf Westgalizien und weitere Stücke aus den Teilungsgewinnen Österreichs. Auch diese Gebiete wurden dem Herzogtum Warschau eingegliedert, das gleichzeitig zum Großherzogtum aufstieg. Das Großherzogtum umfasste zwar nur einen kleinen Teil der ehemaligen Adelsrepublik, aber bei der polnischen Nation weckte es die Hoffnung auf Wiedergewinnung der verlorenen Einheit und Unabhängigkeit. Als Napoleon im Jahre 1812 den Krieg gegen Russland eröffnete, folgten viele Polen seinen Fahnen. Die Gelegenheit schien gekommen, um auch die vom Zarenreich annektierten Gebiete, die sogenannten westlichen Gubernien Russlands – Vil'njus, Grodno, Minsk, Mogilev, Vitebsk, Volyn', Podol'e und Kiev – zurückzuholen. Doch die *Grande Armée* scheiterte. Nach dem Rückzug Napoleons besetzten russische Truppen das Großherzogtum Warschau. Am 13. März 1813 setzte Zar Alexander I. dort unter der Bezeichnung eines Provisorischen Obersten Rats (*Rada Najwyższa Tymczasowa*) eine Besatzungsregierung ein. Den Vorsitz mit dem Titel eines Generalgouverneurs übernahm Vasilij S. Lanskoj; sein Stellvertreter wurde Nikolaj N. Novosil'cev.[1] Auf dem Wiener Kongress setzte Zar Alexander I. gegen heftigen britischen und österreichischen Widerstand sein Vorhaben durch, aus dem Großherzogtum ein Königreich zu machen, ihm eine Verfassung zu geben und es in Personalunion mit dem Russischen Reich zu verbinden. Preußen, aus dessen Teilungsgewinnen das Territorium des neuen Staates zum größten Teil stammte, begnügte sich mit Danzig und einer zusammenhängenden Landbrücke an der Nordwestgrenze des neuen polnischen

Staates, die es ihm erlaubte, den Grenzverlauf zwischen Schlesien und Ostpreußen zu begradigen. Aus diesem Gebietsstreifen formte es das Großherzogtum Posen. Für den Verzicht auf seine übrigen ehemals polnischen Gebiete wurde es in Sachsen und am Rhein entschädigt.

Die Gründung des Königreichs Polen durch Alexander I. ist ein erstaunlicher Vorgang. Ausgerechnet der russische Zar nahm sich Ludwig XVIII. von Frankreich zum Vorbild und schenkte den Polen eine Verfassung. Ein wesentliches Motiv für den Oktroi war zweifellos die Gewinnung der Loyalität seiner neuen polnischen Untertanen. Man muss sich allerdings fragen, ob er in diesem Bestreben nicht noch größeren Erfolg gehabt hätte, wenn er dem neuen Staat auch diejenigen Gebiete eingegliedert hätte, die Russland zwischen 1772 und 1795 in den drei polnischen Teilungen erworben hatte. Die Vermutung liegt nahe, Alexander habe mit der Gründung des Königreichs Polen in erster Linie günstige Voraussetzungen für die Verstärkung des russischen Einflusses in Europa schaffen wollen. Wenn die liberalen Institutionen des neuen Staates sich bewährten, dann war in der Tat zu erwarten, dass sie eine Sogwirkung auf die polnischen Untertanen der benachbarten Großmächte Preußen und Österreich entfalten würden. Das hätte die Bemühungen dieser beiden Staaten um die Integration ihrer seit 1772 hinzugewonnenen ehemals polnischen Gebiete erschwert und gleichzeitig die Aussicht auf Angliederung weiterer Teile der alten *Rzeczpospolita* an das neue Königreich zu Lasten der beiden deutschen Teilungsmächte erhöht. Der Zar wäre von den Polen als Befreier gefeiert worden und hätte in seiner Rolle als polnischer König seine Hegemonie bis weit nach Mitteleuropa hinein ausdehnen können. Dieser Effekt hätte nicht eintreten können, wenn der Zar dem Vorschlag des britischen Außenministers Castlereagh gefolgt wäre und entsprechend früheren Abmachungen mit Österreich und Preußen auf dem Wiener Kongress einer Aufteilung des Großherzogtums Warschau unter die drei benachbarten Großmächte zugestimmt hätte. Eine formelle Annexion des Großherzogtums durch Russland hätten Großbritannien und Österreich in keinem Fall hingenommen. So war die Schaffung eines eigenständigen Verfassungsstaats, und sei es in Personalunion mit dem Russischen Reich, auch die Voraussetzung dafür, dass Zar Alexander überhaupt die Zustimmung der Großmächte dazu erhielt, das einstige Großherzogtum unter seine Herrschaft zu bringen.

Die Polenpolitik Alexanders auf dem Wiener Kongress hatte eine Vorgeschichte. Am 3. Mai 1791 hatte die polnische Reichsversammlung eine moderne liberale Verfassung verabschiedet.[2] Gleichzeitig war die bisherige Wahlmonarchie in eine Erbmonarchie umgewandelt worden. Diese unerwartete Stärkung des polnischen Staatswesens veranlasste zwei Jahre später Friedrich Wilhelm II. von Preußen und die Zarin Katharina II. zu einer weiteren Teilung des Landes, der zweiten nach 1772. Die erneute Vergewaltigung Polens führte im März 1794 zu einem Aufstand unter Führung von Tadeusz Kościuszko. Nach der Niederschlagung des Aufstands ließ die Zarin die Güter derjenigen Mitglieder des polnischen Adels konfiszieren, die sich an der Erhebung beteiligt hatten. Zu den betroffenen Magnaten gehörte auch Fürst Adam Kazimierz Czartoryski, der einer der vornehmsten Adelsfamilien des Landes entstammte. Der Fürst wollte sich mit der Enteignung jedoch nicht abfinden und bemühte sich um die Rückgabe seiner Güter. Die Zarin stimmte unter der Bedingung zu, dass der Fürst zum Unterpfand künftigen Wohlverhaltens seine Söhne Adam und Konstantin als Geiseln an den Hof von Sankt Petersburg und in russische Dienste gebe.[3] Adam, der ältere der beiden, war damals 25 Jahre alt, Konstantin vier Jahre jünger. Die Brüder trafen am 24. Mai 1795 in der russischen Residenz ein.[4] Welche Aufgaben sie dort übernehmen sollten, war zunächst offen geblieben. Wie Adam in seinen Memoiren berichtet, war ihnen auch vollkommen gleichgültig, welchen Rang sie in den Diensten der Zarin erhalten würden: „Kann ein Reisender, der durch irgendeinen Zufall nach Japan, auf Borneo, auf Java oder in die Gebiete Zentralafrikas verschlagen wird, den Formen, den Auszeichnungen und den Ehrbezeugungen, die unter diesen Barbaren üblich sind, die geringste Bedeutung beimessen?"[5] Nach einigem Zuwarten wurden die Brüder zu Offizieren der kaiserlichen Garde ernannt. Historisch folgenreich wurde ihre Begegnung mit dem achtzehnjährigen Großherzog Alexander, dem künftigen Zaren Alexander I. Adam Czartoryski und Alexander wurden Freunde. Schon bald offenbarte Alexander seinen Abscheu gegenüber der Politik seiner Großmutter, der Zarin Katharina II. Wie Czartoryski später notierte, „liebte er leidenschaftlich die Gerechtigkeit und die Freiheit, er beklagte das Schicksal Polens und hätte das Land gerne glücklich gesehen!"[6] Ein unmittelbares Zeugnis der politischen Ansichten des jungen Alexander bietet ein Brief, den er am 27. September 1797 (nach dem gregorianischen Kalender am 8. Oktober 1797) an seinen Schweizer Erzieher La Harpe richtete. Darin berichtet er von seiner Absicht, Russland eine „freie Verfassung" zu geben, um es für alle Zeiten vor „Despotismus" und „Tyrannis" zu bewahren. Das wäre, so meinte er, „die beste Art von Revolution, durchgeführt von einer legalen Regierung".[7] Der Brief spiegelt die Überzeugungen wider, in denen sich der Thronfolger mit Czartoryski begegnete. Als abschreckendes Beispiel für das willkürliche Regiment eines unumschränkten Herrschers stand Alexander sein eigener Vater, Zar Paul I., vor Augen. Dieser fiel im März 1801 einem Mordanschlag zum Opfer. Damit wurde der Weg frei für die Thronbesteigung Alexanders.

Nach seinem Regierungsantritt berief der neue Zar seinen polnischen Jugendfreund in seinen engsten Beraterkreis. Czartoryski wurde zusammen mit Viktor Kočubej, Nikolaj Novosil'cev und Pavel Stroganov Mitglied von Alexanders Geheimkomitee (*neglasnyj komitet*).[8] Im Herbst 1802 wurde er zum Stellvertreter des betagten Außenministers Voroncov ernannt. Zwei Jahre später wurde er selbst zum Außenminister berufen. Seit 1803 amtierte er darüber hinaus als Kurator der Universität Vil'njus (Wilna). In dieser Eigenschaft war er für das gesamte Erziehungswesen in den acht westlichen Gubernien, die Russland im Zuge der polnischen Teilungen annektiert hatte, zuständig. Auch in russischen Diensten blieb Czartoryski ein glühender polnischer Patriot. Nachdem Zar Alexander mehrfach seinen Abscheu vor der Polenpolitik seiner Großmutter bekannt hatte, durfte Czartoryski hoffen, dass er das Schicksal seiner Heimat in seinem Amt als Außenminister Alexanders bei passender Gelegenheit würde wenden können.

Eine Gelegenheit schien sich im Herbst des Jahres 1804 zu bieten. Nach dem Bruch des zwei Jahre zuvor geschlossenen Friedens von Amiens suchte die britische Regierung auf dem Kontinent Verbündete im wieder aufgenommenen Kampf gegen das napoleonische Frankreich. Diesen Augenblick nutzte Außenminister Czartoryski, um dem Zaren die Entsendung des Justizministers Novosil'cev nach London zu Verhandlungen mit der britischen Regierung nahezulegen. Ziel der Demarche war der Abschluss eines langfristigen britisch-russischen Bündnisses. Die von Czartoryski verfassten Instruktionen des Zaren für seinen Sondergesandten enthielten nichts Geringeres als den Plan für eine grundlegende Neugestaltung des europäischen politischen Systems. Großbritannien und Russland wies der Zar hierbei gemeinsam die Rolle von „Rettern Europas" (*sauveurs de l'Europe*) zu.[9] Begründet wurden die russischen Vorschläge mit der aktuellen Bedrohung durch Frankreich. So heißt es einleitend in den Instruktionen, „die mächtigste Waffe, deren sich die Franzosen bisher bedient hätten und mit der sie noch immer alle Länder bedrohten", bestehe darin, dass sie es verstanden hätten, überall die irrtümliche Überzeugung zu verbreiten, sie verträten die Sache der Freiheit und des Wohlstands der Völker. Angesichts dessen erforderten es „das Wohl der Menschheit und das wirkliche Interesse der legitimen Regierungen", dass sie den Franzosen diese gewaltige Waffe entrissen, um sie ihrerseits gegen Frankreich zu kehren.[10] Voraussetzung dafür sei das Bekenntnis der gegen Frankreich kämpfenden Regierungen zum Verfassungsstaat. Durch Verfassungen könne man die Nationen „mit ihren Regierungen versöhnen" und gewährleisten, dass diese nichts anderes im Auge hätten als „das größtmögliche Wohl der Völker, die ihnen unterworfen seien".[11] Die Verheißung des freiheitlichen Verfassungsstaats sollte somit zur ideologischen Waffe im Kampf gegen Frankreich gemacht werden. Für die Zeit nach Beendigung des gegenwärtigen Krieges schlug der Zar die Schaffung eines kollektiven Sicherheitssystems vor, eines Bundes, der den Staaten „im höchstmöglichen Maße ihre Ruhe und ihre Sicherheit garantieren würde".[12] Die Stabilität und Dauerhaftigkeit eines solchen Bundes, so wird in den Instruktionen ausgeführt, hänge allerdings davon ab, dass die Grenzen der Staaten nach natürlichen Gegebenheiten wie Gebirgen oder Flüssen neu gezogen würden. Dabei müsse jedem Staat zugleich der Zugang zu den internationalen Märkten garantiert werden, damit seine Bürger ihre Erzeugnisse dort absetzen könnten. Zugleich müsse man die Staaten „aus homogenen Völkern zusammensetzen, die sich untereinander verständigen und an die Regierung, die sie lenkt, anpassen können".[13]

Das war ein geradezu revolutionäres, allerdings zugleich utopisches Programm. Mit dem Argument der nationalen Homogenität ließ sich ohne weiteres die Forderung nach Wiederherstellung eines unabhängigen polnischen Staates begründen. Die Frage war freilich, ob der Zar wirklich bereit gewesen wäre, die russischen Erwerbungen aus den polnischen Teilungen wieder preiszugeben, denn selbstverständlich sollten die westlichen Gubernien des Russischen Reiches von der Neuordnung nicht ausgenommen bleiben. Die beiden anderen Teilungsmächte – Österreich und Preußen – sollten für ihre Verluste anderswo entschädigt werden. Voraussetzung dafür war freilich der Sieg über Napoleon. Den erhoffte der Zar sich damals von dem für 1805 erwarteten Krieg gegen Frankreich.

Auf See erfuhr Napoleon in diesem Krieg eine schwere Niederlage: Am 21. Oktober 1805 vernichtete der britische Admiral Nelson bei Trafalgar vor der Südküste der Iberischen Halbinsel unweit von Cádiz die vereinigten spanischen und französischen Flotten. Infolgedessen musste der Kaiser seine Pläne zur Invasion der britischen Inseln aufgeben. Auf dem Lande dagegen erzielte er den glänzendsten Sieg seiner Laufbahn: Am 2. Dezember schlug er die verbündeten russischen und österreichischen Armeen bei Austerlitz in Mähren. Nach diesem Debakel konnten Alexander und Czartoryski ihre Pläne zur grundlegenden Neuordnung Europas zunächst nicht weiterverfolgen. Zugleich belastete die Niederlage das Verhältnis zwischen dem Zaren und seinem Außenminister. Am 1. Juli 1806 wurde Czartoryski entlassen. Er blieb jedoch Mitglied des Senats und des Staatsrats und Kurator der Universität Vil'njus.[14] Auch seine persönlichen Beziehungen zu Alexander brachen nicht ab. So konnte er es sich erlauben, dem Zaren im Dezember 1806 eine neue Denkschrift mit einem Plan zur Wiederherstellung Polens vorzulegen.[15]

Den Anlass hatte die Niederlage Preußens in der Schlacht von Jena und Auerstedt am 14. Oktober geboten. Der Krieg war damit nicht zu Ende, denn Preußens Verbündeter Russland gab sich nicht geschlagen. Wie Czartoryski in seiner Denkschrift ausführte, hatte Napoleon durch seinen Sieg die Möglichkeit gewonnen, aus den polnischen Provinzen Preußens einen eigenen Staat zu formen. Die Polen würden ein solches Vorhaben begeistert unterstützen und Frankreich ihre Ressourcen und ihre Kampfkraft zur Verfügung stellen, angespornt durch die Hoffnung, dass sie mit Unterstützung des sieggewohnten Kaisers bald auch die unter russischer Herrschaft stehenden Teile ihres Landes zurückerobern könnten. Während Napoleon in den Polen ohne Mühe willige Mitstreiter gegen Russland finden würde, traue sich die russische Regierung nicht, die polnische Bevölkerung in ihrem Machtbereich zum Kampf gegen Napoleon heranzuziehen, weil sie fürchte, diese könnte sich, einmal unter Waffen, gegen sie statt gegen Frankreich wenden. So sehe sie tatenlos zu, wie der Feind sich diese Ressourcen zunutze mache.[16] Um einer solchen Entwicklung zuvorzukommen, drängte Czartoryski Alexander, einen polnischen Staat in den Grenzen der alten Adelsrepublik auszurufen und sich zu dessen erblichem König zu erklären. Auf diesem Wege würde nicht Napoleon, sondern der Zar die polnischen Ressourcen und die Anhänglichkeit der Polen gewinnen.[17] Freilich werde der Zar dieses Ziel nur erreichen, wenn er der polnischen Nation eine Regierung „nach ihren Wünschen und in Übereinstimmung mit ihren früheren Gesetzen" gewähre. Alles andere wäre nur „eine halbe Maßnahme, die keinen der Vorteile verschaffe, die man sich von ihr verspreche".[18]

Czartoryski setzte sich Punkt für Punkt mit den Einwänden auseinander, die er auf seinen Vorschlag erwartete. Wenn Polen in seinen ursprünglichen Grenzen wiederhergestellt würde, müssten alle Teilungsmächte auf ihre Erwerbungen verzichten, und Russland selbst müsste seine westlichen Gubernien in die neue polnische Monarchie einbringen. Dagegen würde sich in Russland heftiger Widerstand regen. In Wirklichkeit aber, so meinte Czartoryski, würde der Zar gar keinen Verlust erleiden, weil die polnische Krone unauflöslich mit dem russischen Thron verbunden werden sollte. „Statt zu verlieren, würde Russland gleichzeitig den gesamten Rest Polens gewinnen". Ein anderer Einwand, mit dem Czartoryski rechnete, lautete, dass der Zar Preußen gegenüber einen Bündnisbruch begehe, wenn er dem künftigen Königreich Polen dessen polnische Provinzen einverleibe. Hierzu bemerkte Czartoryski, dass in Berlin nicht mehr Friedrich Wilhelm III. regiere, sondern dass der Sieg bei Jena und Auerstedt Bonaparte zum faktischen Herrscher Preußens gemacht habe. Der Zar würde sich daher nicht der Länder eines Verbündeten bemächtigen, sondern nur dem Feind die sicher geglaubte Beute entreißen. Was das österreichische Galizien anbelangt, so empfahl Czartoryski, sich vor der Proklamation des Königreichs Polen mit Wien ins Benehmen zu setzen und die Zukunft Österreichisch-Polens in Verhandlungen zu klären. Eine Verlängerung des gegenwärtigen Krieges befürchtete Czartoryski von Alexanders Proklamation der Wiederherstellung Polens nicht. Wahrscheinlich sei vielmehr, dass Napoleon sich, sobald ihm die Aussicht auf die polnischen Hilfsmittel genommen sei, eher zu Friedensverhandlungen bereitfinden werde. Schon aus diesem Grunde dulde der Schritt keinen Aufschub.[19]

Alexander ist dem Rat Czartoryskis nicht gefolgt. Napoleon führte den Krieg siegreich zu Ende und diktierte Preußen und Russland im Juli 1807 in Tilsit den Frieden. Mit den Provinzen, die Preußen 1793 und 1795 erworben hatte, verfuhr er genau so, wie Czartoryski es vorausgesehen hatte. Während er Danzig den Status einer Freien Stadt verlieh, formte er aus den anderen Gebieten das Herzogtum Warschau und machte König Friedrich August I. von Sachsen in Personalunion zum Herrscher über den neuen napoleonischen Satellitenstaat. Gleichzeitig gab er ihm eine Verfassung, den *Statut constitutionnel du duché de Varsovie*.[20] Russland erhielt den Bezirk Białystok. Durch den zwischen Frankreich und Österreich zwei Jahre später geschlossenen Frieden von Schönbrunn wurden dem Herzogtum Warschau zusätzlich Westgalizien, die Stadt Krakau und der Kreis Zamość einverleibt.[21] Gleichzeitig wurde das Herzogtum zum Großherzogtum erhöht. Die Teilungsmächte ließen es nicht zu, dass im Namen des neuen Staates das Wort Polen auftauchte, aus Furcht, dass aus dem polnischen Namen der Anspruch auf Wiederherstellung des untergegangenen Königreichs abgeleitet würde. Kurz nach dem Abschluss des Friedens von Tilsit hatte

Zar Alexander seiner Mätresse Maria Naryškina geschrieben: „Wenigstens wird es kein Polen geben, sondern ein lächerliches Herzogtum Warschau".[22] Dennoch betrachteten die Polen das Großherzogtum als Keimzelle eines neuen gesamtpolnischen Staates.[23]

Napoleon stellte die Abmachungen von Tilsit dem Zaren gegenüber als eine Teilung Europas in eine französische und eine russische Einflusssphäre und damit als ein Friedenswerk von Dauer dar. In Wirklichkeit fühlte sich der Zar durch die Schaffung eines polnischen Satellitenstaats Frankreichs an der Grenze seines Reiches bedroht. Grund dafür war nicht nur die geostrategische Lage des neuen Staates, sondern auch die Sorge, dass er sich zu einem Unruheherd entwickeln und die ehemals polnischen Gebiete im Westen des Russischen Reiches destabilisieren könnte. Das Herzogtum Warschau umfasste nur einen kleinen Teil der ehemaligen *Rzeczpospolita*. Diese hatte sich vor der ersten Teilung des Landes im Jahre 1772 über 730.000 Quadratkilometer erstreckt. Die Bevölkerung hatte etwa 11 Millionen Einwohner gezählt. Das Herzogtum Warschau dagegen umfasste im Jahre 1807 102.744 Quadratkilometer bei einer Bevölkerung von rund 2,6 Millionen Einwohnern. Infolge der österreichischen Gebietsabtretungen in Galizien im Jahre 1809 wuchs die Fläche auf 155.430 Quadratkilometer und die Volkszahl auf 4,3 Millionen an.[24] Die Fläche des Großherzogtums Warschau erreichte damit etwas mehr als ein Fünftel der Fläche des alten polnischen Wahlkönigreichs. Wie von den Teilungsmächten befürchtet, betrachteten die Polen seine Gründung als Beginn ihrer nationalen Wiedergeburt und versuchten alles, um von dem Warschauer Rumpfstaat aus im Bündnis mit dem, wie es schien, unbesiegbaren Kaiser der Franzosen die unter die Herrschaft der benachbarten Großmächte gelangten Teile ihres Landes zu befreien und wieder zu vereinigen. Den polnischen Patrioten war Napoleon schon zur Zeit des Direktoriums als Hoffnungsträger erschienen. Damals hatten polnische Exulanten, zu Legionen zusammengefasst, unter dem Oberbefehl des jungen Generals Bonaparte in Italien gegen Österreich, eine der drei Teilungsmächte, in der Hoffnung gekämpft, sich auf diesem Wege die Unterstützung Frankreichs für die Befreiung ihrer Heimat zu verdienen. Am 20. Januar 1797 hatte der Führer der polnischen Legionen, General Jan Henrik Dąbrowski, seine Landsleute dazu aufgerufen, sich ihm anzuschließen, um „unter dem tapferen Bonaparte für die Freiheit zu kämpfen". In dem Aufruf heißt es weiter: „Der Triumph der französischen Republik ist unsere einzige Hoffnung".[25] Als Napoleon sich im November 1806 nach seinem Sieg bei Jena und Auerstedt anschickte, in die polnischen Provinzen Preußens einzumarschieren, richtete derselbe Dąbrowski zusammen mit Józef Wybicki erneut einen Aufruf an seine Landsleute und forderte sie auf, an der Seite Napoleons für ihre Freiheit zu kämpfen: „Polen! Es liegt also in Eurer Hand, zu leben und ein Vaterland zu besitzen. Euer Rächer, Euer Schöpfer ist da".[26]

Um der Bedrohung vor der Westgrenze seines Reiches entgegenzutreten, erwog Zar Alexander Ende 1810 einen neuen Krieg gegen Frankreich. Dazu aber bedurfte er der Unterstützung der Polen. Napoleon hatte das Großherzogtum inzwischen militärisch aufgerüstet. Im Mai 1811 zählte die polnische Armee nicht weniger als 60.000 Mann. Mit einem solchen Gegner im Rücken konnte Alexander seine Armeen nicht nach Frankreich marschieren lassen. Daher musste er versuchen, die Polen aus dem Bündnis mit Napoleon zu lösen und in das russische Lager herüberzuziehen. Das Vorhaben konnte nur gelingen, wenn er sie davon überzeugte, dass sie eher von ihm als von Napoleon die Erfüllung ihrer nationalen Hoffnungen erwarten könnten. Am 25. Dezember 1810 offenbarte er Czartoryski seine Pläne. Der Augenblick sei gekommen, so schrieb Alexander, „den Polen zu beweisen, dass Russland nicht ihr Feind sei", sondern „ihr wirklicher und natürlicher Freund". Sie müssten erkennen, dass sie von Russland die Wiederherstellung ihres Reiches erwarten dürften. Alexander dachte daran, den Feldzug mit einer öffentlichen Proklamation dieses Kriegsziels zu eröffnen.[27] In seiner Antwort bestätigte Czartoryski dem Zaren, dass alle Polen die Wiedervereinigung ihres Landes, „die Vereinigung aller ihrer Teile zu einer einzigen Nation, unter einer nationalen und konstitutionellen Regierung" wünschten.[28] Es werde jedoch nicht leicht sein, sie davon zu überzeugen, dass sie dieses Ziel eher mit russischer Hilfe als durch Napoleon erreichen könnten. Die Polen betrachteten die Franzosen als ihre Freunde, die Russen dagegen als ihre erbitterten Feinde, „sowohl aus politischen Gründen als auch aus persönlicher Abneigung".[29] Da Russland im Zuge der polnischen Teilungen den größten Gebietszuwachs erhalten habe, genüge es nicht, wenn der Zar ihnen die Erhaltung des Großherzogtums Warschau garantiere. Wenn er die Polen gegen Napoleon für sich gewinnen wolle, dann müsse er die Erfüllung von drei Bedingungen garantieren: die Wiedereinführung der polnischen Verfassung vom 3. Mai 1791, die Zusammenführung aller Teile Polens unter ein Szepter und ausreichende Absatzwege für den polnischen Handel.[30] Der Zar stimmte diesen Bedingungen im wesentlichen zu und erklärte sich damit einverstanden, dass in Zukunft die Düna, die Beresina und der Dnjepr die Ostgrenzen Polens bildeten, stellte aber seinerseits zwei Bedingungen. Zum einen müsse das Königreich Polen auf alle Zeiten in Personalunion mit Russland vereinigt werden. Zum andern benötige er ein eindeutiges Votum der polnischen Nation, schriftlich erteilt durch die führenden Persönlichkeiten des Landes, dass sie bereit sei, sich dem Zaren anzuschließen.[31] Diese Zusage erlangte Alexander nicht. Vielmehr setzte die polnische Elite ihre Hoffnungen weiterhin auf den Kaiser der Franzosen.[32]

Im Mai 1811 schlug der litauische Fürst Michał Ogiński dem Zaren vor, die acht Provinzen der ehemaligen *Rzeczpospolita*, die Russland in den Teilungen Polens gewonnen hatte, unter dem historischen Namen Litauen zu einer autonomen politischen Einheit innerhalb des Russischen Reiches zusammenzufassen. Das Oberhaupt dieses Staates sollte der Zar bestimmen. Litauen müsse dabei einen eigenen Hof und eine Volksvertretung erhalten. Die alten litauischen Gesetze müssten in Kraft bleiben. Durch ein solch reales Zugeständnis an die patriotischen Hoffnungen der Polen würde Alexander, so glaubte Ogiński, auf diese Nation eine größere Anziehungskraft ausüben als Napoleon.[33] Der Zeitpunkt des Vorschlags erklärt sich aus der Erwartung, dass der Ausbruch eines neuen Krieges zwischen Russland und Frankreich bevorstehe. Solange die Polen glaubten, schreibt Ogiński, dass Napoleon das alte polnische Reich wiederherstellen wolle, würden ihm unweigerlich die Sympathien auch derjenigen Angehörigen dieser Nation zufliegen, die sich unter der Herrschaft des Zaren befänden. Darin liege im Kriegsfall eine Gefahr für die russische Sache. Napoleon habe schon mehrmals Abgesandte in die russischen Teilungsgebiete entsandt, um die Bewohner zum Aufstand anzustacheln und um ihnen zu versichern, dass er die Grenzen Polens bis an die Wolga ausdehnen werde.[34] Für ein mächtiges Reich sei es leicht, neue Provinzen zu erobern. Dagegen bedürfe es vieler Jahre, um in den eroberten Gebieten „die Bewohner für sich zu gewinnen, sie an die Veränderung zu gewöhnen und zu erreichen, dass sie ihr ehemaliges Dasein vergessen".[35] In dieser Hinsicht sei Napoleon ein Vorbild. Sobald er ein Gebiet erobert habe, gewähre er ihm eine Verfassung und führe Reformen durch, um die Zustimmung der Bewohner zu erlangen. Durch die Gründung des Großherzogtums Warschau habe er freilich nicht nur die Bürger dieses Staates für sich gewonnen, sondern auch die Bewohner der acht westlichen Gubernien Russlands, weil auch sie von nun an ihre Hoffnung auf Wiederherstellung eines eigenständigen polnischen Staates auf Napoleon setzten. Daher empfahl Ogiński dem Zaren, Napoleon zuvorzukommen und die napoleonische Methode so bald wie möglich selbst in diesen Gubernien anzuwenden. Wenn der

Ausbruch des Krieges drohe, solle Alexander sich zum König von Polen erklären. Durch die Gründung eines autonomen litauischen Staates innerhalb des Russischen Reiches würde der Zar „die rund acht Millionen Bewohner dieser Gebiete an sich binden" und sich zugleich „der Unterstützung der Polen des Herzogtums Warschau versichern". Napoleon dagegen würde seine bisherigen Parteigänger im russischen Teilungsgebiet verlieren, und der Bewunderung und Dankbarkeit der Litauer gegenüber dem Zaren würden sich die Bewohner des Großherzogtums Warschau alsbald anschließen.[36]

Alexander war von Ogińskis Denkschrift beeindruckt und gab ihm den Auftrag, konkrete Schritte zur Umsetzung seiner Vorschläge zu benennen. Im Oktober 1811 übermittelte Ogiński dem Zaren daraufhin den Entwurf einer Verordnung über den Aufbau des Großherzogtums Litauen. Im ersten Artikel wird die Zusammenfassung der westlichen Gubernien in eine einzige Provinz unter dem Namen eines Großherzogtums Litauen angekündigt. Als Hauptstadt des Großherzogtums war Wilna (Vil'njus), als Amtssprache Polnisch vorgesehen.[37]

Am 1. Dezember 1811 legte Ogiński dem Zaren eine weitere Denkschrift vor. Darin ging er insofern über die Empfehlungen vom Mai noch hinaus, als er dem Zaren nunmehr nahelegte, schon jetzt den Titel eines Königs von Polen für das Großherzogtum Litauen anzunehmen. Dadurch erhielten die Bürger des Großherzogtums Warschau die Sicherheit, dass der Zar das Königreich Polen wiederherstellen werde. Ogiński rechnete damit, dass das Großherzogtum Warschau früher oder später mit Litauen vereinigt werde. Im einzelnen schlug er vor, dass der Zar eine „Proklamation an die polnische Nation erlasse, mit der Zusage, dass er ihr eine Verfassung gewähren werde", die derjenigen vom 3. Mai 1791 „nahekomme".[38]

In einer mündlichen Stellungnahme zeigte Zar Alexander sich am 15. Dezember 1811 auch den neuen Überlegungen Ogińskis gegenüber aufgeschlossen. Die vorgeschlagene Wiederherstellung Polens widerstreite nicht im geringsten den russischen Interessen und würde nicht zur „Entfremdung der eroberten Provinzen" führen. Deren Bewohner wären sicher „glücklich und zufrieden, wenn sie eine Verfassung bekämen". Er sei auch bereit, den Namen eines Königs von Polen anzunehmen, wenn er damit „allen Polen eine Freude machen könne".[39]

Ein knappes Jahr später scheiterte Napoleon in Russland. Als russische Truppen sich gegen Ende des Jahres 1812 anschickten, das Großherzogtum Warschau zu besetzen, fragte Czartoryski den Zaren, ob er nun seine einstigen Vorhaben für Polen wieder aufgreifen werde.[40]

In seiner Antwort bekannte sich Alexander zwar zu seinen früheren Überzeugungen, betonte jedoch, dass er vor deren Verwirklichung eine Reihe von Schwierigkeiten überwinden müsse. Nachdem polnische Truppen mit Napoleon in Russland eingefallen seien und dort Spuren der Verwüstung hinterlassen hätten, sei in seinem Lande die Bereitschaft geschwunden, die russischen Teilungsgewinne zurückzugeben. Mit dem Bekenntnis zur Wiederherstellung Polens würde er den Franzosen überdies Österreich und Preußen in einem Augenblick in die Arme treiben, in dem er nach dem Debakel der Großen Armee hoffen könne, sie aus dem Bündnis mit Napoleon zu lösen.[41] Da Alexander entschlossen war, Napoleon bis nach Paris zu verfolgen, war er darauf angewiesen, die beiden deutschen Großmächte auf seine Seite zu ziehen. Dafür aber musste er ihnen eine Gegenleistung anbieten. Napoleon war noch nicht geschlagen. Daher war ein Bündniswechsel für beide Mächte riskant. In dieser Lage mussten die Interessen der polnischen Patrioten zurückstehen. Im Bündnisvertrag von Kalisch und Breslau, den er mit Friedrich Wilhelm III. von Preußen Ende Februar 1813 schloss, sicherte der Zar dem preußischen König die Wiedererlangung eines Teils der ehemals polnischen Gebiete zu, die Preußen im Frieden von Tilsit verloren hatte. Im zweiten Geheimartikel garantierte er ihm ausdrücklich die Erhaltung Ostpreußens unter Hinzufügung eines Gebietsstreifens, der diese Provinz mit Schlesien verbinden sollte.[42] Das Gebiet gehörte seit 1807 zum Herzogtum Warschau. Mit diesen Zusagen gelang es Alexander, den preußischen König aus der französischen Allianz zu lösen und im Kampf gegen Napoleon auf seine Seite zu ziehen. Einer vollständigen Wiederherstellung der alten polnischen Adelsrepublik standen somit selbst in den Augen des Zaren gesamteuropäische Interessen entgegen. Unterdessen hoffte Czartoryski trotz der russischen Zugeständnisse gegenüber Preußen weiterhin, dass Alexander wenigstens in Bezug auf die verbleibenden Gebietsteile an seinen großpolnischen Plänen festhielt, und zwar unter Einbeziehung der westlichen Gubernien Russlands.[43]

Selbst dagegen aber wuchs bis in die engste Umgebung des Zaren hinein der Widerstand unter den Eliten des Reiches. Einer seiner engsten Vertrauten, Karl Robert von Nesselrode, wandte sich zu Beginn des Jahres 1813 in einer Denkschrift für Alexander gegen Czartoryskis Vorschläge.[44] Seit 1805 habe die russische Regierung den Polen immer dann ihre Hilfe zur Wiedergewinnung der verlorenen Provinzen angeboten, wenn sie im Gegenzug auf die polnische Unterstützung im Kampf gegen Frankreich habe hoffen können. Das letzte Angebot dieser Art habe der Zar gegen Ende des Jahres 1810 gemacht. Wären die Polen darauf eingegangen, hätte Russland mit einem Schlage eine Armee von 40.000 Mann hinzugewonnen und seine Verbindungswege nach Deutschland und Frankreich gesichert. Stets sei die Wiederherstellung Polens jedoch lediglich ein Mittel in der Verfolgung russischer Interessen, niemals ein Ziel an sich selbst gewesen. Heute wäre für Russland in Polen nichts mehr zu gewinnen. Die Armee des Herzogtums Warschau zähle nur noch 8.000 Mann, sein Fiskus sei überschuldet. Die Wiederherstellung Polens würde Österreich in die Arme Napoleons treiben, und Russland würde wertvolle Provinzen verlieren. Auch wenn sie zunächst unter einem gemeinsamen Monarchen stünden, würde Polen mit allen Mitteln nach vollkommener Unabhängigkeit streben. Die dem Zaren zugedachte Aufgabe, die Rollen eines Autokraten in Russland und eines konstitutionellen Königs in Polen in seiner Person miteinander zu vereinbaren, sei unlösbar. Als letzten Einwand gegen eine Wiederherstellung Polens nannte Nesselrode die „äußerste Abneigung" (*l'extrême répugnance*), auf die sie bei jedem Russen träfe. Die Nation habe „sich entschieden gegen die Wiederherstellung Polens ausgesprochen". Ihre Opferbereitschaft habe wesentlich dazu beigetragen, dass der Zar Napoleon überwunden habe. Daher wäre es „weder gerecht noch klug", ihre Meinung zu missachten. Die Nation würde in der Wiederherstellung Polens „eine Belohnung" gerade derjenigen Provinzen des Reiches erblicken, „die es am wenigsten verdient hätten", und eine Auszeichnung für diejenigen unter Napoleons Hilfstruppen, die „während der Invasion schlimmere Akte der Grausamkeit und Barbarei begangen hätten als die Franzosen selbst".[45]

Ganz ähnlich äußerte sich ein anderer Berater des Zaren, der aus Korsika stammende Graf Carlo Andrea Pozzo di Borgo, in einer Denkschrift vom 20. Oktober 1814.[46] Er warnte vor der Preisgabe der westlichen Gubernien, deren Übergang unter russische Herrschaft von allen Staaten anerkannt worden sei. Auch Pozzo di Borgo meinte, der Titel eines konstitutionellen Königs von Polen sei unvereinbar mit dem Titel eines Kaisers und Selbstherrschers aller Reußen. Die Russen, die sich ihrer Kraft und ihrer Macht bewusst seien, würden „zu einer unfreien Existenz verdammt"; den „schwachen und gedemütigten" Polen dagegen würde gestattet, „sich in Freiheit selbst zu verwalten".[47] Auch der Freiherr vom Stein warnte in einer Denkschrift vom 6. Oktober 1814 vor den unausweichlichen Konflikten zwischen dem despotisch regierten Russland und einem Verfassungsstaat Polen. Die Polen, die unter russischer Herrschaft stünden, würden versuchen, ihre volle Unabhängigkeit zu erlangen, und die Polen Österreichs und Preußens würden nach Vereinigung mit den anderen Teilen ihrer Nation streben.⁴⁸

Der Widerstand gegen Alexanders Pläne zur Wiederherstellung Polens bezog sich in erster Linie auf die Abtrennung der einst von Katharina II. erworbenen acht „westlichen Gubernien". Dagegen fand die Zukunft des Großherzogtums Warschau in der Umgebung des Zaren weit geringeres Interesse. Dieser Teil Polens hatte niemals zu Russland gehört. Daher konnte dem Reich kein Verlust entstehen, wenn er in ein eigenständiges Königreich umgewandelt wurde. Obwohl seine Berater ihn zu dieser kleinen Lösung der polnischen Frage drängten, scheint Zar Alexander sie zunächst nicht in Betracht gezogen zu haben. Als er im Oktober 1814 in Wien zu dem großen Mächtekongress eintraf, auf dem Europa neu geordnet werden sollte, verfolgte er zunächst beharrlich seinen ursprünglichen Plan, das Großherzogtum Warschau mit den westlichen Gubernien des Russischen Reiches zu einem polnischen Königreich unter seiner Herrschaft zusammenzufassen. Am 2. Oktober 1814 berichtete der britische Außenstaatssekretär Castlereagh Premierminister Liverpool aus Wien über ein zweieinhalbstündiges Gespräch mit Alexander und seine vergeblichen Versuche, dem Zaren diese Pläne auszureden.⁴⁹ In einer ausführlichen Denkschrift legte er Alexander anschließend noch einmal die Gründe für seine Ablehnung dar. Dabei verwies er vor allem auf die Bedrohung, die die neuerliche Westexpansion Russlands für Mitteleuropa und besonders für die beiden deutschen Großmächte mit sich bringen würde. Die vorgesehene Grenze sei militärisch unhaltbar und würde schon dadurch die Hoffnungen auf eine dauerhafte Friedensregelung auf dem Kontinent untergraben.⁵⁰ Schließlich lenkte der Zar ein. In die Abschlussakte des Kongresses fand nur die kleine Lösung der polnischen Frage Eingang. Danach wurde das Großherzogtum Warschau mit Ausnahme einiger eigens aufgeführter Grenzprovinzen und des Distrikts um Krakau auf alle Zeiten „mit dem Russischen Reich vereint". Der Zar erhielt neben seinen übrigen Titeln die Würde eines „Königs von Polen". Der Widerstand, den Alexander gegen diese Lösung lange Zeit geleistet hatte, hat auf nicht leicht durchschaubare Weise in der Bestimmung seinen Niederschlag gefunden, der Zar „behalte sich vor, diesem Staat, der eine eigene Verwaltung besitze, die innere Ausdehnung zu geben, die er für angebracht halte".⁵¹ Der Satz ließ Raum für die Erwartung, dass der Zar seine Pläne zur Wiederherstellung Polens in seinem ursprünglichen Umfang zu gegebener Zeit wiederaufgreifen werde.

Die Verfassung des Königreichs Polen wurde am 27. November 1815 verkündet.[52] Als oktroyierte Verfassung gleicht sie in wesentlichen Zügen der französischen *Charte constitutionnelle* vom 4. Juni 1814. Der Besitz der ungeteilten Souveränität durch den Herrscher wird in der Verfassung nicht bestimmt, sondern ist vorausgesetzt. Artikel 4 erklärt dementsprechend zum Zweck der Verfassungsurkunde lediglich die Festsetzung von „Art" und „Grundsatz" der „Ausübung der Souveränität". Darin spiegelt sich die für das monarchische Prinzip charakteristische Unterscheidung von Besitz und Ausübung der Staatsgewalt. Artikel 31 sieht die Bildung einer Nationalrepräsentation (*reprezentacja narodowa*) in einem *Sejm* vor, der aus dem König und zwei Kammern bestehen soll, der Kammer der Abgeordneten (*Izba poselska*) und dem Senat (*Senat*). Die Abgeordnetenkammer setzt sich zusammen aus 77 Abgeordneten, die von den Provinzialversammlungen des Adels entsandt werden, und aus 51 Abgesandten der Kommunen (Artikel 118). Die Zahl der Senatoren darf nicht größer sein als die Hälfte der Zahl der Abgeordneten (Artikel 109). Der Zensus ist auf eine Steuerleistung von 100 polnischen Gulden (*złoty*) pro Jahr angesetzt; das Mindestalter eines Abgeordneten beträgt 30 Jahre (Artikel 121). Aufgrund dieser Bestimmungen erhielten rund 100.000 Bürger das Wahlrecht, eine bemerkenswerte Zahl, wenn man bedenkt, dass im damaligen Frankreich, dessen Bevölkerung zehnmal so groß war, nur 80.000 Bürger wählen konnten.[53] Nach Artikel 86 liegt die gesetzgebende Gewalt beim König und den beiden Kammern. Die Gesetzesinitiative besitzt allein der Monarch (Artikel 90, 94). Von einem Recht der Kammern, beim König um die Vorlage eines Gesetzentwurfs zu bitten, wie es in den Artikeln 19 bis 21 der französischen *Charte* verbrieft worden war, ist nirgends die Rede. Der Landtag tritt alle zwei Jahre in der Hauptstadt Warschau zusammen (Artikel 87). Der König kann jedoch auch außerordentliche Landtage einberufen (Artikel 88). Unter dem Titel „Allgemeine Garantien" (*zaręczenia ogólne*) enthielt die Verfassung in den Artikeln 11 bis 34 eine Aufzählung von Grundrechten, darunter die Freiheit der Religionsausübung (Artikel 11), die Pressefreiheit (Artikel 16), die Gleichheit vor dem Gesetz (Artikel 17), den Grundsatz des *Habeas Corpus* (Artikel 20 und 21), das Recht auf Eigentum (Artikel 26) und den Gebrauch der polnischen Sprache in der Verwaltung, vor Gericht und in der Armee (Artikel 28). Artikel 29 bestimmte, dass öffentliche Ämter nur von Polen bekleidet werden könnten.

Eine Besonderheit der Verfassung Kongresspolens im Vergleich zu anderen Verfassungen der Epoche liegt in der Verknüpfung des Staates mit dem Russischen Reich. Gleich der erste Artikel der Verfassung stellte fest: „Das Königreich Polen ist für immer mit dem Russischen Kaiserreich verbunden" (*Królestwo Polskie jest na zawsze połączone z Cesarstwem Rosyjskiem*).[54] Die Vereinigung der russischen Kaiserwürde mit der polnischen Königswürde in einer Hand machte die Bestellung eines Statthalters im Königreich Polen erforderlich. Die Ernennung eines Statthalters oblag dem König. Der Statthalter musste im Königreich seinen Sitz nehmen und polnischer Staatsbürger sein, es sei denn, er gehörte der kaiserlichen Familie an (Artikel 5 und 6). Zum ersten Statthalter ernannte Zar Alexander den General Zajączek, nicht, wie viele erwartet hatten, Fürst Czartoryski. Das Russische Reich selbst blieb ohne Verfassung. Im Unterschied zu Ludwig XVIII. und Karl X., seinem Nachfolger auf dem französischen Thron, hing die politische Existenz Alexanders nicht davon ab, dass er den Konsens der Bürger des Königreichs Polen bewahrte. Solange er das Russische Reich unangefochten als Selbstherrscher regierte, blieb der Zar jederzeit in der Lage, polnischen Widerstand mit den überwältigenden Machtmitteln Russlands militärisch zu überwinden. Das haben im weiteren Verlauf des Jahrhunderts die Niederschlagung des Novemberaufstands von 1830 und des Januaraufstands von 1863 gezeigt. Insofern stand das kleine Kongresspolen von vornherein unter anderen Bedingungen als andere Verfassungsstaaten der Epoche. Tatsächlich zeigte die Entwicklung der Verfassungswirklichkeit dort schon bald, dass der fremde König sich keine besondere Mühe gab, den Erwartungen der Bürger Rechnung zu tragen.[55]

Gleich zu Beginn seiner Regierung in Polen brüskierte der König und Zar die Bürger durch zwei Personalentscheidungen. Die erste Brüskierung war die Ernennung seines brutalen und unbeherrschten Bruders, des Großfürsten Konstantin, zum Oberbefehlshaber der polnischen Armee. In zahlreichen Briefen an den Zaren beklagte Czartoryski die nicht endenden rechtswidrigen Übergriffe Konstantins. Im Frühjahr 1816 schilderte er einen Fall, in dem der Großfürst sich zum Richter über einen Bürger erhoben habe, und fügte hinzu, dass dergleichen Akte „jede öffentliche Sicherheit" zerstörten und alle Wohltaten des Zaren „zunichtemachten". Daher appellierte er an Alexander, Konstantin wieder abzuberufen.[56] Nur wenige Wochen später schrieb Czartoryski, das Verhalten Konstantins verhindere, dass das Werk des Zaren in Polen gelinge und diejenigen Früchte trage, die er selbst sich davon erhoffe.[57] Das war ein vernichtendes Urteil über Alexanders Verfassungspolitik in Polen. Die zweite Brüskierung war die Ernennung von Nikolaj N.

Novosil'cev zu seinem „Abgesandten und Bevollmächtigten" in Polen.[58] Novosil'cev mischte sich in den folgenden 15 Jahren unkontrolliert in alle Bereiche der inneren Verwaltung des Königreichs ein und gewann dabei beträchtlichen Einfluss. Seine Position war in der Verfassung nicht vorgesehen und stand auch im Widerspruch zu deren Artikel 29, wonach öffentliche Ämter im Königreich nur von Polen hätten wahrgenommen werden dürfen.

Der Oktroi der *Charte constitutionnelle* für Polen glich formal den Oktrois in anderen Monarchien des Kontinents im Laufe des Jahrhunderts. Er unterschied sich allerdings schon auf den ersten Blick dadurch, dass der oktroyierende Monarch ein fremder Eroberer war. Ziel des Oktrois war wie in den anderen Fällen zwar auch Restauration im Sinne von langfristiger Sicherung monarchischer Herrschaft. Es ging dabei jedoch nicht um die Wiederbefestigung einer brüchig gewordenen, jedoch seit alters bestehenden Monarchie, sondern um die Erlangung von Zustimmung zu einer erst vor kurzem militärisch erfolgten und auf dem Wiener Kongress völkerrechtlich bestätigten Eroberung. Alexander glaubte, dass die Regierung eines neuen Herrschers durch eine Verfassung stabilisiert und dass damit auch der Friede auf dauerhafte Grundlagen gestellt werden könne.[59] Nach dieser Methode hatte schon Napoleon seine Eroberungen in ganz Europa zu sichern gesucht. In Polen hatte er 1807 bzw. 1809, wie bereits dargelegt, das Großherzogtum Warschau gegründet und mit einer Verfassung ausgestattet. Ein wesentlicher Unterschied zur Restauration in Frankreich lässt sich darin erkennen, dass der Zar in Polen nicht nur die Monarchie erneuerte, sondern der Nation zugleich nach einer Unterbrechung von zwanzig Jahren wieder einen eigenen Staat unter polnischem Namen bescherte. Den Nachteil, dass er ein fremder Herrscher aus einer fremden Dynastie war, glich er somit doppelt aus – verfassungsrechtlich und nationalpolitisch, und die Bürger Polens hatten einen zweifachen Grund, ihrem neuen Herrscher zu vertrauen. Allerdings beruhte die nationalpolitische Legitimation des neuen Königreichs einstweilen mehr auf den vagen Hoffnungen der Bürger als auf einer tatsächlichen Erfüllung der nationalen Ansprüche, die weit über die Grenzen des Königreichs hinausreichten.

Der Briefwechsel zwischen Zar Alexander und Fürst Czartoryski nach dem Debakel Napoleons in Russland macht offenbar, wie zwischen den beiden Herrschern, Napoleon und Alexander, die Anspruch auf einen polnischen Staat erhoben, geradezu ein Wettbewerb um das wirksamere Konzept von Restauration und um die Gewinnung von

Zustimmung bei den Bürgern des Königreichs entstehen konnte. Von Anfang an stand dabei das doppelte Ziel im Mittelpunkt aller Überlegungen: die Schaffung eines eigenständigen Staates und die Gewährung einer Verfassung. Hinter diesem Wettbewerb stand der Kampf um die Macht auf dem Kontinent. Wenn Restauration jedoch so unmittelbar an konkrete machtpolitische Bedürfnisse geknüpft ist, stellt sich die Frage, wie dauerhaft Zugeständnisse sein konnten, die im Augenblick der Not gemacht wurden. Ludwig XVIII. hatte im Jahre 1814 in der Erkenntnis gehandelt, dass er die durch die Revolution und Napoleon hochgetriebenen Erwartungen der Franzosen erfüllen müsse, wenn die Monarchie der Bourbonen in Frankreich wieder Fuß fassen sollte. Sein Bruder und Nachfolger Karl X. war sich dieser Bedingung nicht mehr bewusst. Die Folge war der Sturz des Regimes nur sechs Jahre nach seiner Thronbesteigung. Wenn der Zar, wie Czartoryski ihm nahegelegt hatte, den Polen nur deshalb eine freiheitliche Verfassung bescherte, weil er Napoleon übertrumpfen musste, um die Polen auf seine Seite zu ziehen, so wäre zu erwarten gewesen, dass seine Konzilianz sich abschwächte, sobald Napoleon gestürzt war.

Alexanders langes Festhalten an einer großpolnischen Lösung war verfassungspolitisch konsequent. Wenn der Oktroi einer liberalen Verfassung die polnischen Untertanen auf Dauer mit ihrer fremden Herrschaft versöhnen sollte, dann musste sie der ganzen Nation zuteilwerden wie in Frankreich 1814 und in Spanien 1834 und nicht nur einem durch die Wechselfälle der europäischen Großmachtpolitik bestimmten, mehr oder weniger zufällig herausgeschnittenen Teil der Nation. Die Verbindung des neuen polnischen Staates mit dem Russischen Reich durch das Instrument der Personalunion erzeugte auf allen Seiten Misstrauen. Während Metternich und Castlereagh die Schaffung eines Königreichs Polen nur als Verschleierung der tatsächlichen Westexpansion des Russischen Reiches ansehen konnten, befürchteten die russischen Gegner einer großpolnischen Lösung, dass die Vereinigung der westlichen Gubernien mit dem neuen Königreich Polen nur der erste Schritt zu ihrer Abtrennung von Russland sei.

Den Oktroi der polnischen Verfassung mit dem Oktroi der *Charte constitutionnelle* in Frankreich auf eine Stufe zu stellen, mag auf den ersten Blick befremden, da das Königreich Polen von 1815 eine neue Schöpfung war und das Haus Romanov niemals zuvor polnische Könige gestellt hatte. Gleichwohl diente auch hier der Oktroi der Verfassung dem Ziel, eine Monarchie, deren Zukunft ungesichert schien, zu stabilisieren und gegen die Bedrohung durch die Revolution abzusichern. In diesem Sinne handelte es sich auch hier um den Versuch einer Restauration der monarchischen Legitimität.

Im Jahre 1825 starb Alexander I. überraschend in Taganrog am Asovschen Meer. Sein Bruder und Nachfolger Nikolaus I. hielt an der polnischen Verfassung fest, aber er vermochte nicht, das Vertrauen der Bürger des Königreichs zu erwerben. Die Revolutionen in Frankreich und Belgien im Sommer 1830 griffen auch auf Ostmitteleuropa über. Am 29. November brach in Warschau ein Aufstand aus, und am 25. Januar 1831 setzte der Sejm König Nikolaus ab. Am 30. Januar wurde Adam Czartoryski zum Präsidenten einer nationalen Regierung gewählt. Durch Gesetz vom 8. Februar wurde bestimmt, dass Polen auch künftig eine konstitutionelle Monarchie sein und dass der Sejm alsbald einen neuen König wählen werde.[60] Die russische Regierung war jedoch nicht bereit, das Königreich Polen in die Unabhängigkeit zu entlassen. Im September 1831 musste Warschau sich ergeben, und der Aufstand brach zusammen. Die Verfassung von 1815 wurde aufgehoben, und das einstige Kongresspolen wurde Bestandteil des Russischen Reiches.

Deutschland 1818–1848

Nach Frankreich war mit Ludwig XVIII. die Dynastie zurückgekehrt, die das Land seit dem 16. Jahrhundert regiert hatte. Das durch den Ersten Frieden von Paris im Mai 1814 von den Großmächten garantierte Staatsgebiet entsprach der geographischen Ausdehnung der Monarchie zum Zeitpunkt ihrer Aufhebung im Jahre 1792. Der König selbst betonte die ungebrochene Kontinuität der Monarchie seit Ludwig dem Heiligen, und Jacques-Claude Beugnot verglich den Oktroi der *Charte constitutionnelle* in der von ihm verfassten Präambel mit den Privilegienverleihungen der französischen Könige des Mittelalters. Für die Restauration in Deutschland hätten die Zeitgenossen in der Geschichte kaum adäquate Anknüpfungspunkte finden können, und von der Wiedereinsetzung vertriebener Dynastien konnte nur in wenigen Fällen die Rede sein. Eine Revolution hatte es nicht gegeben, und wo Monarchien verschwunden waren, da war es unter dem Einfluss Napoleons durch völkerrechtliche Verträge und Reichsgesetze geschehen. Der Oktroi von Verfassungen seit 1814 erfolgte zur Konsolidierung von Monarchien, die es in vielen Fällen in derselben Ausdehnung im *Ancien Régime* gar nicht gegeben hatte. Für die Mehrzahl der Badener war Großherzog Karl Friedrich ein neuer Monarch. Entsprechendes gilt für einen großen Teil der Bayern und Württemberger. Die Einwohner der ehemaligen Krummstablande am Rhein wurden mit einem Schlag in Untertanen der protestantischen Hohenzollern verwandelt. Nicht die Wiederherstellung vergangener Wirklichkeit, sondern die Konsolidierung der monarchischen Legitimität von Gottesgnaden war das vorrangige Ziel der Restauration in den deutschen Staaten. Ungeachtet aller Versuche der zeremoniellen und ideologischen Anknüpfung an historische Erinnerungen war die Restaurationspolitik nicht an den Maßstäben der Vergangenheit, sondern an den Bedürfnissen der Zukunft ausgerichtet. Nach dem Sturz Napoleons strebte Europa nach politischer Stabilität und nach Garantien gegen eine Wiederholung von Krieg und Revolution. Restaurationspolitik in diesem Sinne hatte auch in neuen Monarchien und unter der Herrschaft neuer Dynastien ihren Platz.

Wie in Frankreich so folgte auch in Deutschland auf die napoleonische Epoche das Zeitalter des monarchischen Konstitutionalismus. Während sich Frankreich in der frühen Neuzeit zu einer zentral vom königlichen Hofe aus verwalteten Monarchie entwickelt hatte, war das

Deutsche Reich beim Ausbruch der Französischen Revolution in eine große Zahl von Territorien zersplittert.[1] Der deutsche Kaiser verfügte auf europäischer Ebene über Macht und Einfluss nur aufgrund seiner Hausmacht. Im Reich selbst waren seine Gestaltungsmöglichkeiten begrenzt. Unter Einwirkung Napoleons wurde die politische Zersplitterung Deutschlands zwischen 1801 und 1806 durch Säkularisierung der geistlichen und durch Mediatisierung zahlreicher kleinerer und mittelgroßer weltlicher Reichsstände auf rund vierzig Einheiten reduziert. Die geistlichen Staaten, die Ritterschaften und fast sämtliche Reichsstädte, dazu eine große Zahl von Fürstentümern und Grafschaften wurden von ihren mächtigeren Nachbarn annektiert. Den Anstoß zu dieser tiefgreifenden Umgestaltung Deutschlands hatte die Abtretung des linken Rheinufers an Frankreich 1801 im Frieden von Lunéville gegeben. Im siebten Artikel dieses Vertrags hatte das Reich sich verpflichtet, diejenigen Erbfürsten, deren Länder ganz oder in Teilen links des Rheins gelegen hatten, rechtsrheinisch zu entschädigen. Zur Vorbereitung des Entschädigungswerks bildete der Reichstag in Regensburg aus Bevollmächtigten verschiedener Reichsstände einen Ausschuss, eine Reichsdeputation. Die Deputation legte ihren Beratungen einen umfassenden Entschädigungsplan zugrunde, den Frankreich und Russland zuvor miteinander vereinbart hatten. Am 25. Februar 1803 stimmte sie über eine Beschlussvorlage für den Reichstag ab. Dieser sogenannte Reichsdeputationshauptschluss wurde am 24. März vom Reichstag als Reichsgrundgesetz verabschiedet.[2] Die durch das Gesetz dekretierten Territorialverschiebungen übertrafen bei weitem den tatsächlichen Entschädigungsbedarf. Das Gebiet der linksrheinisch gelegenen und daher zur Entschädigung berechtigenden weltlichen Territorien hatte sich über insgesamt 463 Quadratmeilen erstreckt. Allein die geistlichen Territorien rechts des Rheins, die mit einer Ausnahme allesamt säkularisiert werden und als Entschädigungsmasse dienen sollten, umfassten dagegen eine Fläche von 1.131 Quadratmeilen.[3] Selbst wenn zur Entschädigung ausschließlich geistliche Territorien herangezogen worden wären, hätte demnach der größere Teil von ihnen erhalten werden können. Die Mediatisierung der 41 rechtsrheinischen Reichsstädte nach Paragraph 27 des Reichsdeputationshauptschlusses hätte ganz unterbleiben können. Daran zeigt sich, dass der Entschädigungsgrundsatz in Wirklichkeit nur Vorwand war für eine umfassende Neuordnung Mitteleuropas. Dementsprechend entsprangen auch die eigenmächtige Annexion der reichsritterschaftlichen Gebiete durch ihre Nachbarn in den folgenden Jahren und die Mediatisierung zahlreicher

Fürstentümer und Grafschaften aufgrund des Friedens von Preßburg 1805 und des Rheinbundvertrags 1806 allein den machtpolitischen Interessen des französischen Kaiserreichs und dem Ausdehnungsstreben der begünstigten deutschen Fürsten. Im Zuge der territorialen Umgestaltung Deutschlands erlangten viele von ihnen nicht nur einen beträchtlichen Gebietszuwachs, sondern auch Rangerhöhung. In Süddeutschland wurden aus dem Kurfürsten von Bayern und aus dem Herzog von Württemberg Könige, und der Markgraf von Baden wurde Großherzog. Die deutschen Fürsten wurden im Laufe dieser Entwicklung zwangsläufig zu Parteigängern Napoleons, denn ihm verdankten sie ihren Macht- und Statusgewinn, und nur Napoleon konnte die neuen Würden und den dauerhaften Besitz der Erwerbungen gegenüber den Großmächten gewährleisten. Das Reich selbst ging in diesem Prozess unter. Am 6. August 1806 legte Kaiser Franz II. die Kaiserkrone nieder, nachdem er schon 1804 unter Bruch des Reichsrechts eigenmächtig die Würde eines Kaisers von Österreich angenommen hatte. Zwei Jahre lang hatte der Habsburger zwei Kaiserkronen zugleich besessen – die traditionelle deutsche und die neue österreichische. Durch die Auflösung des Reiches wurden die vormaligen Reichsstände zu souveränen Staaten.

Nach dem Sturz Napoleons im April 1814 wurde das Reich nicht wiederhergestellt. Die deutschen Fürsten hielten an ihrer jüngst erworbenen Souveränität fest und lehnten eine Rückgabe ihrer territorialen Erwerbungen ab. Im Interesse ihrer äußeren Sicherheit, aber auch im Interesse des allgemeinen Friedens in Europa wurden die deutschen Staaten in einen Staatenverein, den Deutschen Bund, zusammengeschlossen. In der Epoche zwischen dem Wiener Kongress und dem Ausbruch der Revolution von 1848 wurden in sämtlichen deutschen Staaten mit Ausnahme der beiden Großmächte Österreich und Preußen nach und nach Verfassungen oktroyiert. Lediglich in Württemberg kam die Verfassung im Jahre 1819 durch einen Vertrag zwischen dem König und der Landschaft zustande. Dessen ungeachtet beanspruchte auch der König von Württemberg die uneingeschränkte Souveränität für die Krone. Wie in § 4 der württembergischen Verfassung festgestellt wurde, „vereinigte" der König „in sich alle Rechte der Staatsgewalt" und „übte sie unter den durch die Verfassung festgesetzten Bestimmungen aus".[4] Preußen und Österreich wurden erst im Laufe der Revolution von 1848 und 1849 zu Verfassungsstaaten. Der österreichische Kaiser Franz Joseph hob die unter dem Druck der Revolution oktroyierte Verfassung allerdings schon 1851 wieder auf.

Wie in Frankreich 1814, so erfolgte auch in Deutschland der Oktroi von Verfassungen zur Festigung der monarchischen Legitimität von Gottesgnaden. Die Voraussetzungen waren allerdings andere. Die deutschen Staaten hatten niemals zuvor moderne Repräsentativverfassungen gekannt, und die deutschen Dynastien waren nicht wie die französischen Bourbonen in einer Revolution abgesetzt worden. Dennoch erscheint die Verfassungsstiftung auch in den deutschen Staaten als ein Akt des Ausgleichs im Verhältnis zwischen Monarch und Untertanen. Im Zuge der territorialen Neugliederung Deutschlands und der umfassenden Reformen, die im Zeitalter Napoleons in den deutschen Staaten durchgeführt worden waren, sind zahlreiche seit alters bestehende Rechte verletzt und nahezu alle Institutionen aufgehoben worden, auf denen Sicherheit und Freiheit der Untertanen im alten Reich beruht hatten. Die Zwischengewalten, in denen Montesquieu einst die Garantie für die Freiheit in einer Monarchie erblickt hatte, waren weitgehend beseitigt worden. Durch die jüngsten Reformen hatten die deutschen Fürsten eine Machtstellung erworben, die historisch ohne Beispiel war, zumal mit dem Reichshofrat, dem Reichskammergericht und dem Kaiser selbst auch die Instanzen verschwunden waren, bei denen sich Bürger und Stände im *Ancien Régime* über Unterdrückung durch ihre Landesherrn hatten beschweren können. Der schärfste Kritiker des rheinbündischen Despotismus war der seit 1812 in Diensten des Zaren Alexander stehende Karl Freiherr vom Stein. Er forderte, dass nach der Vertreibung Napoleons in den deutschen Staaten wieder ein Zustand geschaffen werde, der dem einzelnen Bürger „die Sicherheit seiner Person und seines Eigentums garantiere".[5] Träger der Garantie sollten Landstände werden. Stein verlangte, dass im Zuge der Neuordnung Deutschlands in allen Staaten Landstände eingeführt würden.[6] Dahinter stand die aus der Erfahrung von 1789 stammende Vorstellung, dass politische Unterdrückung unweigerlich früher oder später zur Revolution führe. Daher nannte Bernd Wunder die Forderung nach Etablierung des Rechtsstaats, der die Untertanen vor Willkür schütze, „Teil einer restaurativen, antirevolutionären Politik".[7] Stein war nicht der einzige, der in diesen Bahnen dachte. Der hessen-darmstädtische Gesandte Türckheim berichtete am 21. September aus Wien, „die allgemeine Tendenz" auf dem Kongress gehe dahin, „dass für die Freiheit des teutschen Bürgers und Sicherheit gegen das Willkürliche gesorgt und dadurch künftigen Revolutionen wirksam vorgebeugt werden müsse".[8] Dementsprechend wurde in die Deutsche Bundesakte ein Artikel aufgenommen, der alle Mitgliedstaaten dazu verpflichtete, „landständische Verfassungen" einzuführen.[9]

Landstände hatte es bereits in den Territorien des alten Reiches gegeben. Stein ging es jedoch nicht darum, die historischen Vertretungskörperschaften wiederherzustellen. Dem hätte ohnehin eine Reihe von Hindernissen entgegengestanden. Da es nicht in allen Territorien ständische Vertretungen gegeben hatte, hätten in einigen Gebieten auf jeden Fall neue Körperschaften gebildet werden müssen. Eine Neubildung von Ständen war jedoch auch deshalb unumgänglich, weil viele Staaten sich erheblich ausgedehnt hatten, eine ständische Vertretung jedoch, um wirksam zu sein, Zuständigkeit für den Gesamtstaat beanspruchen musste. Daher sollten die neuen Landstände in zusammengesetzten Staaten nicht in den einzelnen Provinzen, sondern in der jeweiligen Gesamtmonarchie tätig werden, und anders als die historischen Stände sollten sie nicht das imperative, sondern das freie Mandat erhalten. Artikel 13 der Bundesakte zielte dementsprechend nicht auf eine Rückkehr zu Institutionen des *Ancien Régime*. Nicht in diesem Sinne sollte er der Restauration dienen; restaurativ wirken sollte er vielmehr dadurch, dass er die monarchische Herrschaft in Deutschland stabilisierte und auf diese Weise künftigen Revolutionen vorbeugte. Wenn durch Restauration etwas bestätigt werden sollte, dann war es die monarchische Legitimität von Gottesgnaden und zwar unabhängig davon, ob ein Monarch ein bestimmtes Territorium schon vor der Revolution regiert hatte oder nicht.

Durch die Aufnahme des Artikels 13 in die Bundesakte und deren Einfügung in die Schlussakte des Wiener Kongresses wurde Restaurationspolitik zu einem Anliegen ganz Europas gemacht. Dasselbe Anliegen war schon im Zweiten Pariser Frieden zum Ausdruck gekommen, in dem die Großmächte Ludwig XVIII. dazu verpflichtet hatten, „die glücklich wiederhergestellte politische Ordnung in Frankreich" durch „Aufrechterhaltung der königlichen Autorität" und durch „Wiederinkraftsetzung der *Charte constitutionnelle*" zu befestigen.[10] Die *Charte* war zuvor durch Napoleon nach dessen Rückkehr von der Insel Elba durch den *Acte additionnel aux constitutions de l'Empire* vorübergehend ersetzt worden.

Die Verfassungsentwicklung im deutschen Vormärz lässt sich exemplarisch an Bayern, Württemberg und Baden studieren. Die drei süddeutschen Staaten erhielten schon in den Jahren unmittelbar nach dem Wiener Kongress Verfassungen. Unter den deutschen Großmächten verdient ein Blick auf Preußen insofern Vorrang, als die in der Revolution von 1848 oktroyierte Verfassung danach zwar revidiert, aber nicht wieder aufgehoben wurde.

Das Kurfürstentum Bayern, das Herzogtum Württemberg und die Markgrafschaft Baden, die hier beispielhaft für das sogenannte Dritte Deutschland, d. h. für die Staaten außerhalb der Großmächte Österreich und Preußen, stehen sollen, gehörten zu denjenigen Ständen des untergegangenen Deutschen Reiches, die im Zeitalter Napoleons ihre staatliche Existenz hatten bewahren können. Sie wurden jedoch in einem Maße umgestaltet, dass man in Wirklichkeit von einer Neugründung dieser Staaten sprechen muss. Die Annexion benachbarter geistlicher und weltlicher Herrschaften, Reichsritterschaften und Reichsstädte bescherte ihnen gewaltige Gebietsgewinne. Die durch Napoleon angestoßenen Reformen dienten wesentlich dem Ziel, die neuen Provinzen und Untertanen administrativ in die alten Kernlande zu integrieren. Im Juli 1806 schlossen sich die neuen Königreiche Württemberg und Bayern und das Großherzogtum Baden mit den übrigen Klein- und Mittelstaaten, denen Napoleon den Fortbestand ermöglicht hatte, zum Rheinbund zusammen und erklärten gleichzeitig ihren Austritt aus dem Deutschen Reich.

Die in den Rheinbundstaaten geschaffene Form der Herrschaft war zentralistisch, modern, effizient und potentiell schrankenlos. Zweifelhaft war jedoch ihre Legitimität. Sowohl die Zerstörung des Deutschen Reiches als auch die Expansion und Neuordnung der Einzelstaaten beruhten auf einer Folge von Gewaltakten, Rechtsbrüchen und Usurpationen. Einstweilen garantierte Napoleon die Aufrechterhaltung der neuen Staatenordnung. Als seine Macht jedoch zu zerfallen begann, befürchteten die Rheinbundfürsten, dass sie zumindest einen Teil ihrer Erwerbungen wieder zurückgeben müssten. Um sich dagegen abzusichern, nahmen sie mit den Mächten der gegen Napoleon gerichteten Koalition Verhandlungen über eine Bestandsgarantie auf. König Maximilian Joseph von Bayern ging voran. Am 8. Oktober 1813 schloss er mit Österreich den Vertrag von Ried. Verträge Österreichs mit den übrigen deutschen Mittelstaaten folgten. Solange Napoleon nicht besiegt war, hielt der österreichische Außenminister Metternich es für wichtiger, dessen deutsche Verbündete ins eigene Lager herüberzuziehen, als ihnen ihre Erwerbungen streitig zu machen. Das hielt die Opfer der politischen Neugestaltung Deutschlands nicht davon ab, weiter für die Wiedereinsetzung in ihre früheren Rechte zu kämpfen. Noch auf dem Wiener Kongress versuchten die zwangsweise mediatisierten ehemals reichsunmittelbaren Fürsten, wenigstens ein gewisses Maß an Unabhängigkeit zurückzuerlangen. Territoriale Konflikte entstanden auch daraus, dass auf eine Reihe von mediatisierten Gebieten mehrere Mittelstaaten Anspruch erhoben. So beanspruchte der König von Bayern noch weit über den Wiener Kongress hinaus die ehemals rechtsrheinische Pfalz mit Heidelberg und Mannheim, die 1802 zum Großherzogtum Baden geschlagen worden war, für sich. Die umfangreichen und großenteils willkürlichen Territorialverschiebungen der Epoche hatten in den Augen vieler Zeitgenossen die Verbindlichkeit bestehender Herrschaftsrechte gelockert. Nicht wenige Territorien hatten im Laufe der Epoche mehrmals den Herrscher gewechselt. Ein Paradefall ist das ehemalige Fürstbistum Salzburg. 1803 wurde es säkularisiert und damit ein weltliches Fürstentum. 1805 gelangte es an Österreich. 1810 wurde es bayerisch und 1816 wieder österreichisch. Das Hochstift Würzburg wurde ebenfalls 1803 säkularisiert. Zunächst dem Kurfürsten von Bayern zugeteilt, wurde es 1806 selbständig unter der Regierung des Großherzogs Ferdinand III. von Toskana aus dem Hause Habsburg-Lothringen. 1814 wurde es wieder bayerisch. Der Breisgau mit Freiburg wurde 1803 dem Herzog von Modena zugesprochen. Zwei Jahre später wurde er badisch. Beispiele dieser Art gibt es zuhauf. Es bedarf keiner besonderen Anstrengung, um sich auszumalen, wie sich dieser ständige Wechsel auf die Legitimität von Herrschaft überhaupt ausgewirkt haben muss. Das größte zusammenhängende Gebiet, das nach dem Sturz Napoleons neu zugeteilt werden musste, war das linke Rheinufer. Im Ersten Frieden von Paris vom 30. Mai 1814 hatte Ludwig XVIII. das Gebiet nach zwanzigjähriger Zugehörigkeit zu Frankreich wieder abgetreten. Da die weltlichen Fürsten, die vor den Revolutionskriegen dort geherrscht hatten, durch den Reichsdeputationshauptschluss entschädigt, die geistlichen Staaten jedoch allesamt aufgehoben worden waren, gab es niemanden, der Ansprüche auf das Gebiet hätte erheben können. Wie diese buchstäbliche Herrenlosigkeit eines so ausgedehnten Raumes auf die Zeitgenossen wirkte, offenbart ein Privatbrief des ehemaligen Jakobiners und jetzigen Richters am Appellationsgericht in Kaiserslautern Andreas Georg Friedrich Rebmann vom 4. September 1815:

„Übrigens wissen die Götter, wenn und wann unsre Seelen hier zu Lande gebadet, gedarmt, gepreußt oder geösterreichert werden. Wenn wir nur beisammen bleiben und keinem Oktav- oder gar Duodezherrscher zufallen, so mag es noch gehen, aber leider scheint es nur zu wahrscheinlich, dass auf dem Donnersberge nicht Adler, sondern Krähen und Elstern nisten und unsre Seelen als Jetons zum Ausgleichen und Ausfüllen verwandt werden möchten".[11]

Die offenkundige Lockerung der Bindungen zwischen Herrschern und Untertanen konnte nur durch geeignete Legitimierungsstrategien aufgefangen werden. Schon Napoleon hatte im Zuge der Expansion des Kaiserreichs mehrfach vor der Aufgabe gestanden, in einem neuen oder aus heterogenen Gebietsteilen zusammengesetzten Staat Zustimmung zu erlangen, mithin Herrschaftslegitimität auf fremdem Gebiet zu begründen. Auch er setzte dabei auf die Kraft der Verfassung und auch des *Code civil*. In Deutschland praktizierte er dieses Verfahren zuerst im Königreich Westphalen, das er im Jahre 1807 unmittelbar nach dem Frieden von Tilsit aus preußischen und anderen Gebieten wie der Landgrafschaft Hessen-Kassel und dem Fürstentum Braunschweig-Wolfenbüttel künstlich zusammengesetzt hatte. Zum König bestimmte er seinen jüngsten Bruder Jérôme. Aufschlussreich für das angestrebte Legitimierungsverfahren ist der Brief, mit dem er seinem Bruder am 15. November 1807 eine Verfassung für das Königreich übersandte. Seine Hoffnung auf die legitimitätsstiftende Wirkung dieser Verfassung offenbart sich in der Versicherung, dass der Thron Jérômes auf keine andere Grundlage gestellt werden könne, als auf „das Vertrauen und die Liebe der Bevölkerung". Diese aber gewinne er nur durch die Garantie des Rechts und der Freiheit, wie sie in der Verfassung festgeschrieben sei. Wenn die ehemals preußischen Untertanen des Königreichs Westphalen einmal die Wohltaten einer weisen und freiheitlichen Regierung genossen hätten, würden sie niemals mehr unter die vormalige Willkürherrschaft zurückkehren wollen.[12] Ein Jahr später erhielt Bayern auf Druck Napoleons eine ähnliche Verfassung, die allerdings nicht zur Anwendung kam.

Zu den wichtigsten Adressaten der Legitimierungspolitik in den neuen Mittelstaaten zählten die Standesherrn. Die ehemals reichsunmittelbaren Fürsten und Grafen waren 1806 durch die Rheinbundakte in die seit 1803 erweiterten Mittelstaaten eingegliedert worden. Sie fanden sich nur schwer damit ab, dass sie anderen Fürsten, denen sie im Rang gleichgestellt waren, unterworfen sein sollten. In einer Eingabe für König Friedrich I. vom Frühjahr 1816 argumentierten die württembergischen Standesherrn, sie hätten dem Rheinbundvertrag niemals zugestimmt. Daher seien sie lediglich faktisch, nicht aber rechtsgültig in das Königreich Württemberg einverleibt worden. Nachdem der Rheinbund sich im Jahre 1813 aufgelöst habe, befänden sie sich wieder in dem Rechtszustand vor Abschluss des Rheinbundvertrags und damit, da das Deutsche Reich nicht mehr bestehe, im Besitz der vollen Souveränität.[13] Der König von Württemberg ließ sich nicht auf diese Argumentation ein. Stattdessen suchten er wie auch die anderen deutschen Fürsten die Standesherrn in ihren nach 1815 nach und nach gestifteten Verfassungen durch besondere Vorrechte für den Verlust der einstigen Landesherrschaft zu entschädigen. In der Behandlung der Standesherrn tritt die Funktion der frühkonstitutionellen Verfassungen in Deutschland, für verlorene Rechte einen Ausgleich zu schaffen, besonders deutlich hervor. Die wichtigste Gegenleistung der neu geschaffenen Souveräne bestand in der Bestimmung, dass, wie es in der bayerischen Verfassung (Titel VI, § 2, Ziff. 4) heißt, „den Häuptern der ehemals Reichsständischen fürstlichen und gräflichen Familien, als erblichen Reichs-Räthen" Sitz und Stimme in der Ersten Kammer eingeräumt wurden. Auch in Baden wurden die Häupter der standesherrlichen Familien zu erblichen Mitgliedern in der Ersten Kammer berufen (§ 27, Ziff. 2). In Württemberg hieß die Erste Kammer geradezu „Kammer der Standesherrn" (§ 129). Dass zumindest einzelne Standesherrn diese Vorrechte als Ausgleich für den Verlust eigener Regierungsrechte anerkannten, zeigt bis heute die von Leo von Klenze geschaffene Konstitutionssäule, die Franz Erwein Graf von Schönborn-Wiesentheid, der die Rechte eines Landesherrn durch den Rheinbundvertrag an den König von Bayern verloren hatte, zum Ruhme der bayerischen Verfassung zwischen 1821 und 1828 bei Gaibach im Untermainkreis errichten ließ.[14]

Zusammenlegung und Trennung von Territorien hatte es in Deutschland auch schon im *Ancien Régime* gegeben. Die jüngsten Gebietsumschichtungen unterschieden sich jedoch in mehrfacher Hinsicht vom historisch Gewohnten. Beispiellos war zunächst die schiere Dimension der Veränderungen. Dieser Umstand allein verstärkte schon den Eindruck der Gewaltsamkeit und Willkürlichkeit des Vorgangs. Zugleich wurde erst dadurch die Integration der neuen Untertanen zum Problem. Wenn wie im Großherzogtum Baden jeder zweite Bürger ein Neubürger war, bedurfte es besonderer Anstrengungen, um unter den Hinzugekommenen das Bewusstsein der Zugehörigkeit zu ihrem neuen Staat und seinem Oberhaupt zu entwickeln. Im *Ancien Régime* hatte ein Herrscher beim Erwerb einer Herrschaft deren historisch gewachsene Institutionen in der Regel nicht angetastet. Wo es ständische Vertretungen gab, hatte er deren Rechte und die Aufrechterhaltung von Recht und Herkommen des Landes sogar eigens beschwören müssen. Neue Provinzen waren den bestehenden Herrschaftsgebieten des erwerbenden Monarchen einfach beigeordnet worden und hatten somit auch unter dem neuen Herrscher ihre historische Identität bewahrt. Die Rheinbundfürsten dagegen unterwarfen die neuen Gebiete in Aneignung der in Frankreich in der Revolution entwickelten Grundsätze ohne Rücksicht auf historische Traditionen und Grenzen einer rationalen Gesamtstaatsverwaltung. Die historische Identität der Territorien, aus denen die neuen Staaten sich zusammensetzten, löste sich auf. Damit verbunden war die Entmachtung aller lokalen, eigenberechtigten Herrschaftsträger. Während Herrschaftswechsel sich in der Vergangenheit im allgemeinen zwischen weltlichen Herren abgespielt hatten, wurden nunmehr auch geistliche Wahlmonarchien und freie Städte Erbmonarchen untergeordnet und damit einer Form der Herrschaft zugeführt, die sie selbst vor Jahrhunderten hinter sich gelassen hatten. In der Summe gefährdeten diese massiven Eingriffe in die seit Generationen tradierten Verhältnisse und Besitzstände die Legitimität von monarchischer Herrschaft überhaupt und damit zugleich die politische Stabilität der neuen Staaten.

Eine Lösung der Krise wurde nach französischem Vorbild von der Stiftung von Verfassungen erwartet. Im Königreich Westphalen hatte Napoleon zumindest programmatisch gezeigt, wie man aus einer beliebig zusammengesetzten Gruppe von Untertanen ganz unterschiedlicher Herkunft durch die Einführung einer Verfassung ein Staatsvolk schaffen kann, und nach dem Ende Napoleons hatte Ludwig XVIII. vorgeführt, wie ein Monarch eine Verfassung geben kann, ohne seine Herrschaftsgewalt formell mit anderen teilen zu müssen. Der vom Wiener Kongress auferlegten Verpflichtung zur Einführung „landständischer Verfassungen" suchten die deutschen Fürsten schon deshalb nachzukommen, weil sie sonst mit der Einmischung der Großmächte in ihre inneren Verhältnisse hätten rechnen müssen. In den drei süddeutschen Staaten begann die Ausarbeitung der Verfassungen unmittelbar nach dem Sturz des französischen Kaiserreichs. Die Kontinuität zur Reformpolitik der Rheinbundzeit ist unübersehbar. In Bayern wurde die Erstellung eines Verfassungsentwurfs einem eigens gebildeten Ausschuss übertragen. Dessen Auftrag lautete auf „Revision der Konstitution von 1808".[15] Auch in Baden reichten die Pläne zur Einrichtung einer Verfassung in die Epoche unmittelbar nach Erhebung der Markgrafschaften zum Großherzogtum im Jahre 1806 zurück.[16] Der Übergang zum Verfassungsstaat erscheint auch insofern als Folge der Politik der Rheinbundepoche, als die territorialen Erwerbungen, die Umsetzung der Reformen und die ständigen Kriege in allen Rheinbundstaaten zu einer „Schuldenexplosion" geführt hatten.[17] In dieser Lage war die Einrichtung von Volksvertretungen schon deshalb willkommen, weil die Finanzpolitik dadurch der Kontrolle und der Staatskredit der Garantie des Landes unterworfen wurden.[18]

Die erste Verfassung wurde am 26. Mai 1818 von Maximilian Joseph von Bayern verkündet.[19] Wie Ludwig XVIII. beim Oktroi der *Charte*, so versicherte auch der König von Bayern schon in der Präambel gleich zweimal, dass er die Verfassung nach seinem freien Willen gegeben habe. Damit unterstrich er seinen Anspruch auf den Vollbesitz der Staatsgewalt. Dieser Anspruch wird auch an anderer Stelle in der Verfassung zum Ausdruck gebracht. So heißt es im ersten Paragraphen des zweiten Titels, der König sei „Oberhaupt des Staates" und „vereinige in sich alle Rechte der Staatsgewalt". Offensichtlich suchte Maximilian Joseph dem Eindruck entgegenzuwirken, als erfolge der Oktroi nur, um seiner Verpflichtung aus Artikel 13 der Bundesakte nachzukommen. Der erste Artikel der bayerischen Verfassung stellte denn auch fest, das Königreich Bayern sei ein souveräner monarchischer Staat. Eine wesentliche Funktion einer monarchischen Verfassung ist die eindeutige Regelung der Thronfolge. Das wurde vor allem im Großherzogtum Baden wichtig, wo die Erbfolge in der Hochbergschen Seitenlinie des Hauses Zähringen angefochten wurde. Bayern leitete seine Ansprüche auf die ehemals rechtsrheinische Pfalz aus der zweifelhaften Legitimität dieser Linie ab. In der badischen Verfassung von 1818 wurde daher deren Erbberechtigung ausdrücklich festgelegt. Zur Abwehr von Territorialansprüchen der Nachbarn stellte die Verfassung in Paragraph 3 fest, das Großherzogtum sei „unteilbar und unveräußerlich in allen seinen Teilen". Entsprechende Bestimmungen finden sich auch in der bayerischen und in der württembergischen Verfassung. Die volle Bedeutung dieser Normen erschließt sich erst vor dem Hintergrund der territorialen Umwälzungen der zurückliegenden Jahre. Erst durch die Verfassungen erlangten die drei Monarchen eine dauerhafte Garantie ihrer Besitzstände. Adressaten des Verfassungsoktrois waren die Staatsbürger. In der Präambel der bayerischen Verfassung bezeichnet Maximilian Joseph sie als „sein Volk", und er spricht vom „Glücke des Vaterlandes", dem er mit der Verfassung dienen wolle.[20] Auch Großherzog Karl von Baden will „die Bande des Vertrauens zwischen Uns und Unserm Volke" mit Hilfe der Verfassung „immer fester" knüpfen.[21] Die Verfassungen sollten in der Tat die Anhänglichkeit jedes einzelnen Bürgers an den Monarchen vertiefen. Zugleich sollten sie aus den vielen Bürgern ganz unterschiedlicher Herkunft aber auch ein Volk mit einem gemeinsamen Staatsbewusstsein formen. Insofern griff die Rede vom bayerischen oder badischen Volk der Entwicklung vor. Das eine Volk sollte erst durch die Verfassung geschaffen werden. Die Gewährung bürgerlicher und politischer Freiheit durch die Verfassungen stand im Dienste der politischen Integration des jeweiligen Landes zu einem allseits akzeptierten Gemeinwesen unter der Monarchie.

Zeitgenossen haben die Integrationsfunktion der Verfassungen nachdrücklich gewürdigt. Anselm Feuerbach, Erster Präsident des Appellationsgerichts im ehemals preußischen Ansbach, schrieb im März 1819 über die bayerische Verfassung: „Man sollte nicht glauben, was Ein großes Königswort, wie unsere Verfassung, in kurzer Zeit für Dinge tun kann. Erst mit dieser Verfassung hat sich unser König Ansbach und Bayreuth, Würzburg, Bamberg und so weiter erobert. Jetzt sollte man einmal kommen und uns zumuten, eine andere Farbe als blau und weiß zu tragen"![22] Seit Verkündung der Verfassung waren gerade zehn Monate vergangen. Wenn Feuerbach auf die Kürze dieses Zeitraums eigens hinweist, spricht dies dafür, dass er die Veränderungen des politischen Bewusstseins bereits spürte, und wenn er hervorhebt, dass von jetzt an kein Untertan des Königs von Bayern mehr etwas anderes sein wolle als Bayer, ganz gleich unter welchen Herren er vorher gelebt habe, dann unterstreicht er zugleich die integrative und herrschaftsstabilisierende Funktion dieses Bewusstseinswandels. Im selben Sinne hatte der Freiburger Staatsrechtler Carl von Rotteck bereits im September 1818 über die badische Verfassung geurteilt: „Wir haben eine ständische Verfassung erhalten, ein politisches Leben als Volk [...]. Wir waren Baden-Badener, Durlacher, Breisgauer, Pfälzer, Nellenburger, Fürstenberger, wir waren Freiburger, Konstanzer, Mannheimer; ein Volk von Baden waren wir nicht. Fortan aber sind wir ein Volk, haben einen Gesamtwillen, und ein anerkanntes Gesamtinteresse, d. h. ein Gesamtleben und ein Gesamtrecht. Jetzt erst treten wir in die Geschichte mit eigener Rolle ein".[23] Kein Zweifel: Mit diesen Worten beschrieb Rotteck die Geburt einer neuen Nation. Einem Monarchen, der solches zustandebrachte, erschloss sich unweigerlich eine neue Quelle der Legitimität. In diesem Sinne diente die Verfassungspolitik der deutschen Mittelstaaten der Erneuerung und Sicherung, kurz, der Restauration der Monarchie, Restauration nicht im Sinne ihrer Wiederherstellung – denn sie war niemals abgeschafft worden, – sondern im Sinne ihrer inneren Festigung und Konsolidierung.

Nach der vernichtenden Niederlage bei Jena und Auerstedt im Oktober 1806 und nach dem demütigenden Frieden von Tilsit im Juni 1807 setzte auch in Preußen eine Periode gesellschaftlicher und politischer Reformen ein. Die Reformen sollten durch eine Verfassung gekrönt werden, wie König Friedrich Wilhelm III. mehrmals öffentlich versicherte. Eingelöst wurde diese Zusage allerdings unter völlig veränderten Voraussetzungen erst im Laufe der Revolution von 1848. Die Gründe für diese Verzögerung sind vielschichtig. Ein wesentlicher Impuls für die preußischen Reformen war der Wunsch gewesen, den Staat von innen heraus so weit zu kräftigen, dass er in der Lage sein würde, die napoleonische Fremdherrschaft abzuschütteln und die verlorenen Provinzen zurückzuholen. Nach dem Sturz Napoleons und dem Sieg der Koalition über Frankreich wurde dieses Motiv gegenstandslos. Ein weiterer Grund für die Verzögerung der Konstitutionalisierung lag in der Heterogenität der preußischen Gesellschaftsstruktur. Im Osten agrarisch und durch die Dominanz des Landadels geprägt, besaß Preußen in Berlin sowie am Rhein und in Westfalen bereits ein entwickeltes, in Handel und Gewerbe tätiges Bürgertum. Angesichts der starken Stellung des ostelbischen Adels hätten in einer durch Zensuswahlrecht geprägten Kammer leicht die sozialkonservativen Kräfte die Oberhand gewinnen können. Schließlich war der preußische Staat auch ohne moderne Verfassung so gefestigt und machtvoll, dass er sich nicht wie Baden oder Württemberg um den Zusammenhalt seines erweiterten Territorialbestands sorgen musste. So blieb das Land bis zum Ausbruch der Revolution von 1848 dem System des bürokratischen Absolutismus verhaftet.

Während der König von Neapel, der Papst als Herrscher über den Kirchenstaat, der Großherzog von Toskana und der König von Sardinien nach dem Ausbruch der Revolution in Palermo gerade noch rechtzeitig Verfassungen oktroyiert und damit ihren Anspruch auf Besitz der vollen Staatsgewalt gewahrt hatten, versäumte es Friedrich Wilhelm IV. von Preußen, die revolutionäre Bewegung im Vorfeld abzufangen. So blieb ihm nach dem Übergreifen der Revolution auf Berlin im März 1848 keine andere Wahl, als eine „Versammlung zur Vereinbarung der preußischen Verfassung" einzuberufen. Durch eine Reihe von Proklamationen sicherte der König gleichzeitig die Erfüllung wesentlicher Forderungen der Revolution zu. Dazu gehörten neben den elementaren Grundrechten Zusagen wie die Verantwortlichkeit der Minister und die Vereidigung des stehenden Heeres auf die Verfassung.[24] Die preußische Nationalversammlung trat am 22. Mai 1848 in Berlin zusammen. Die Regierung legte ihr einen Verfassungsentwurf vor, der von einer Kommission des Staatsministeriums in enger Anlehnung an die belgische Verfassung von 1831 erarbeitet worden war.[25] Der Begriff der Vereinbarung bedeutete in der Praxis, dass die Krone sich Annahme oder Ablehnung der von der Versammlung erarbeiteten Verfassung vorbehielt. Durch das Vereinbarungsprinzip wurde der Versammlung außerdem nahegelegt, Beschlüsse zu vermeiden, von denen erwartet werden musste, dass die Krone sie nicht ratifizieren würde. Am 17. Juni 1848 nahm die von der Nationalversammlung eingesetzte Verfassungskommission die Beratung des Regierungsentwurfs auf. Am 26. Juli legte sie der Versammlung ihren Verfassungsentwurf vor.[26] Im Laufe der nachfolgenden Monate wurden die Beschlüsse der Versammlung immer radikaler. Ein Antrag der Linken, sich vom Vereinbarungsprinzip zu verabschieden und die verfassunggebende Gewalt ungeteilt für die Nationalversammlung in Anspruch zu nehmen, wurde am 16. Oktober allerdings abgelehnt. Bereits am 12. Oktober hatte das Gremium nach längerer Debatte jedoch das Gottesgnadentum aus dem Titel des Königs gestrichen.[27] Der Abgeordnete Borchardt meinte, in der Märzrevolution habe es „von dem Willen des Volkes" abgehangen, „ob es ferner von einem Könige regiert sein wollte oder nicht". Daher hätten die Preußen „keinen König von Gottes Gnaden" mehr, „sondern einen König kraft des freien Willens des souveränen Volkes".[28] Hermann Schulze aus Delitzsch meinte, „wenn ein Handlungshaus bankerott geworden sei", dann sei es nicht üblich, die Firma „mit in das neue Geschäft hinüberzunehmen". Da der Absolutismus mit der alten Firma „von Gottes Gnaden" vollständig bankrott gegangen sei, rate er von ihrer Weiterführung ab.[29] Am 31. Oktober schaffte die Nationalversammlung den Adel ab.[30]

In Vorahnung der Entwicklung hatte Friedrich Wilhelm IV. sich schon im Sommer Szenarien ausgemalt, in denen er die Versammlung „zum Teufel" jagen würde. Wie er bereits am 21. Mai 1848, am Vorabend ihrer Konstituierung, an Joseph von Radowitz geschrieben hatte, gehörte zu „drei Eventualitäten", die er „nicht zu ertragen" gedenke, die Feststellung der Volkssouveränität durch die Nationalversammlung.[31] Die Frage, wie er reagieren müsse, wenn die Versammlung unannehmbare Beschlüsse fassen sollte, trieb ihn weiter um. Am 19. Juni schrieb er wiederum an Radowitz, wenn die Versammlung ihm das Recht abspreche sie aufzulösen und sich selbst dagegen das Recht zuspreche, ihm „eine selbstgemachte Verfassung vorzulegen" und „festzustellen", dann müsse er sie aufheben.[32] Die Sorge des Königs um den Bestand des Throns und um seinen monarchischen Souveränitätsanspruch wuchs beständig. Am 15. September leitete er ein Promemoria mit der Bemerkung ein, dies sei „die letzte Stunde", „um den Thron, Preußen, Teutschland, ja den Begriff der von Gott eingesetzten Obrigkeit in Europa zu retten".[33] Seine Vertrauten teilten seine Besorgnisse. Der Generaladjutant Leopold von Gerlach schrieb am 21. Oktober an den Grafen Friedrich Wilhelm von Brandenburg, der sechs Tage später als Nachfolger von Ernst von Pfuel mit der Regierungsbildung beauftragt werden sollte:

„Der König, unser Herr, steckt in einem Sumpfe, er fühlt, dass er sinkt, er ruft um Hülfe, aber niemand will Hand anlegen, um ihn herauszuziehen, einige rufen ihm zu, er mache so unzweckmäßige Bewegungen, dass er noch tiefer hineinkomme, andere, sein Körper wäre zu schwer, man könne diese Last nicht heben, andere sagen, sie hätten ihn nicht hineingebracht (was bei den Ministern nicht einmal ganz wahr ist), noch andere, er möchte nur warten, vielleicht käme noch fester Grund bevor ihm das Wasser über den Kopf zusammen schlüge. Niemand aber will zugreifen".[34]

Die Radikalisierung der Nationalversammlung veranlasste den König schließlich zum Handeln. Unter dem Vorwand, die Abgeordneten dem Druck der Berliner Straße zu entziehen, wurde die Versammlung durch Verordnung vom 8. November 1848 nach Brandenburg verlegt und gleichzeitig bis 27. November vertagt. Die Abgeordneten reagierten mit einem Steuerverweigerungsbeschluss. In diesem Verhalten erblickte die Regierung den Beweis dafür, dass eine Vereinbarung über die Verfassung mit der Versammlung nicht erreichbar sei. Da auch die öffentliche Meinung sich zunehmend von der Nationalversammlung distanzierte, wagte die Regierung den Staatsstreich. Am 5. Dezember 1848 löste der König die Versammlung auf. Gleichzeitig oktroyierte er eine Verfassung, in der die königliche Prärogative gewahrt blieb. Durch den Oktroi rettete die Regierung das monarchische Prinzip und verhinderte, dass die Nationalversammlung die verfassunggebende Gewalt usurpierte. Zugleich aber brach der König mit diesem Schritt seine im März gegebene Zusage, die Verfassung mit den Vertretern der Nation zu vereinbaren. Friedrich Wilhelms Umgebung war geteilter Meinung über die Klugheit dieses Vorgehens. Joseph von Radowitz schrieb ihm am 21. November aus Frankfurt:

„Wie auch die oktroyierte Konstitution materiell beschaffen sein möge, sie wird stets als ein Bruch aller rechtlichen Grundlagen und Verheißungen angesehen werden, die Krone völlig in die Luft stellen und die Revolution verewigen".[35]

Die Regierung war sich der Rechtswidrigkeit der Auflösung und des Oktrois also durchaus bewusst, suchte diesen Makel jedoch dadurch auszugleichen, dass sie die Verfassung so liberal wie möglich gestaltete. Damit entsprach sie einer von vielen als unausweichlich erkannten Bedingung. So hatte etwa Graf Bülow, Unterstaatssekretär im preußischen Außenministerium, schon am 15. November gemahnt, eine Auflösung der Nationalversammlung „müßte jedenfalls mit Oktroyierung einer provisorischen Charte verbunden, und diese müßte von der allerliberalsten Art sein".[36] Daher griff das Ministerium nicht auf den ursprünglichen Regierungsentwurf vom 20. Mai, sondern auf die Fassung zurück, die am 26. Juli von der Verfassungskommission der Nationalversammlung verabschiedet worden war. Allerdings nahm es eine Reihe von zum Teil nicht unerheblichen Änderungen am Kommissionsentwurf vor. Dazu gehörten die Ersetzung des suspensiven durch das absolute Veto des Königs und die Einführung eines Notverordnungsrechts. Zur Besänftigung der Opposition sollte Artikel 112 in Verbindung mit Artikel 106 dienen. Artikel 106 ermöglichte die Abänderung der Verfassung durch einfache Gesetze. In Artikel 112 wurde bestimmt, dass die „gegenwärtige Verfassung" „sofort nach dem ersten Zusammentritt der Kammern einer Revision auf dem Wege der Gesetzgebung unterworfen werden" solle.[37] Mit dieser Bestimmung drückte der Verfassungsgeber seinem Werk selbst den Stempel der Vorläufigkeit auf. In der Tat muss der Oktroi politisch als Ausweg aus der zwischen der Versammlung und der Krone entstandenen Pattsituation verstanden werden. Er war eine aus der akuten Gefährdung der Monarchie heraus geborene Notlösung, mit der die Regierung des Grafen Brandenburg der Krone eine Atempause verschaffen wollte. Der König hätte am liebsten auf den Oktroi verzichtet, ihn zumindest nicht mit der Auflösung der Nationalversammlung verknüpft. Am 23. November 1848 schrieb er an Otto von Manteuffel:

„Die sofortige Verkündung der Verfassung nach der nothgedrungenen Auflösung sieht, ich möchte es mit Donnerstimme zurufen, wie ein eingelerntes Stück (Comödie) aus und riecht, so weit und breit als der Preußische Staat ist, nach *mauvaise foi*".[38]

Die gefundene Regelung verdeutlicht, warum Graf Bülow von der Oktroyierung einer „provisorischen" *Charte* geschrieben hatte. Offensichtlich sollte der Rechtsbruch des Oktrois durch Anwendung des Revisionsartikels 112 nachträglich geheilt werden. Anders gesprochen: Der Oktroi in Preußen war – im Unterschied zum Oktroi der *Charte constitutionnelle* in Frankreich – unter dem Vorbehalt der Zustimmung der Kammern ergangen. Die Revision wurde vorgeschrieben, weil Friedrich Wilhelm IV. sich an sein Versprechen gebunden fühlte, die Verfassung mit den gewählten Vertretern der Nation zu vereinbaren, ein Versprechen, das Ludwig XVIII. niemals gegeben hatte.

Die Artikel 106 und 112 sollten die Öffentlichkeit dadurch mit dem Oktroi versöhnen, dass sie den nötigen Spielraum gewährten, um nicht berücksichtigte Anliegen auch noch bei der endgültigen Ausgestaltung der Verfassung zum Tragen zu bringen. Wie Günther Grünthal zu Recht bemerkt, vermochte der Revisionsvorbehalt „das Vorgehen des Königs zwar staatsrechtlich nicht zu legalisieren, aber – so das politische Kalkül – politisch zu rechtfertigen".[39] Umgekehrt hielt auch die Krone sich eine Hintertür offen, um unerwünschten Entwicklungen in der Zukunft vorzubeugen. Nach Artikel 105, Absatz 2, konnten, „wenn die Kammern nicht versammelt" waren, „in dringenden Fällen, unter Verantwortlichkeit des gesamten Staats-Ministeriums, Verordnungen mit Gesetzeskraft erlassen werden"; diese waren den Kammern jedoch „bei ihrem nächsten Zusammentritt zur Genehmigung sofort vorzulegen".[40] Es liegt auf der Hand, dass dieser Artikel der Exekutive eine nahezu unbegrenzte Vollmacht zur Gesetzgebung auf dem Verordnungswege erteilte. Welche Bedingungen erfüllt sein mussten, damit von einem dringenden Fall gesprochen werden konnte, wurde nicht näher bestimmt. Die Voraussetzung für die Anwendung des Artikels, nämlich dass die Kammern nicht versammelt seien, konnte der König selbst herstellen, da Artikel 49 ihm das Recht zur Auflösung der Kammern einräumte.[41]

Nachdem die Kammern im März 1849 die Rechtmäßigkeit des Oktrois bestätigt hatten, unterzogen sie die Verfassung einer Gesamtrevision.[42] Über jeden Artikel wurde einzeln beraten und abgestimmt. Auf diese Weise wurde nachträglich doch noch dem Vereinbarungsprinzip Rechnung getragen, wenngleich sich die Vereinbarung jetzt nur noch auf eventuelle Änderungen oder Ergänzungen erstrecken konnte. Überall dort, wo zwischen Krone und Kammern keine Einigung über eine Revision zustande kam, blieb es bei der oktroyierten Version der Verfassung. Tatsächlich gerieten der König und die nach demokratischem Wahlrecht gewählte Zweite Kammer über die Revision erneut in Konflikt. Am 27. April 1849 löste Friedrich Wilhelm die Kammer daraufhin auf, und am 30. Mai oktroyierte er unter Anwendung des Notverordnungsartikels 105 ein neues Wahlgesetz. Eingeführt wurde das zwar allgemeine, aber ungleiche und nicht geheime Dreiklassenwahlrecht der Männer mit der Folge, dass die radikaldemokratischen Kräfte bei den fälligen Neuwahlen nicht mehr zum Zuge kamen. Nach dem Dreiklassenwahlrecht wurden die Urwähler gemäß dem Steueraufkommen auf solche Weise in absteigender Linie in drei Klassen eingeteilt, dass der Steuerertrag aus allen drei Klassen gleich hoch war. Die drei Klassen entsandten jeweils dieselbe Zahl von Abgeordneten in die Zweite Kammer. Im Vergleich zu den niedrigbesteuerten Bürgern in der dritten Klasse verfügten die hochbesteuerten in der ersten Klasse damit über ein Vielfaches an politischem Gewicht. Das preußische Dreiklassenwahlrecht wurde bis zum Ende der Monarchie im November 1918 angewandt.

Durch Auflösung und Neuwahl der Zweiten Kammer war die Arbeit an der Revision der oktroyierten Verfassung unterbrochen worden. Die Erste Kammer war zur gleichen Zeit vertagt worden. Erst am 7. August 1849 wurden die Kammern wieder eröffnet. Einer ihrer ersten

Beschlüsse war die nachträgliche Genehmigung der königlichen Verordnung vom 30. Mai, durch die das neue Wahlrecht eingeführt worden war. In der Folge wurden die Revisionsberatungen wieder aufgenommen und im Dezember 1849 zum Abschluss gebracht. Da die beiden Kammern kontinuierlich in Verbindung miteinander gestanden und ihre Revisionsbeschlüsse aufeinander abgestimmt hatten, konnten sie dem König einen gemeinsam verantworteten Text vorlegen. Der König zögerte jedoch mit der Erteilung seiner Sanktion und dem nach Artikel 52 vorgeschriebenen Verfassungseid. Auf seine Veranlassung legte die Regierung den Kammern am 7. Januar 1850 insgesamt 15 Propositionen zur nochmaligen Änderung der Verfassung vor. Die Kammern stimmten den neuerlichen Anträgen der Regierung größtenteils zu. Daraufhin erteilte Friedrich Wilhelm IV. der Verfassung am 31. Januar seine Sanktion, und am 6. Februar leistete er den Verfassungseid.[43]

Die Politik Friedrich Wilhelms IV. gegenüber der preußischen Nationalversammlung erinnert an die Politik Ludwigs XVIII. gegenüber dem napoleonischen Senat. Beiden Monarchen waren im Namen der Nation Verfassungsentwürfe zur Annahme vorgelegt worden, die tief in ihre Herrschaftsrechte eingriffen. Die Lage Friedrich Wilhelms IV. war insofern noch delikater als diejenige Ludwigs XVIII., als die preußische Nationalversammlung vom König selbst berufen und von der Nation nach demokratischem Wahlrecht gewählt worden war. Der französische Senat dagegen war nicht gewählt und von niemandem mit dem Entwurf einer Verfassung beauftragt worden. Allerdings sollte die von ihm verabschiedete Verfassung zu gegebener Zeit einem Referendum unterworfen werden. Insofern lässt sich auch in diesem Fall wenigstens von der Inanspruchnahme einer demokratischen Legitimation ausgehen. Unter Berufung auf diese Legitimation hatte der Senat zuvor Kaiser Napoleon, der seine Herrschaft einst selbst auf den Willen der Nation gegründet hatte, formell abgesetzt. Die beiden Oktrois glichen sich auch darin, dass sie jeweils im Zuge eines Staatsstreichs erfolgten, dessen Ziel es war, das demokratische Prinzip durch das monarchische zu ersetzen. Schon Zeitgenossen haben auf die Parallelität der Verfassungsschöpfungen von 1814 und 1848 in Frankreich und Preußen hingewiesen. So kommentierte Karl August Varnhagen von Ense den preußischen Verfassungsoktroi vom 5. Dezember in seinem Tagebuch mit den Worten: „Das Ding kommt mir vor wie die Charte Ludwigs des Achtzehnten, wird aber schwerlich so lange Zeit spielen".[44] In der Prognose irrte Varnhagen. Die *Charte* war, rechnet man die Revision im Zuge der Julirevolution hinzu, insgesamt 34 Jahre in Kraft geblieben. Die preußische

Verfassung dagegen bestand einschließlich der Revision von 1850 bis zum Ende der Monarchie im Jahre 1918.

Die Beschlüsse der preußischen Nationalversammlung vom Oktober 1848, mit denen der Adel und das Gottesgnadentum abgeschafft werden sollten, hatten die Monarchie in eine Krise geführt. Die Verwandlung der Monarchie von Gottesgnaden in eine demokratisch legitimierte Monarchie nach dem Muster der französischen Verfassung von 1791 stand kurz bevor. Da die Öffentlichkeit an der Erwartung festhielt, dass die Krone ihre Verheißungen vom Frühjahr erfülle, kam eine Rückkehr zum bürokratischen Absolutismus des Vormärz nicht in Betracht. Wollte die Regierung sich der Nationalversammlung nicht unterwerfen, blieb ihr daher keine andere Wahl, als das Gesetz des Handelns an sich zu reißen. Mit dem Staatsstreich vom 5. Dezember stellte Friedrich Wilhelm IV. das monarchische Prinzip wieder her und festigte die gefährdete traditionelle monarchische Legitimität dadurch, dass er eine Verfassung oktroyierte, die weitgehend den Erwartungen des Landes entsprach. Der Vorgang ist wiederum ein Beispiel dafür, wie im 19. Jahrhundert in Monarchien nicht die von verfassunggebenden Versammlungen oder anderen Körperschaften nach demokratischen Grundsätzen erarbeiteten, sondern die von den Monarchen selbst erlassenen Verfassungen Dauer erlangten. Der Oktroi stärkte die Monarchie, weil er wesentliche Forderungen der Revolution erfüllte, ohne die monarchische Souveränität anzutasten. Insofern erweist sich der Übergang zum Verfassungsstaat auch in Preußen als eine langfristige Restauration der von der Revolution erschütterten Monarchie. Ihre auf diesem Wege erlangte Stabilität sollte erst die Krise des Ersten Weltkriegs ins Wanken bringen.

Spanien 1834

Die Dringlichkeit konstitutioneller Restaurationen hing vom Grad der Bedrohung ab, der die Legitimität einer Monarchie ausgesetzt war. Grundsätzlich war die Monarchie seit der Französischen Revolution überall bedroht. Der Durchbruch des Prinzips der Volkssouveränität im Sommer 1789 und die Eingriffe Napoleons in die politische Struktur der europäischen Staatenwelt hatten die Sicherheit aller Monarchien erschüttert. Nicht immer erkannten die Monarchen den Ernst der Bedrohung und verzögerten die erforderlichen Restaurationen. Nach dem Sturz Napoleons wurde eine konstitutionelle oder „organische" Restauration zunächst nur in Frankreich durchgeführt. In anderen Staaten wurden vergleichbare Schritte erst nach Jahren eingeleitet. Eine Restauration verdient ihren Namen jedoch nicht deshalb weniger, weil sie nur Schritt für Schritt oder in zeitlichem Abstand zu dem Ereignis erfolgte, das sie erforderlich machte. Allerdings konnte durch wiederholte Verweigerung der konstitutionellen Restauration der Zeitpunkt auch versäumt werden, an dem eine Stärkung und Festigung der monarchischen Legitimität noch möglich war.

Das Musterbeispiel für ein solches Versäumnis bietet Spanien. Schon vor dem Eingreifen Napoleons hatte das würdelose Verhalten Karls IV. das Ansehen der Monarchie aufs Spiel gesetzt. Im Jahre 1788 war Karl seinem Vater auf dem Thron nachgefolgt. Der neue König liebte die Jagd, aber vernachlässigte sein Amt und unterwarf sich völlig dem Willen seiner Gemahlin Luisa von Bourbon-Parma. Auf Luisas Einfluss ist es zurückzuführen, dass die Regierungsgeschäfte fast zwei Jahrzehnte lang in den Händen ihres Favoriten Manuel de Godoy lagen. Godoy hatte der königlichen Leibgarde angehört und war 21 Jahre alt, als die Königin ihn im Jahre 1788 durch Zufall kennenlernte.[1] Alsbald betrachtete das Königspaar ihn als seinen gemeinsamen Freund. Im Jahre 1792 wurde er zum leitenden Minister ernannt. Der Abschluss des Friedensvertrags am Ende des spanisch-französischen Krieges im Jahre 1795 trug ihm den Titel „Friedensfürst" (*Principe de la paz*) ein. Drei Jahre später verlor er das Amt des ersten Ministers wieder, aber sein bestimmender Einfluss auf das Königspaar dauerte fort bis zu seinem unrühmlichen Sturz im Jahre 1808. Nach dem Zeugnis von Zeitgenossen war Godoy in allen Klassen der Bevölkerung verhasst, mit nur geringem Abstand gefolgt von der Königin selbst.[2] Spanien war seit

1796 mit Frankreich verbündet und blieb es auch unter dem Konsulat und im Kaiserreich. Allerdings traute Napoleon der Regierung in Madrid nicht. Daher entschloss er sich im Laufe des Jahres 1807, das Haus Bourbon abzusetzen und einen Bonaparte zum spanischen König zu machen. Einen Vorwand für die Entsendung von Truppen nach Spanien bot Frankreichs Konflikt mit Portugal. Da die portugiesische Regierung nicht bereit war, sich der Kontinentalsperre anzuschließen und britische Schiffe aus ihren Häfen zu verbannen, sicherte Napoleon sich durch den Vertrag von Fontainebleau vom 27. Oktober 1807 bei der spanischen Regierung das Durchmarschrecht auf dem Weg nach Lissabon. Eine französische Armee unter General Junot war schon zuvor in Spanien eingedrungen. Weitere Armeen folgten, und im März 1808 standen mehr als 100.000 französische Soldaten auf der Iberischen Halbinsel. Die Franzosen brachten eine spanische Festung nach der anderen in ihren Besitz und behandelten Spanien wie ein besetztes Land.[3] Bereits am 20. Februar hatte Napoleon seinen Schwager Joachim Murat zu seinem Stellvertreter in Spanien ernannt. Während Karl IV. Vorbereitungen traf, um vor den heranrückenden französischen Truppen in den Süden des Landes auszuweichen, entlud sich der Hass auf Godoy in der Nacht des 17. März in Aranjuez. Ein Mob stürmte sein Haus, und hätte Godoy sich nicht im letzten Augenblick in einer Bodenkammer versteckt, hätte er die Nacht kaum überlebt. Um sein Leben zu retten, ließ ihn der König verhaften und enthob ihn gleichzeitig aller seiner Ämter. Tags darauf brachen neue Unruhen aus. Auf der Straße wurde offen der Thronverzicht des Königs gefordert. Erschrocken dankte Karl IV. am Abend des 19. März ab.[4] Alle Hoffnungen richteten sich jetzt auf seinen Sohn, Ferdinand VII. Napoleon aber weigerte sich, den Thronwechsel anzuerkennen. Er hatte seinen Besuch in der spanischen Hauptstadt angekündigt, und Ferdinand hoffte, dass der Kaiser ihm bei dieser Gelegenheit die fehlende Anerkennung aussprechen werde. Unterdessen widerrief Karl IV. auf französischen Druck seine Abdankung mit der Begründung, sie sei unter Zwang erfolgt. In Wirklichkeit aber strebte er keineswegs auf den Thron zurück. In zahlreichen Briefen bestürmten er und seine Frau den französischen Kaiser vielmehr, er möge dafür sorgen, dass Godoy aus dem Gefängnis entlassen werde, und allen dreien gemeinsam eine friedliche Heimstatt außerhalb Spaniens verschaffen.[5]

Die Entwicklung spielte Napoleon gleich mehrere Trumpfkarten in die Hände. Karl IV. und sein Sohn erhoben beide Anspruch auf den spanischen Thron, Karl IV. wenn nicht mit dem Herzen, so doch offiziell. Beide erwarteten die Lösung ihres Konflikts vom französischen

Kaiser bei dessen mehrfach angekündigtem Besuch. Unverhofft erlangte Napoleon die Funktion eines Schiedsrichters zwischen den zerstrittenen Königen, aber er dachte gar nicht daran, nach Spanien zu reisen. Zwar brach er am 2. April 1808 nach Süden auf, aber sein Ziel war nicht Madrid, sondern Bayonne nahe der spanischen Grenze. Dort, auf französischem Boden, wollte er die Monarchen empfangen. Karl und Luisa folgten seiner Einladung gerne. Ferdinand dagegen war zunächst skeptisch. In der Hoffnung, dass Napoleon die Grenze doch noch überschreiten werde, verließ er am 10. April seine Hauptstadt, um den Kaiser in Nordspanien zu treffen. Als er Napoleon nirgends vorfand, blieb ihm nur die Wahl, entweder wieder umzukehren oder seine Bedenken zu überwinden und sich nach Bayonne zu begeben. Noch in Vitoria zögerte er, doch dann entschloss er sich zur Weiterreise. Am 21. April traf er in Bayonne ein. Es dauerte nicht lange, und der Kaiser offenbarte ihm seine Ziele. Statt Ferdinand als König von Spanien anzuerkennen, forderte er seinen Thronverzicht zugunsten der Dynastie Bonaparte. Ferdinand hielt dem Druck Napoleons tagelang stand. Kaum waren auch seine Eltern in Bayonne eingetroffen, forderte Karl IV. die Krone von seinem Sohn zurück. Nach einigen Tagen fruchtloser Konfrontation lenkte Ferdinand ein. Mit einem Brief vom 6. Mai gab er seinem Vater die Krone zurück. Der aber hatte seine Rechte auf den spanischen Thron bereits tags zuvor ohne Wissen Ferdinands auf Napoleon übertragen. Damit hatte der Kaiser sein Ziel erreicht. Mit einer Mischung aus Druck und Täuschung war es ihm gelungen, die spanischen Bourbonen vom Thron zu stoßen. Von Bordeaux aus richteten die beiden gewesenen Könige wenige Tage später eine Proklamation an das spanische Volk und entbanden es von seiner Gehorsamspflicht. Die beiden Monarchen wurden in Frankreich interniert, Karl IV. und seine Frau Luisa auf Schloss Compiègne unweit Paris, Ferdinand VII. auf Schloss Valençay an der Loire.[6] Den spanischen Thron übernahm Napoleons Bruder Joseph, seit 1806 König von Neapel.

Während in Bayonne über die Zukunft der spanischen Monarchie verhandelt wurde, brachen in Madrid schwere Kämpfe aus. Am 2. Mai erhob sich das Volk in der Hauptstadt gegen die französischen Besatzer. Murat ließ den Aufstand blutig niederschlagen. Hunderte von Freiheitskämpfern wurden festgenommen und noch in der Nacht von Exekutionskommandos in Madrid und in den umliegenden Bergen erschossen. Sowohl den Aufstand als auch die nachfolgenden Erschießungen hat Francisco de Goya sechs Jahre später in zwei großformatigen Gemälden festgehalten. Der *Dos de Mayo* ist in Spanien bis heute ein nationaler Gedenktag geblieben. Der Tag markiert den Beginn des spanischen Unabhängigkeitskampfes gegen Napoleon. Fast sechs Jahre lang wehrte sich das spanische Volk gegen den aufgezwungenen König Joseph. Napoleon musste stets einen beträchtlichen Teil seiner verfügbaren Kräfte im Land stationieren, um die Herrschaft seines Bruders zu sichern. Als General Masséna im Jahre 1810 in Portugal eindrang, zählten die kaiserlichen Armeen auf der Iberischen Halbinsel nicht weniger als 325.000 Mann.[7] Gegen die überlegene französische Streitmacht entwickelten die Aufständischen die Taktik des „kleinen Kriegs" (*guerilla*). Unterstützung erhielten sie von den englischen Truppen unter dem Befehl von Sir Arthur Wellesley, dem späteren Herzog von Wellington. In keinem anderen besetzten Land traf Napoleon auf so erbitterten Widerstand wie in Spanien.

Obwohl Ferdinand seinen Thron in Bayonne leichtfertig aus der Hand gegeben hatte, hielt die spanische Nation an ihm fest. Die Aufständischen verstanden ihren Widerstand geradezu als Kampf für ihren gefangenen, ihren ersehnten König (*el Rey deseado*). Die politische Führung des Widerstands wurde zunächst in die Hände einer *Junta Suprema Central y Gubernativa del Reino* gelegt. Am 31. Januar 1810 übertrug die Junta die Regierungsgewalt auf eine andere leitende Behörde unter dem Namen eines Regentschaftsrats (*Consejo de Regencia del Reino*). Den Vorsitz übernahm General Francisco Javier Castaños, der Sieger in der Schlacht von Bailén vom Juli 1808.[8] Noch am 5. Mai 1808 hatte Ferdinand von Bayonne aus per Dekret die Einberufung der spanischen Stände (*Cortes*) angeordnet, damit sie den Widerstand gegen die ausländischen Besatzer organisierten.[9] Die Junta erneuerte die Einberufung im Jahre 1810. Die *Cortes*, die sich daraufhin am 24. September 1810 auf der Insel León vor Cádiz versammelten, gingen jedoch weit über die Direktiven des Königs hinaus. Sie stellten sich auf den Boden der Volkssouveränität und beanspruchten die verfassunggebende Gewalt (*poder constituyente*). Ihr Ziel war die Erneuerung der Monarchie nach demokratischen Grundsätzen.[10] So glich ihre Aufgabe derjenigen der französischen Nationalversammlung im Sommer 1789. Gemäß der Präambel sollte Ferdinand die Verfassung nach seiner Rückkehr verkünden als König von Spanien „von Gottes Gnaden und kraft der Verfassung der spanischen Monarchie". Diese Formulierung war eine Verbeugung vor dem Gottesgnadentum, aber es liegt auf der Hand, dass die doppelte Herleitung der monarchischen Autorität diesem jede staatsrechtliche Bedeutung nahm. Wie die Bestimmungen der Verfassung über die Stellung des Königs zeigen, war er, nicht anders als einst Ludwig XVI. durch die französische Verfassung von 1791, vom Inhaber der Souveränität zum bloßen Exekutivorgan des Staates geworden. Nach Artikel 170 bestand seine wesentliche Funktion darin, „die Gesetze in Vollziehung bringen zu lassen", und seine Gewalt erstreckte sich „auf alles, was sich auf Erhaltung der Ordnung im Innern und auf die Sicherheit des Staates nach außen bezieht, der Verfassung und den Gesetzen gemäß".[11] Ferdinand VII. selbst hatte sich schon wegen seiner Internierung in Frankreich nicht am Verfassungswerk beteiligen können, und als die Verfassung am 19. März 1812 verabschiedet wurde, war noch nicht abzusehen, wie lange der König noch in Valençay festgehalten würde. Der Feldzug nach Russland, der die Wende in der Herrschaft Napoleons bringen sollte, stand noch bevor.

Tatsächlich sollte es noch zwei Jahre dauern, bis Ferdinand auf seinen Thron zurückkehren konnte. Das Vordringen der verbündeten Armeen in Deutschland und auf der Iberischen Halbinsel im Laufe des Jahres 1813 veranlasste Napoleon dazu, am 11. Dezember 1813 mit Ferdinand VII. den Friedensvertrag von Valençay zu schließen.[12] Darin erkannte er Ferdinand als König von Spanien an und versprach, ihn aus der Internierung zu entlassen. Vom Friedensschluss mit Spanien erhoffte er sich die dringend benötigte Entlastung, um seine Armeen auf den übrigen Kriegsschauplätzen verstärken zu können. Am 13. März 1814 machte Ferdinand sich auf den Weg zurück in sein Königreich. Sein Aufbruch hatte sich verzögert, weil Napoleon zunächst die Ratifikation des Vertrags durch die *Cortes* hatte abwarten wollen.

Artikel 173 der Verfassung von Cádiz von 1812 bestimmte, dass der König einen Eid ablege, bevor er den Thron bestieg. Ferdinand VII. befand sich infolgedessen im April 1814 in derselben Situation wie zur gleichen Zeit Ludwig XVIII. Auf die Erwartung, dass er die auf der Volkssouveränität beruhende Verfassung durch einen Eid bestätige, reagierte Ferdinand jedoch mit einer Politik, die dem Kurs Ludwigs XVIII. diametral entgegengesetzt war. Das ergibt schon ein Vergleich zwischen den beiden Erklärungen, mit denen die zurückkehrenden Monarchen zu den in ihrer Abwesenheit entstandenen Verfassungen Stellung nahmen: der Erklärung von Saint-Ouen vom 2. Mai und dem Manifest von Valencia vom 4. Mai. Während Ludwig XVIII. das Verfassungswerk des französischen Senats im Grundsatz anerkannte, sprach Ferdinand VII. den *Cortes* von Cádiz jede Legitimation und damit der von ihnen vorgelegten Verfassung jegliche Verbindlichkeit ab. Während Ludwig auf die Frage der verfassunggebenden Gewalt nicht ausdrücklich einging, erklärte Ferdinand, die *Cortes* hätten „ihn seiner Souveränität beraubt und sie nominell der Nation zugeschrieben, um sie sich selbst anzueignen". Durch die Übernahme der „revolutionären und demokratischen Prinzipien der französischen Verfassung von 1791" hätten sie „Grundgesetze nicht einer gemäßigten Monarchie, sondern einer Volksregierung mit einem Präsidenten oder Beamten (*Gobierno popular con un Gefe ó Magistrado*)" geschaffen. Der aber sei lediglich ein „delegierter Vollzieher" (*mero egecutor delegado*) und kein König, „auch wenn man ihm diesen Namen gegeben habe, um die Gutgläubigen und die Nation zu blenden und zu verführen". Anders als Ludwig XVIII. erkannte Ferdinand das Werk der *Cortes* noch nicht einmal als Grundlage für die Ausarbeitung einer Verfassung nach monarchischem Prinzip an. Stattdessen erklärte er die Verfassung von 1812 und die übrigen aus den *Cortes* ergangenen Dekrete für „nichtig und ohne Wert und Wirkung" (*nulos y de ningun valor ni efecto*).[13] Zugleich versprach er die baldige Berufung von *Cortes* nach altem spanischem Recht, ein Versprechen, das er jedoch nie einlöste.[14]

Viele spanische Historiker nennen das Vorgehen des Königs einen Staatsstreich (*golpe de Estado*). Dieses Urteil setzt voraus, dass das von den *Cortes* während der Abwesenheit des Königs errichtete Regime Legitimität erlangt hatte. Da Ferdinand VII. den *Cortes* die Legitimation bestritt, fühlte er sich im Recht, wenn er sich weigerte, seine Herrschaft mit ihnen zu teilen. Immerhin hätte er darauf verweisen können, dass er der von den *Cortes* verabschiedeten Verfassung niemals zugestimmt und dass sie deshalb keine Rechtskraft erlangt habe. Neben die rechtliche Beurteilung muss allerdings auch eine moralische Würdigung gestellt werden. Da Ferdinand VII. es zu einem erheblichen Teil dem Wirken der *Cortes* zu verdanken hatte, dass er überhaupt auf den Thron zurückkehren konnte, erscheint sein Verhalten in höchstem Maße nicht nur undankbar, sondern auch unpolitisch.

Am selben 4. Mai 1814, an dem er das Manifest von Valencia verkündete, ordnete der König die Verhaftung der Mitglieder der Regentschaft und der Regierung sowie von führenden Abgeordneten der *Cortes* an, insgesamt 38 Personen.[15] Zahlreiche weitere liberale Führer flohen daraufhin ins Ausland. In den nachfolgenden Prozessen standen die Richter vor der Schwierigkeit, dass es im spanischen Recht keine Norm gab, von der man hätte sagen können, dass die Beschuldigten sie verletzt hätten.[16] Dennoch wurde bis Mitte Juni ein Katalog von 28 Anklagepunkten zusammengestellt. Die ersten drei Punkte drückten den Hauptvorwurf aus, der alle anderen Vorwürfe in sich schloss. Der erste Punkt lautete, die Angeklagten hätten „die Souveränität des Sr. Don Fernando VII und die

Rechte und Regalien des Throns verletzt, um eine demokratische Regierung zu begründen und ihm seine Königskrone und seine Reiche zu rauben". Der zweite Vorwurf präzisierte den ersten, indem die Berufung der *Cortes* im Jahre 1810 als Usurpation der Souveränität des Königs ausgegeben wurde. Der dritte Vorwurf hob darauf ab, dass die Angeklagten die Regierung des Staates auf den Grundsatz der Volkssouveränität (*soberania popular*) hätten stellen wollen.[17] Der Prozess zog sich mehr als 18 Monate lang hin. Schließlich verlor der König die Geduld. Am 15. Dezember 1815 setzte er per Dekret die Urteile persönlich fest. Sie lauteten auf Haftstrafen zwischen sechs und zehn Jahren.[18]

Das Verfahren war ein politischer Prozess. Der Vorwurf, dass die Angeklagten versucht hätten, die Souveränität vom König auf die Nation zu übertragen, war berechtigt. Allerdings traf dieser Vorwurf, ganz abgesehen davon, dass er im spanischen Strafrecht keinen Tatbestand darstellte, nicht nur die 38 Angeklagten, sondern auch alle anderen Abgeordneten, die in den *Cortes* für die Verfassung von Cádiz gestimmt hatten. Insofern war die Beschränkung der Anklage auf 38 Personen ein Akt der Willkür. Jedes rechtsstaatlichen Verfahrens spottete schließlich die Festsetzung des Urteils durch königliches Dekret.

Im Prozess spielte keine Rolle, dass die Angeklagten und ihre Mitstreiter das infolge der Leichtfertigkeit Ferdinands führerlose Land sechs Jahre lang gegen den aufgezwungenen König Joseph und die französische Invasionsarmee verteidigt hatten. Dabei durften die *Junta Suprema* und der *Consejo de Regencia*, ebenso wie die *Cortes* von Cádiz, sich legitimiert fühlen durch den Aufstand des spanischen Volkes seit 1808. Der Schriftsteller Ramón de Mesonero Romanos nannte das Vorgehen Ferdinands gegen die Liberalen in seinen 1881 veröffentlichten „Memoiren eines Siebzigjährigen" ein Zeichen „politischer Undankbarkeit und Dummheit", dergleichen die Geschichte der Neuzeit nicht kenne (*ingratitud y torpeza politica que no tiene semejante en la historia moderna*). Die zahlreichen „sinnlosen Aufstände" der Folgezeit und die dagegen gerichteten „fürchterlichen Reaktionen" hätten seine Regierung „mit Blut befleckt". Ferdinand habe den nächsten beiden Generationen einen „Geist der Zwietracht, der Intoleranz und des Zorns" eingeimpft. Daraus seien „drei Bürgerkriege, ein halbes Dutzend Verfassungen und unzählige *pronunciamientos* und Krisen" hervorgegangen, die die Spanier in Europa in den Ruf „eines unregierbaren Volkes" und „einer aufsässigen Rasse, die zu unablässigem Kampf und sinnloser und fieberhafter Agitation verdammt sei", gebracht habe.[19]

Mit der Verfolgung der Träger des nationalen Widerstands gegen Napoleon beraubte Ferdinand VII. sich ohne Not einer Elite, die ihm nach seiner Rückkehr beim Werk des Wiederaufbaus hätte helfen können. Und damit nicht genug: Er trieb noch eine weitere Elite in die Emigration, nämlich die große Gruppe derer, die mit dem Regime des Joseph Bonaparte zusammengearbeitet hatten, die sogenannten *afrancesados*. Als König Joseph sich nach der Schlacht von Vitoria im Juni 1813 nach Frankreich absetzte, folgten ihm rund 12.000 Familien von spanischen Kollaborateuren, um der Verfolgung durch den zurückkehrenden Monarchen zu entgehen.[20] Damals befand sich Ferdinand VII. noch in französischer Gefangenschaft in Valençay. Nach seiner Rückkehr hofften die Geflohenen auf eine Amnestie. Mit Dekret vom 30. Mai 1814 versperrte Ferdinand jedoch allen, die Joseph Bonaparte in öffentlichen Ämtern und in der Armee gedient hatten, die Rückkehr nach Spanien. Das Verbot schloss auch die Ehefrauen ein. Amnestiert wurden lediglich Unteroffiziere und Mannschaften.[21] Die Expatriierung der *afrancesados* stand im Widerspruch zu den Zusagen, die Ferdinand VII. Napoleon im Vertrag von Valençay im Dezember 1813 gegeben hatte. Formal konnte er sich allerdings darauf berufen, dass der Vertrag von keiner der beiden Seiten ratifiziert worden sei.[22] Im Unterschied zu Ferdinand gewährte Ludwig XVIII. in Artikel 11 der *Charte constitutionnelle* denjenigen, die einst am Sturz der Monarchie mitgewirkt hatten, Amnestie und schloss damit jede politische Säuberung aus.

Die Rückkehr Ferdinands zum Absolutismus und die erbarmungslose Verfolgung der Liberalen und der Kollaborateure stellten die Zustimmung zur Monarchie auf eine harte Probe. Die liberale Opposition verlagerte sich in den Untergrund, vor allem in die verschiedenen Geheimgesellschaften. Öffentlichen Ausdruck fand die Kritik am Vorgehen des Königs in den folgenden Jahren in mehreren erfolglosen Rebellionen von Offizieren, den sogenannten *pronunciamientos*. Nach José Luis Comellas ist unter diesem Phänomen „eine Form von Militärputsch" zu verstehen, „die der spanischen Geschichte des 19. Jahrhunderts eigentümlich war und die sich gegen die Staatsgewalt richtete mit dem Ziel, politische Reformen durchzusetzen".[23] Das Phänomen ist zwischen 1814 und 1820 aus der Unzufriedenheit einer Minderheit entstanden, die sich durch das Regiment Ferdinands VII. in ihrer Würde und ihren Rechten missachtet fühlte.[24] Sämtliche *pronunciamientos* dieser Phase standen im Zeichen liberaler Zielsetzungen. Vor dem Eingreifen Napoleons waren die Offiziersstellen, wie in den

Monarchien des *Ancien Régime* üblich, überwiegend dem Adel vorbehalten gewesen. Während des Krieges gegen die französische Invasion zeichneten sich viele nichtadelige Offiziere durch ihre Tüchtigkeit aus und machten in der Armee Karriere.[25] Da der König nach seiner Rückkehr im Zuge der unvermeidlichen Demilitarisierung die Struktur der alten Berufsarmee wiederherstellen wollte, entließ er selbst hochverdiente Kriegshelden oder versetzte sie zum Garnisonsdienst in die Provinz. Aufgrund dieser Politik staute sich binnen kurzem ein beispielloses Maß an Unzufriedenheit, ja Feindseligkeit bei den entlassenen und den kaltgestellten Offizieren auf. Unter den betroffenen Militärs lassen sich drei Gruppen unterscheiden: die ehemaligen Angehörigen der *guerillas*, meist aus dem Bauern- oder Arbeiterstand hervorgegangen; die jungen Offiziere bürgerlicher Herkunft, die während des Krieges in die Militärakademien eingetreten waren und deren Aufstiegsmöglichkeiten durch die Erneuerung der Privilegien des Adels eingeschränkt wurden; schließlich die rund 4.000 Offiziere, die nach dem Friedensschluss aus der französischen Gefangenschaft zurückgekehrt waren, nachdem sie dort die freiheitlichen Institutionen der restaurierten Bourbonenmonarchie kennengelernt hatten.[26] Eine große Zahl von Offizieren schloss sich den Freimaurern an und hoffte auf eine baldige Liberalisierung des Regimes. Als der einfachste Weg dahin erschien ihnen die Wiederherstellung der Verfassung von Cádiz. Die Stimmung im Offizierskorps kennzeichnet ein Satz in einem Brief, den General Pedro Augustín Girón am 30. August 1814 an seinen Vater richtete. Girón schreibt, er verachte die Militärs, mit denen der König sich umgebe, weil sie „die Promenaden von Ceuta und Cádiz besser kennen als die Schlachtfelder, auf denen die Unabhängigkeit Spaniens erkämpft wurde".[27] Hinter den *pronunciamientos* stand allerdings keine tragfähige Organisation. Daher brachen sie in den ersten Jahren allesamt nach kurzer Zeit wieder zusammen. Weitreichende Folgen erlangte erst das *pronunciamiento* des Obersten Rafael del Riego in Las Cabezas de San Juan am Neujahrstag des Jahres 1820. Riego hatte zu den Heimkehrern aus französischer Kriegsgefangenschaft gehört. In der Umgebung von Cádiz waren Truppen zusammengezogen worden und warteten auf ihre Einschiffung nach Amerika, wo sie die Unabhängigkeitsbewegung in den spanischen Kolonien bekämpfen sollten. Da sich die Vorbereitungen zum Aufbruch hinzogen, bot sich oppositionellen Offizieren die Gelegenheit zur Verschwörung.[28] Die Rebellion erfasste bald weite Teile des Königreichs. Ferdinand VII. blieb keine Wahl: Er musste die Verfassung von 1812 beschwören und die *Cortes* wieder einberufen.²⁹ Drei Jahre lang regierte er als Haupt einer demokratischen Monarchie. In den Wahlen zu den *Cortes* erzielten die Liberalen die Mehrheit. Schon bald spaltete sich das liberale Lager allerdings in zwei einander heftig befehdende Gruppierungen, die sogenannten „Jahrzwölfer" (*doceañistas*) oder Gemäßigte (*moderados*) und die Radikalen (*exaltados*). Entzündet hatte sich der Konflikt an der Frage, ob das Heer um Cádiz, von dem die Revolution ausgegangen war, in Bereitschaft gehalten oder aufgelöst werden solle, sowie an der Absicht der zunächst von den *moderados* gebildeten Regierung, die Patriotischen Gesellschaften zu verbieten. Von beiden Institutionen wurde in den Kreisen der *moderados* befürchtet, dass sie von außen Druck auf die Verfassungsorgane ausüben und die Arbeit der *Cortes* kontrollieren wollten.³⁰ Im Kern ging es um die Frage, ob die Revolution ihre Ziele erreicht habe oder ob sie weiter vorangetrieben werden müsse, um ihre Errungenschaften vor einer möglichen Reaktion zu schützen. In den Wahlen vom Februar 1822 erhielten die *exaltados* die Mehrheit.³¹ Zum Präsidenten der *Cortes* wurde Rafael del Riego, die Symbolfigur des demokratischen Widerstands, gewählt. Der Konflikt zwischen den beiden Fraktionen des Liberalismus beeinträchtigte die Handlungsfähigkeit der Regierung. Vor allem durch seine Personalpolitik trug der König zur Verschärfung des Konflikts bei. Bereits seit dem Sommer 1821 warb er außerdem bei den konservativen Großmächten um Unterstützung für die Wiederherstellung des Absolutismus.³² Im Jahre 1823 wurde das konstitutionelle Zwischenspiel durch die Intervention ausgerechnet des Verfassungsstaats Frankreich gewaltsam beendet. Am 1. Oktober hob Ferdinand VII. die Verfassung von Cádiz und sämtliche Akte der liberalen Regierung des *trienio* wieder auf.³³ Wiederum flohen viele Liberale ins Ausland, die Mehrzahl nach Frankreich, die Führer des Liberalismus nach England.³⁴ Wie schon in Bezug auf das Jahr 1814 muss man sich fragen, warum Ferdinand die französische Intervention nicht dazu genutzt hatte, die Aufhebung der demokratischen Verfassung von Cádiz mit dem Oktroi einer Verfassung nach monarchischem Prinzip zu verbinden und die Monarchie auf diese Weise im Wege einer organischen Restauration ohne Abstriche an ihrer überlieferten Legitimität behutsam und kontrolliert ins demokratische Zeitalter hinüberzuführen. Zweimal bot sich Ferdinand diese Chance, und beide Male ließ er sie ungenutzt vorübergehen.

Bis zu Ferdinands Tod am 29. September 1833 unterlag das Land der schärfsten Reaktion. Das Jahrzehnt ist als das „unheilvolle Jahrzehnt" (*década ominosa*) ins kollektive Gedächtnis der Spanier eingegangen.³⁵

Danach verging nur ein halbes Jahr, bis das Land wieder eine Verfassung erhielt, den *Estatuto real*. Die überraschende Wende war eine Folge der dynastischen Krise, in die der Tod Ferdinands das Land gestürzt hatte. Ferdinand hinterließ zwei Töchter, aber keinen Sohn. Seit 1713 hatte in Spanien die *Lex salica* gegolten, nach der die weibliche Thronfolge ausgeschlossen war. Zwar hatten die *Cortes* im Jahre 1789 eine Pragmatische Sanktion verabschiedet, um die weibliche Thronfolge zu ermöglichen; der damalige König Karl IV. hatte es jedoch versäumt, das Dekret zu unterzeichnen. Sein Sohn und Nachfolger Ferdinand VII. war in drei Ehen kinderlos geblieben. Als seine vierte Gemahlin, Maria Cristina, Prinzessin beider Sizilien, im Jahre 1830 schwanger wurde, holte er das Versäumnis des Vaters nach und unterzeichnete die Pragmatische Sanktion von 1789. Tatsächlich wurde dem Paar im Oktober eine Tochter geboren, María Isabel Luisa. Nach dem Tod Ferdinands folgte die Infantin ihrem Vater im Alter von nur drei Jahren als Isabella II. auf dem Thron nach. Ferdinand hatte testamentarisch seine Gemahlin Maria Cristina zur Regentin bestimmt und zu ihrer Unterstützung die Berufung eines Regentschaftsrats (*Consejo de Gobierno*) verfügt. Der Bruder Ferdinands, Don Carlos María Isidro, focht die Nachfolgeregelung jedoch mit der Begründung an, die Unterzeichnung der Pragmatischen Sanktion durch den Nachfolger des damaligen Königs vierzig Jahre nach ihrer Verabschiedung sei ungültig. Durch das Manifest von Santárem erklärte er sich am 4. Oktober 1833 selbst zum rechtmäßigen König von Spanien.[36] Da Don Carlos die reaktionären Anschauungen Ferdinands VII. teilte, stellten sich alle liberal Gesinnten, insbesondere der Hochadel, die Beamtenschaft und das Bildungsbürgertum, dazu die Mittelschichten der Küstenstädte, hinter Isabella und die Regentin. Umgekehrt war die Regentin darauf angewiesen, in diesen Kreisen Unterstützung für die minderjährige Königin zu gewinnen. Die Folge dieser Konstellation war eine Liberalisierung des Regimes und damit der erneute Übergang des Landes zum Konstitutionalismus.[37]

Nach dem Tod Ferdinands hatte die Regentin zunächst versucht, das absolute Regiment des Verstorbenen fortzuführen. Am selben 4. Oktober 1833, an dem Don Carlos seinen Anspruch auf den Thron erhob, veröffentlichte sie ihr Regierungsprogramm in einem von ihrem leitenden Minister Cea Bermúdez aufgesetzten Manifest. Darin erklärte sie es für ihre Pflicht, keinerlei Einschränkung der ihr anvertrauten königlichen Gewalt zu dulden und keine „gefährlichen Neuerungen" zuzulassen.[38] Stattdessen kündigte sie Reformen in der Verwaltung an. Gegen dieses Programm regte sich auf verschiedenen Seiten Widerstand, der alsbald an die Öffentlichkeit drang. Einer der prominentesten Gegner des Kurses von Cea Bermúdez war der Marqués de Miraflores. Eine kritische Denkschrift, die er am 15. November 1833 an die Regentin richtete, wurde ohne sein Zutun verbreitet.[39] Als sich auch der Regentschaftsrat für einen Wechsel der Politik aussprach, entließ die Regentin Cea Bermúdez und berief an seiner Stelle im Januar 1834 den Schriftsteller Francisco Martínez de la Rosa, einen Mann, in dessen Biographie sich die Geschichte des spanischen Liberalismus seit 1814 spiegelt. Er hatte den zweiten *Cortes* angehört, die im Herbst 1813 in Cádiz zusammengetreten waren.[40] Nach der Rückkehr Ferdinands aus dem Exil teilte er das Schicksal vieler anderer Liberaler. In der Nacht vom 10. auf 11. Mai 1814 wurde er in Madrid verhaftet und in das Gefängnis der Kaserne der königlichen Garde überführt. Dort verbrachte er rund 20 Monate unter unbeschreiblichen Bedingungen.[41] Am 15. Dezember 1815 wurde er durch das bereits erwähnte königliche Dekret zu acht Jahren Zuchthaus und Zwangsarbeit auf der Feste Peñón de Vélez de la Gomera an der marokkanischen Mittelmeerküste verurteilt. Dank der Erhebung von Cádiz erlangte er im März 1820 seine Freiheit vorzeitig zurück.[42] Kaum in seine Heimat zurückgekehrt, wurde er in die wieder auferstandenen *Cortes* gewählt. Am 9. Juli präsidierte er deren feierlicher Eröffnung.[43] Im Zuge der Spaltung des liberalen Lagers in *moderados* und *exaltados* entwickelte sich Martínez zu einem der prominentesten Sprecher der Gemäßigten. Im Februar 1822 folgte er einer Berufung durch den König und bildete ein Kabinett.[44] Schon nach wenigen Monaten jedoch ging die Regierung in den bürgerkriegsähnlichen Wirren des Monats Juli unter.[45] Nachdem die französische Intervention den *trienio liberal* im April 1823 beendet hatte, suchte Martínez de la Rosa in Frankreich Asyl. Am 24. Juni traf er in Bayonne ein.[46] Am 26. September 1824 ließ er sich in Paris nieder. Dort blieb er sieben Jahre, bevor er im Herbst 1831 in seine Heimat zurückkehrte.[47]

Die Kritiker des Ministers Cea Bermúdez hatten übereinstimmend die Einberufung der *Cortes* gefordert. Wie aus den Memoiren des Marqués de Miraflores hervorgeht, hielten sie diesen Schritt für den einzigen Weg, um die gefährdete Monarchie wieder auf eine sichere Grundlage zu stellen. Gefährdet erschien die Monarchie durch den Thronstreit, durch die Minderjährigkeit der Königin und durch die hochgespannten Erwartungen vieler Liberaler, die nach dem Tod Ferdinands auf die Wiederherstellung der Verfassung von Cádiz hofften. Die Überwindung dieser Krise von einem absoluten Regiment zu erwarten, hielt Miraflores für eine Illusion. Dazu hätte es eines Mannes bedurft, der durch sein „Ansehen" und durch seine „moralische und materielle Kraft" die „gewaltige Lücke" geschlossen hätte, „die der verstorbene König hinterlassen hatte. Dieser Mann hätte entweder aus königlicher Familie hervorgehen oder seine Macht auf das Schwert stützen müssen".[48] Cea Bermúdez sei nicht dieser Mann gewesen. Statt die Krise zu lösen, habe er der Partei der Königin durch sein Festhalten am Absolutismus viele Persönlichkeiten mit maßvoll liberalen Vorstellungen entfremdet, auf deren Unterstützung die Regentin in der Auseinandersetzung mit dem Prätendenten unter keinen Umständen hätte verzichten dürfen. Wie viele andere riet auch Miraflores ihr zur sofortigen Einberufung der *Cortes*; allerdings ermahnte er sie dazu, diesen Schritt „mit großem Feingefühl" zu vollziehen. Die von ihr berufenen *Cortes* dürften auf keinen Fall denjenigen gleichen, die aufgrund der Verfassung von 1812 einberufen worden waren. Schon der leiseste Verdacht, sie wolle das im Jahre 1823 untergegangene Regime wiederherstellen, würde nur die Reihen des Prätendenten vergrößern. Gehe sie aber mit der gebotenen Vorsicht zu Werke, könne sie den besonnenen Teil der liberalen Partei hinter der Königin versammeln. Darin befänden sich viele Männer von Vermögen und Ansehen, die nur darauf warteten, „sich der Sache Ihrer Majestät anzuschließen".[49]

Auch wenn Miraflores zunächst nicht ausdrücklich vom Oktroi einer neuen Verfassung sprach, forderte er mit seinem Plädoyer für die Berufung von *Cortes* nichts anderes als eine konstitutionelle Restauration der gefährdeten Monarchie. Zugleich definierte er die Bedingungen, unter denen versucht werden müsse, die Macht der Krone zu sichern. Angesichts des anbrechenden Bürgerkriegs war die Königin auf Unterstützung angewiesen. Von den Anhängern des Absolutismus war keine Hilfe zu erwarten, denn diese standen auf der Seite des Prätendenten. Auf die Parteigänger der Verfassung von 1812 konnte die Regentin sich ebenfalls nicht stützen. Einmal beruhte diese Verfassung auf der Volkssouveränität und war daher mit dem Ziel einer monarchischen Restauration nicht vereinbar. Zum andern hatte sie sich in den Augen vieler Spanier während des *trienio liberal* als impraktikabel erwiesen.[50] So blieb der Monarchie nur die Möglichkeit, sich mit den besonnenen und maßvollen Kräften des Liberalismus zu verbünden und einen Weg zwischen den Extremen zu suchen.

Der an die Spitze der Regierung berufene Francisco Martínez de la Rosa verkörperte diese Politik. So begannen nur wenige Tage nach seinem Amtsantritt die Vorbereitungen für den Oktroi des *Estatuto real*, einer Verfassung nach dem monarchischen Prinzip. Zunächst wurde auf Ministerebene ein Entwurf erarbeitet. Diesen übersandte Martínez de la Rosa am 7. März 1834 dem Regentschaftsrat (*Consejo de Gobierno*). In seinem Begleitschreiben rechtfertigte er die Ausarbeitung mit der Fürsorge Ihrer Majestät für „die Stabilität des Throns und das allgemeine Wohl der Nation".[51] Zwischen dem 9. und 24. März beriet der Regentschaftsrat in nicht weniger als sechzehn Sitzungen den Entwurf der Minister. Danach übermittelte er dem Ministerrat eine ausführliche Stellungnahme.[52] Das wichtigste Bedenken des Regentschaftsrats betraf Charakter und Stellenwert des vorgesehenen *Estatuto*. Der Regentschaftsrat konnte in dem Entwurf nur den Torso einer Verfassung erkennen. Daher schlug er vor, statt von einem *Estatuto real* lediglich von einem „königlichen Dekret zur Einberufung der *Cortes* zu sprechen".[53] Die nötigen Ergänzungen könne die Regierung dann im Zusammenwirken mit den *Cortes* selbst erarbeiten. Auf diese Empfehlung ging die Regierung nicht ein. Die Krone beanspruchte die Souveränität für sich und wollte sie nicht mit der Nation teilen. Daher wollte sie den *Cortes* kein Mitwirkungsrecht bei der Revision der Verfassung zugestehen. Dagegen folgte sie der Anregung, den *Cortes* das Petitionsrecht einzuräumen. Gegen die Beschränkung der Gesetzesinitiative auf die Krone erhob der Regentschaftsrat keine Einwände. Am 10. April 1834 unterzeichnete die Regentin den *Estatuto*.[54]

Der *Estatuto real* ist in der Tat in vieler Hinsicht ein Torso. Er regelt ausschließlich Zusammensetzung und Verfahren der Kammern. Über die Bildung der Regierung und die Stellung der Minister enthält er keine Aussagen, ebenso wenig wie über die richterliche Gewalt. Vor allem aber fehlt ein Katalog der Grund- und Freiheitsrechte. Ungewöhnlich in einem Verfassungstext ist der erste Artikel. Darin wird mitgeteilt, dass die Königin-Regentin im Namen ihrer Tochter Isabella II. unter Berufung auf die einschlägigen Bestimmungen in der „neuen spanischen Gesetzsammlung von Kastilien" (*Nueva recopilación de las leyes de Castilla*) von 1567 beschlossen habe, die *Cortes generales* des Königreichs einzuberufen. Ein Termin für den Zusammentritt der Versammlung wird allerdings nicht genannt. Erst von Artikel 2 an folgen die verfassungsrechtlichen Normen für die *Cortes*. Doch auch in diesem Teil der Verfassung wird mehrfach, nämlich in den Artikeln 27, 30 und 34, auf die kastilische Gesetzsammlung von 1567 verwiesen. Statt neues Recht zu setzen, bestätigt der *Estatuto* an diesen Stellen nur, was bereits gilt. So wird zum Beispiel in Artikel 27 in Erinnerung gerufen, dass „nach dem Tod des Königs *Cortes* einberufen werden, damit sein Nachfolger die Beachtung der Gesetze beschwöre und von den *Cortes* den geschuldeten

Eid der Treue und des Gehorsams empfange". Die Formulierung lässt erkennen, dass der *Estatuto real* ausdrücklich in die Tradition des spanischen Staatsrechts gestellt werden sollte. Die *Cortes* waren seit alters eine Institution der spanischen Monarchie und brauchten nicht erst eingeführt zu werden. Der *Estatuto real* ordnete allerdings Gliederung und Zusammensetzung der *Cortes* neu. In der Monarchie des *Ancien Régime* hatte die Versammlung aus drei Kurien bestanden, in denen der Klerus, der Adel und die Städte vertreten waren. Die Verfassung von Cádiz hatte an die Stelle der drei Kurien eine einzige Kammer gesetzt. Artikel 2 des *Estatuto* gliederte die *Cortes* in zwei Kammern, den *Estamento de Próceres* und den *Estamento de Procuradores*. Der *Estamento de Próceres* sollte sich aus den Repräsentanten des hohen Klerus, den Granden Spaniens, den Titelträgern Kastiliens, verdienten Beamten sowie vermögenden Grundbesitzern, Fabrikherrn, Kaufleuten, Professoren, Wissenschaftlern und Schriftstellern zusammensetzen. Die Granden sollten dem *Estamento* erblich angehören, die übrigen *Próceres* sollten vom König auf Lebenszeit berufen werden. Die *Procuradores* sollten aufgrund eines hohen Zensus auf drei Jahre gewählt werden. Das Wahlrecht wurde auf die 16.000 Höchstbesteuerten beschränkt.[55]

Die Ankündigung der bevorstehenden Einberufung der *Cortes* und die Konzentration des Textes auf deren Zusammensetzung und Verfahren erklären sich aus der Vorgeschichte des Oktrois. Wie gezeigt, hatten angesichts der kritischen Lage der Monarchie nach dem Tod Ferdinands VII. mehrere Autoren die Einberufung von *Cortes* gefordert. Eine Verfassung hatten sie nicht ausdrücklich verlangt. Die Einberufung von *Cortes* bedurfte jedoch einer verfassungsrechtlichen Grundlage. Wenn die Verfassung von Cádiz nicht wieder in Kraft gesetzt werden sollte, musste eine neue Grundlage geschaffen werden. Diesem Zweck diente der Oktroi des *Estatuto real*. Da sich aus der Verfassungstradition des Königreichs kein verbindliches Verfahren hätte ableiten lassen, musste der *Estatuto* Struktur und Verfahren der künftigen *Cortes* neu ordnen. In allen Fragen, für die er keine Regelung traf, sollte das überlieferte Recht weitergelten. Das entsprach dem Grundsatz, dass die Souveränität in der Hand des Monarchen verblieb und nur denjenigen Beschränkungen unterlag, die in der Verfassung ausdrücklich aufgezählt waren.

Dass der *Estatuto* wie selbstverständlich die Existenz von *Cortes* voraussetzte, entsprach der Absicht, ihn im Verhältnis zum *Ancien Régime* so wenig wie möglich als eine Neuerung erscheinen zu lassen. Schon der Name *Cortes* wies auf die ständische Monarchie zurück. *Estamento* war die traditionelle Bezeichnung für „Stand". In dieselbe Richtung weist der Gebrauch des Begriffs *estatuto* statt des Worts *constitución* mit seinen revolutionären Konnotationen. Ganz offensichtlich wollte die Regierung mit diesen Sprachregelungen unterstreichen, dass die Legitimität der Krone nicht auf dem Willen der Nation, sondern auf dem überlieferten Recht der Monarchie beruhe. In Übereinstimmung damit heißt es in dem Anschreiben, mit dem der Ministerrat der Regentin den *Estatuto* übermittelte, ihr „sei der Ruhm vorbehalten, unsere alten Fundamentalgesetze wiederherzustellen, deren Nichtbeachtung drei Jahrhunderte lang so viele Übel hervorgerufen habe, und deren Wiederherstellung durch die erlauchte Hand Ihrer Majestät das glücklichste Vorzeichen für die Regierung Ihrer erhabenen Tochter sein werde".[56]

Die offenkundige Unvollständigkeit des *Estatuto* hat nicht nur den Regentschaftsrat, sondern auch moderne Autoren dazu veranlasst, ihm den Charakter einer Verfassung abzusprechen und ihn lediglich als ein Dekret zur Einberufung der *Cortes* zu interpretieren. Eine solche Interpretation legt Artikel 1, in dem die Regentin ihre Absicht mitteilt, die *Cortes* zu berufen, in der Tat nahe. Allerdings fehlen dort wesentliche Merkmale eines Einberufungsdekrets, nämlich Ort und Datum der vorgesehenen Zusammenkunft. Joaquín Tomás Villarroya hat in seiner Monographie über den *Estatuto real* gegen die These, es handle sich nicht um eine Verfassung, sondern um ein Einberufungsschreiben, zwei weitere Einwände erhoben. Zunächst weist er darauf hin, dass der *Estatuto* nicht einen Einzelfall regelt, sondern allgemeingültige Normen aufstellt. Dementsprechend bestimme Artikel 25 ganz generell, dass die *Cortes* sich aufgrund eines königlichen Einberufungsschreibens an dem Ort und an dem Tag versammelten, der darin festgesetzt werde.[57] Schon daran zeige sich, dass der *Estatuto* selbst nicht als Einberufungsschreiben gedacht gewesen sein könne. Dementsprechend habe die Regentin für die bevorstehende Sitzung der *Cortes* am 20. Mai 1834 auch noch ein formgerechtes Einberufungsschreiben ergehen lassen, in dem sie sich auf den *Estatuto real* bezogen habe. Darin heißt es, sie berufe die *Cortes* „gemäß den Grundlagen, die der *Estatuto real* festgelegt habe".[58] Der zweite Einwand von Joaquín Tomás Villarroya gegen die These, der *Estatuto* sei lediglich ein Einberufungsschreiben, ist der Hinweis darauf, dass namhafte Zeitgenossen ihn unbezweifelbar als Verfassung aufgefasst und auf dieser Ebene in Zustimmung oder Kritik diskutiert hätten.

Mit welchen Erwartungen der *Estatuto* im Lande aufgenommen wurde, zeigt ein Bericht der Zeitung *La Revista* vom 16. April 1834 aus Madrid. Auf zehn Uhr morgens am Vortag sei die Auslieferung der gedruckten Exemplare angekündigt worden. Schon in der Frühe sei die königliche Druckerei von einer großen Zahl von Menschen belagert worden, die auf den Text warteten: „In wenigen Augenblicken rissen sie Tausende von Exemplaren an sich und verteilten sie in alle Winkel der Hauptstadt; ihre Lektüre war die ausschließliche und begehrte Beschäftigung aller Bürger [...]".[59] Die Zeitung fährt fort: „Es war kein Roman von Walter Scott, der die öffentliche Neugier erregte; es war und ist der heilige Anspruch auf unsere bürgerlichen Rechte und unsere künftige Sicherheit".[60]

Bald machten Neugier und Freude allerdings wachsender Enttäuschung Platz. Schon kurz nach ihrer Eröffnung im Juli 1834 begann in den *Cortes* eine lebhafte Diskussion über eine Erweiterung des *Estatuto*.[61] Mehrere Abgeordnete im *Estamento de procuradores* verlangten die Aufstellung eines Grundrechtskatalogs. An vorderster Stelle wurde immer wieder die Garantie der Pressefreiheit gefordert. Am 28. August legte eine Gruppe von *Procuradores* im Rahmen einer Petition an die Regierung nach Artikel 32 des *Estatuto* den Entwurf eines Grundrechtskatalogs vor. Nach lebhafter Aussprache machte sich die Zweite Kammer die Petition mit einigen Änderungen zu eigen.[62] Der Beschluss blieb zunächst ohne Folgen. Im Jahre 1835 wurden die Forderungen nach einer Revision des *Estatuto* lauter. Im Sommer erhoben sich mehrere Provinzen und verlangten eine Verfassungsreform. Einige von ihnen forderten die Wiedereinführung der Verfassung von Cádiz. Im September versprach Ministerpräsident Juan Álvarez Mendizábal eine Revision des *Estatuto*. Bis zu seinem Sturz im Mai 1836 konnte er das Versprechen jedoch nicht einlösen. Sein Nachfolger Francisco Javier de Istúriz griff das Projekt erneut auf. Ein Entwurf in 55 Artikeln wurde vom Ministerrat verabschiedet.[63] Der Entwurf trug den Reformforderungen, die seit der Verkündung des *Estatuto real* erhoben worden waren, in hohem Maße Rechnung. Er enthielt eine Aufzählung von Grundrechten, darunter die Pressefreiheit (Artikel 3) und die Garantie des Eigentumsrechts (Artikel 6). Ausdrücklich wurde die Teilung der Gewalten festgestellt (Artikel 8–10). Die gesetzgebende Gewalt sollte gemeinschaftlich von den beiden Kammern und dem König ausgeübt werden (Artikel 13). Die Gesetzesinitiative wurde jeder Kammer für sich und dem König zugesprochen (Artikel 12). Die Frage der Souveränität wurde nicht berührt. Bevor Istúriz den *Cortes* den Entwurf vorlegen konnte, wurde die Regentin im August 1836 durch eine Militärrevolte in La Granja, der Sommerresidenz der spanischen Könige, gezwungen, die Verfassung von Cádiz wiedereinzuführen. Damit war die konstitutionelle Restauration der spanischen Monarchie gescheitert.

Zur Erklärung dieses Scheiterns könnte ein Vergleich mit der Restauration in Frankreich beitragen. Sowohl der *Estatuto real* als auch die *Charte constitutionnelle* wurden oktroyiert, um die konstitutionellen Erwartungen der Bürger zu befriedigen. In beiden Ländern beruhten diese Erwartungen auf tief einschneidenden historischen Erfahrungen, in Frankreich auf der Revolution, in Spanien auf dem Unabhängigkeitskampf gegen Napoleon. Sowohl in Spanien als auch in Frankreich wurden mit dem Oktroi die Hoffnungen auf die Durchsetzung demokratischer Verfassungen enttäuscht. In Frankreich hatte Ludwig XVIII. die *Charte* an die Stelle der vom napoleonischen Senat entworfenen Verfassung vom 6. April 1814 gesetzt. In Spanien lag beim Tod Ferdinands VII. zwar weder eine Verfassung noch ein Verfassungsentwurf vor, aber die *exaltados* setzten ihre Hoffnung auf die Wiedereinführung der Verfassung von Cádiz. Die Verfassung von Cádiz war ein Mythos. Mit ihr verbanden sich die Erinnerungen sowohl an den opferreichen Widerstand gegen Napoleon als auch an die demütigende Unterdrückung des liberalen *trienio* mit Hilfe französischer Truppen im Jahre 1823. An der Verfassung von Cádiz wurde der *Estatuto real* ebenso gemessen wie die *Charte constitutionnelle* an der Verfassung des Senats und – weiter zurückgreifend – an der Verfassung von 1791. Gegenüber den demokratischen Verfassungen besaßen die oktroyierten einen strukturellen Mangel, den sie nicht aus der Welt schaffen konnten und den sie umso sorgfältiger durch inhaltliche Zugeständnisse zu kompensieren suchten: In ihnen fehlte das Bekenntnis zur Souveränität der Nation.

In ihren inhaltlichen Bestimmungen wich die *Charte constitutionnelle* von der Verfassung des Senats so wenig ab wie irgend möglich. Ludwig XVIII. hatte in der Erklärung von Saint-Ouen betont, dass er der Verfassung grundsätzlich zustimme. Schon um diese Aussage nicht in Frage zu stellen, war ihm daran gelegen, die an der Senatsverfassung vorgenommenen Änderungen herunterzuspielen. Viele Artikel, besonders diejenigen, die die Aufrechterhaltung der Errungenschaften der Revolution und des Kaiserreichs garantierten, wurden in der Tat wörtlich in die *Charte* übernommen. Zahlreiche Grundrechte, die in der Senatsverfassung aufgeführt waren, finden sich in der *Charte* wieder. Die *Charte* ist jedoch wesentlich ausführlicher und damit präziser als die Senatsverfassung. Während diese nur 29 Artikel zählt, umfasst die *Charte* 76. Das konnte als Verbesserung gelten.

Vergleicht man dagegen den *Estatuto real* mit der Verfassung von Cádiz, springt sofort der gewaltige Abstand zwischen den beiden Texten ins Auge. Schon im Umfang lagen sie denkbar weit auseinander.

Während der *Estatuto* 50 Artikel umfasste, zählte die Verfassung von 1812 nicht weniger als 384. Blickt man auf die Regelung zentraler Materien, so fällt vor allem der bereits diskutierte Mangel ins Auge, dass der *Estatuto* wesentliche Elemente, die man von einer Verfassung erwarten sollte, vermissen ließ. Der gravierendste Mangel war zweifellos die Nichtberücksichtigung von Grundrechten. Gerade für Spanien, das unter Ferdinand VII. zweimal – 1814 und 1823 – die Aufhebung der Verfassung von Cádiz und die Rückkehr zum ungehemmten Despotismus erlebt hatte, waren Rechtsgarantien unverzichtbar. Insofern hat die Regentin beim Oktroi des *Estatuto real* eine entscheidende Voraussetzung für das Gelingen jeder Restauration außeracht gelassen. Im Angesicht einer weithin als Vorbild geltenden demokratischen Verfassung hätte der Oktroi den Positionen der radikalen Liberalen viel weiter entgegenkommen müssen, um wenigstens eine bescheidene Aussicht auf Erfolg zu wahren.

Allerdings erfolgte die erzwungene Wiedereinführung der Verfassung von 1812 durch die Regentin am 13. August 1836 unter der Bedingung, dass im Zusammenwirken der Regierung mit den *Cortes* eine neue Verfassung ausgearbeitet werde. Die *Cortes* wurden auf den 24. Oktober einberufen. Zur Erarbeitung der Verfassung wurde eine Kommission gebildet. Die neue Verfassung wurde am 18. Juni 1837 in Kraft gesetzt. In der Bestimmung der Rolle der Krone bei der Schöpfung der Verfassung griff die Präambel auf die Formel der Verfassung von 1812 zurück. Isabella II. verkündete die Verfassung als „Königin von Gottes Gnaden und aufgrund der Verfassung der spanischen Monarchie". Ungeachtet der formellen Berufung auf das Gottesgnadentum wird gleichzeitig erklärt: „Nachdem es der Wille der Nation sei, in Anwendung ihrer Souveränität die politische Verfassung von Cádiz vom 19. März 1812 zu revidieren, dekretieren und sanktionieren die *Cortes generales*, die sich zu diesem Zweck versammelt haben, die folgende Verfassung der Spanischen Monarchie".[64]

In ihrem ersten Titel enthält die Verfassung einen Grundrechtskatalog, der in etwa dem Katalog in dem Regierungsentwurf des Vorjahrs entspricht. Die Gesetzgebung liegt bei den beiden Häusern des Parlaments, dem Senat und dem Kongress der Abgeordneten, und dem König. Der König ist unverletzlich. Die Verantwortlichkeit liegt bei den Ministern. Ohne ministerielle Gegenzeichnung sind Verfügungen des Königs unwirksam. Die Minister können gleichzeitig Mitglied eines der beiden Häuser sein. Die Gesetzesinitiative besitzen beide Häuser je für sich und der König.

Mit der Präambel stellten die *Cortes* die neue Verfassung eindeutig auf die Grundlage der Volkssouveränität. Im Vergleich mit dem *Estatuto real* kommt der entschieden liberale Charakter der Verfassung von 1837 auch in der Regelung der Gesetzesinitiative zum Ausdruck. Nach dem Muster der *Charte constitutionnelle* war es für oktroyierte Verfassungen charakteristisch, dass sie die Initiative der Krone vorbehielten und die Kammern auf die Möglichkeit der Petition beschränkten. Damit sollte verhindert werden, dass die Volksvertretung im Wege der Gesetzgebung oder durch Änderungen der Verfassung in die Prärogativrechte der Krone eingriff. Dieser Schutzwall des monarchischen Prinzips war mit der revolutionären Aufhebung des *Estatuto real* weggebrochen, und die Verfassung von 1837 bestätigte nur diesen Bruch. Die Abschaffung des *Estatuto real* besiegelte das Scheitern der konstitutionellen Restauration in Spanien.

Die konstitutionelle Restauration war in Spanien im Vergleich zu den anderen Monarchien Europas nur von sehr kurzer Dauer, und mehr noch: Die oktroyierte Verfassung vom April 1834 traf von Anfang an bei einem Teil der Bürger auf Ablehnung. Einige wesentliche Gründe hierfür sind bereits dargelegt worden. Insgesamt wird man sagen müssen, dass die rückwärtsgewandte Politik Ferdinands VII. die spanische Gesellschaft in einem Maße polarisiert hatte, dass eine Kompromisslösung in der Verfassungsfrage nach den zwei Jahrzehnten seiner Regierung nicht mehr möglich war. Wenn der Oktroi des *Estatuto real* ein Versuch war, das Unwahrscheinliche dennoch zu erreichen, dann war es jedenfalls ein viel zu halbherziger und darum untauglicher Versuch. Die Unvollständigkeit des *Estatuto*, das Fehlen eines Grundrechtskatalogs und der hohe Zensus für die Wahl zur Zweiten Kammer sind Ausdruck einer schwer begreiflichen Furchtsamkeit der Regentin und ihrer Regierung. Man muss ihr allerdings zugutehalten, dass sie unter äußerst schwierigen Bedingungen angetreten war. Ferdinand VII. hatte das Vertrauen in die Monarchie schwer erschüttert. Nach seinem Tod brach ein Bürgerkrieg um die Nachfolge aus. Die Königin war ein dreijähriges Kind, ihre Mutter Ausländerin.

Im Vergleich mit der französischen Restauration von 1814 wirkt die spanische Restauration von 1834 wie ein Drama mit zwei zeitlich weit voneinander entfernt liegenden Akten. Die Konstellationen nach dem Zusammenbruch des napoleonischen Kaiserreichs glichen sich. In beiden Ländern wurde den aus dem Exil zurückkehrenden Monarchen eine Verfassung vorgelegt, die sich auf die Volkssouveränität stützte. Während Ludwig XVIII. die Verfassung des Senats jedoch sofort einer Revision unterzog und die revidierte Fassung als Ausfluss monarchischer Souveränität nur wenige Wochen nach seiner Rückkehr verkündete, stellte Ferdinand VII. den Absolutismus wieder her. Erst seine Witwe Maria Cristina als Regentin für seine Tochter Isabella II. verstand sich 1834 zum Oktroi einer, wenn auch in vieler Hinsicht rudimentären Verfassung, des *Estatuto real*. Wie sich jedoch alsbald zeigte, kam diese Konzession viel zu spät. Auch der im Jahre 1836 unternommene Versuch der Regentin, eine weitaus liberalere Verfassung zu oktroyieren, vermochte die monarchische Souveränität nicht mehr zu retten. Für Kompromisse war kein Raum mehr. So blieb der Regentin zuletzt nichts anderes übrig, als die demokratische Verfassung von 1837 zu beschwören.

Italien 1848

Als das französische Kaiserreich zusammenbrach, zerfiel Italien in vier Herrschaftszonen.[1] Ein breiter Gebietsstreifen entlang der Westküste der Apenninenhalbinsel von Piemont bis Latium und unter Einschluss der Stadt Rom war von Frankreich annektiert worden und wurde von Paris aus regiert. Nach Osten schloss sich das 1805 gegründete Königreich Italien (*Regno d'Italia*) mit der Hauptstadt Mailand an. Es setzte sich im Wesentlichen aus der Lombardei, aus Venetien, Istrien und Dalmatien, den Legationen mit Bologna sowie den Marken zusammen. Napoleon hatte sich zum König krönen lassen und den Staat in Personalunion mit dem französischen Kaiserreich verbunden. Seinen Stiefsohn Eugène de Beauharnais hatte er zum Vizekönig berufen. Das Königreich Neapel im Süden war seit 1806 ein französischer Satellitenstaat. Zunächst von Napoleons Bruder Joseph regiert, kam es nach dessen Wechsel auf den spanischen Thron im Jahre 1808 unter die Herrschaft von Napoleons Schwager Joachim (Gioacchino) Murat. Die vierte Zone bildeten die Inseln Sizilien und Sardinien, die Napoleon nicht hatte unterwerfen können, weil sie von der britischen Flotte abgeschirmt wurden. Auf Sizilien hatte König Ferdinand IV. von Neapel, auf Sardinien König Viktor Emanuel I. von Sardinien Zuflucht gefunden. Nach dem Ende der französischen Herrschaft wurde die vormalige Staatenvielfalt wiederhergestellt. Doch es gab Ausnahmen. Die Republik Genua wurde vom Königreich Sardinien annektiert, weil die Großmächte an dieser Stelle ein Bollwerk gegen erneute französische Ausdehnungsbestrebungen errichten wollten. Die Republik Venedig wurde mit der Lombardei zu einem lombardo-venezianischen Königreich zusammengeschlossen und im Interesse des europäischen Gleichgewichts der Habsburgermonarchie einverleibt. Der Besitz dieses Königreichs sollte Österreich die Vorherrschaft über die italienische Halbinsel sichern und dadurch das auf dem Wiener Kongress erneuerte europäische Staatensystem stabilisieren. Im Süden wurde die Personalunion zwischen den Königreichen Neapel und Sizilien zunächst wiederhergestellt. Im Jahre 1816 jedoch hob König Ferdinand die Autonomie Siziliens auf und verwandelte die Personalunion in eine Realunion unter dem Namen eines Königreichs beider Sizilien (*Regno delle due Sicilie*), das er fortan als König Ferdinand I. von Neapel aus regierte. Dieser Schritt hatte erhebliche Auswirkungen auf die innere

Struktur der Insel: Im Königreich Neapel waren im *Decennio francese* (Franzosenjahrzehnt) einschneidende Reformen durchgeführt worden. Diese Reformen, darunter die Einführung des *Code civil*, wurden von 1816 an schrittweise auf Sizilien übertragen. Die im Jahre 1812 unter dem Patronat des britischen Bevollmächtigten Lord Bentinck auf Sizilien nach englischem Muster geschaffene Verfassung dagegen wurde stillschweigend außer Kraft gesetzt.

Für viereinhalb Jahrzehnte stand die Apenninenhalbinsel fortan unter österreichischer Hegemonie. Die Politik Österreichs bestimmte bis zum Ausbruch der Revolution von 1848 Staatskanzler Clemens Metternich. Unter seiner Führung verteidigte der Kaiserstaat sowohl im Innern als auch in Europa hartnäckig den Status quo. Wo immer sich revolutionäre Bestrebungen regten, suchte Metternich diplomatisch oder notfalls militärisch zu intervenieren, gestützt auf die zuerst in Chaumont im März 1814 gegen Frankreich geschlossene und im folgenden Jahr erneuerte Allianz der vier Großmächte. Gegen liberale Reformen im Königreich beider Sizilien hatte er sich zusätzlich durch einen Vertrag vom 12. Juni 1815 abgesichert. Darin hatte er König Ferdinand dazu verpflichtet, keine politischen Veränderungen vorzunehmen, die über die Grundsätze hinausgingen, nach denen Österreich seine eigenen Provinzen in Italien regierte.[2] Metternich lehnte in der Lombardei und in Venetien wie auch in allen anderen Provinzen des Habsburgerreichs die Einführung von Verfassungen ab, weil er dem Streben der einzelnen Nationalitäten nach Selbständigkeit keinen Vorschub leisten wollte. So war durch den Vertrag mit Österreich von 1815 auch König Ferdinand daran gehindert, seinen Untertanen eine Verfassung zu gewähren. Als er in der Revolution von 1820 von den Bürgern seines Reiches dennoch gezwungen wurde, die von den spanischen *Cortes* im Jahre 1812 verabschiedete Verfassung zu übernehmen, rückten österreichische Truppen ein und erzwangen die Rückkehr zum Absolutismus. Auch als 1821 in Piemont die spanische Verfassung eingeführt wurde, schritt Österreich militärisch ein.[3]

Die Einführung der spanischen Verfassung im Königreich beider Sizilien und im Königreich Sardinien war ebenso wenig wie deren Einführung im Jahre 1820 in Spanien selbst ein Akt der Restauration nach dem Muster des Oktrois der *Charte constitutionnelle* in Frankreich. Zwar reagierten alle drei Monarchen wie einst Ludwig XVIII. auf den Druck der revolutionären Bewegung. Die Verfassung von Cádiz, die ihnen aufgezwungen wurde, beruhte jedoch nicht auf dem Gottesgnadentum wie die *Charte*, sondern auf der Volkssouveränität. Ihre Einführung diente

nicht der Befestigung des monarchischen Prinzips, sondern lieferte die
Monarchie in den drei Staaten der Verfügungsgewalt der Nation aus.

In den Augen Metternichs waren die Revolutionen im Königreich
beider Sizilien und in Piemont eine Folge gedankenloser Politik. Nach
dem Zusammenbruch der napoleonischen Herrschaft in Italien hatten
diese Staaten den bürokratischen Absolutismus des *Ancien Régime*
wiederhergestellt. Der für das napoleonische Verfassungssystem charakteristische Staatsrat dagegen wurde nicht übernommen. Damit
hatten die auf ihre Throne zurückgekehrten Fürsten auf eine Institution
verzichtet, die geeignet gewesen wäre, die Akzeptanz der Monarchie
in der Bevölkerung zu fördern. Der napoleonische Staatsrat war eine
von der Bürokratie unabhängige Institution gewesen, in der neben
hohen Beamten auch Repräsentanten der gesellschaftlichen Eliten den
Herrscher berieten und regelmäßig über die Bedürfnisse des Landes
unterrichteten.[4] Dem anstelle des aufgehobenen Staatsrats von König
Ferdinand I. von Neapel und Sizilien im Dezember 1816 geschaffenen
Supremo consiglio di cancelleria fehlte die Unabhängigkeit von den Regierungsorganen, die das Kennzeichen der napoleonischen Institution
gewesen war. Dementsprechend stand das neue Gremium auch anders
als zuvor der Staatsrat unter dem Vorsitz nicht des Monarchen, sondern
des leitenden Ministers.[5] Um weiteren Revolutionen vorzubeugen, verpflichtete Metternich König Ferdinand im Jahre 1821 auf dem Kongress
von Laibach dazu, erneut unabhängige Beratungsinstanzen einzuführen. Dabei konnte er auf die Erfahrungen verweisen, die Österreich
in der Regierung des lombardo-venezianischen Königreichs gemacht
hatte, wo bereits 1815 Beratungsorgane mit gewählten Vertretern des
Landes eingerichtet worden waren: zwei Generalkongregationen mit
Sitz in Mailand und in Venedig und eine Provinzialkongregation in
jeder Provinz.[6] Am 26. Mai 1821 erließ Ferdinand I. ein Dekret, das die
in Laibach beschlossenen Auflagen für das Königreich beider Sizilien
in geltendes Recht umsetzte. Es sah die Schaffung von zwei beratenden
Körperschaften unter dem Namen von *Consulte di Stato* mit weitreichenden Befugnissen vor. Die eine *Consulta* sollte ihren Sitz in Neapel,
die andere in Palermo erhalten. In jeder Provinz sollte darüber hinaus
ein Provinzialrat (*Consiglio provinciale*) eingerichtet werden.[7]

Metternich erwartete von der Errichtung der *Consulte* insofern eine
Stärkung der Monarchie, als sie es, vergleichbar dem napoleonischen
Staatsrat, Repräsentanten der gesellschaftlichen Elite ermöglichen sollte, an der Bildung des Staatswillens mitzuwirken. Die *Consulte* waren
charakteristische Instrumente der Restauration, weil sie zur Akzeptanz

der Monarchie beitragen sollten, blieben an politischer Effizienz naturgemäß jedoch weit hinter einer Verfassung zurück. Verfassungen aber lehnte Metternich ab. Die restaurative Funktion der Beratungsorgane belegt ein Schreiben des österreichischen Gesandten in Neapel, Graf Karl Ludwig von Ficquelmont, vom 1. April 1824 an den Staatskanzler. Die *Consultes*, heißt es da, seien nichts als „ein weiteres Instrument in den Händen des Königs", das ihm helfen solle, „die Monarchie wiederherzustellen" (*à reconstruire la monarchie*); ihre Aufgabe bestehe darin, der Regierung „die Bedürfnisse und die Wahrheit" zur Kenntnis zu bringen. Wenn „die Zusammenfassung der Macht in den Händen des Königs" für sich allein schon „die wahrhaftige Monarchie" (*la véritable monarchie*) ausmachte, gäbe es in Neapel nichts zu verändern; denn seit dem Jahre 1815 habe der König freie Hand gehabt, alles zu tun, was er im Interesse des Wohls seiner Untertanen für nützlich gehalten habe, und er könne es erneut seit dem Jahre 1821. In dieser Beziehung gelte „das monarchische Prinzip" (*le principe monarchique*) ohne Einschränkung. Mit anderen Worten: Der König von Neapel herrschte absolut, seinem Willen waren keine Grenzen gesetzt, und doch wollte Ficquelmont das Regime nicht als vollkommene Monarchie anerkennen. So fuhr er fort, nicht dem Willen (*volonté*) des Königs gebe es etwas hinzuzufügen. Woran es mangele, sei vielmehr die Kraft (*force*). Die *Consultes* oder andere Beratungsorgane könnten ihm die fehlende Kraft nicht selbst geben, aber sie könnten ihm zeigen, wie er die Kraft finden und nutzen könne. Erst auf diesem Wege könne „die wirkliche Restauration der Monarchie" (*la véritable restauration de la monarchie*) beginnen.[8] Die Regierung in Neapel war jedoch nicht bereit, sich den Auflagen Metternichs vorbehaltlos zu unterwerfen. Sie zögerte die Umsetzung ihres eigenen Dekrets von 1821 hinaus. Im Gesetz von 1824 über die *Consulta generale del Regno* findet sich nur noch ein schwacher Abglanz des ursprünglichen Konzepts. Die *Consulta* für Sizilien wurde nicht in Palermo, sondern ebenfalls in Neapel angesiedelt. Außerdem wurden die Funktionen der beiden Gremien beschnitten. Nach dem Dekret von 1821 hätten sie über alle Gesetzentwürfe der Regierung ein Votum abgeben müssen, nach dem Gesetz von 1824 dagegen durften sie sich nur äußern, wenn sie darum gebeten wurden.[9]

Nach Ferdinand I. von Neapel und Sizilien führte als nächster italienischer Monarch durch Edikt vom 18. August 1831 König Carlo Alberto von Sardinien eine Konsultativkörperschaft ein, einen Staatsrat, der nach Zusammensetzung und Befugnissen weit über die neapolitanischen *Consulte* hinausging. Zufolge der Präambel des Edikts, mit dem der Staatsrat eingesetzt wurde, erwartete der König von dieser Institution, dass sie ihm die Bedürfnisse der Bevölkerung in den verschiedenen Teilen seines Staates offenbare, Verbesserungsvorschläge mache und gegebenenfalls Missbräuche aufdecke. Dementsprechend war auch hier vorgesehen, dass in die Generalversammlung des Staatsrats außer hohen Beamten auch führende Vertreter der Gesellschaft aus dem ganzen Lande berufen würden. Diese Bestimmung wurde allerdings schon im September 1831 wieder für unbestimmte Zeit außer Kraft gesetzt. Erhalten blieb jedoch die Vorschrift, dass über jedes Gesetzesvorhaben vor seiner Verwirklichung das Gutachten des Staatsrats einzuholen sei.[10]

Die Einführung weiterer Konsultativorgane in anderen Staaten der Halbinsel ließ auf sich warten. Offensichtlich wurden Maßnahmen zur Festigung der Throne vorerst nicht für dringlich gehalten. Der Grund dafür lag weniger in der Stärke der einzelnen Monarchien als in der Hegemonialstellung Österreichs in Italien. Da mit der militärischen Intervention des Habsburgerstaats gerechnet werden musste, sobald die Revolution irgendwo ihr Haupt erhob, waren die italienischen Fürsten vorerst nicht gezwungen, ihre Throne durch Konzessionen langfristig zu sichern. Nach den Erfahrungen des Jahres 1821 mussten sie im Gegenteil damit rechnen, dass Österreich auch eingreifen würde, wenn sie selbst liberale Reformen in ihren Staaten in Angriff nähmen. Unter diesen Umständen verbot sich bis 1848 die Stiftung von Verfassungen und damit die einzig wirksame Form einer dauerhaften Restauration.

Aufgebrochen wurde die politische Stagnation erst nach der Wahl des Kardinals Giovanni Mastai Ferretti zum Papst am 16. Juni 1846. Als Pius IX. wurde der Gewählte am 21. Juni in sein Amt eingeführt. Vier Wochen danach verkündete er entsprechend einem seit alters geübten Brauch eine Amnestie, dank derer im Kirchenstaat Hunderte von politischen Gefangenen aus den Gefängnissen entlassen und Hunderte von Geflohenen und Verbannten aufgefordert wurden, in ihre Heimat zurückzukehren.[11] Wie nie zuvor wurde die Amnestie des Jahres 1846 weit über die Grenzen des Kirchenstaats hinaus begeistert gefeiert. In zahlreichen Städten der Halbinsel fanden Freudenkundgebungen statt. Die Tat des Papstes wurde überall als Vorbote der Freiheit, der politischen Einheit und der nationalen Unabhängigkeit Italiens aufgefasst. Nach den Worten Giacomo Martinas war die Amnestie „der Funke", der „den Brand nach ganz Italien und in einen großen Teil Europas trug". Sie habe geradezu ein „kollektives Fieber" entfacht.[12] Von den Regierungen wurde die öffentliche Erregung, die Pius IX. durch seine Amnestie ausgelöst hatte, als Bedrohung empfunden, denn überall mischte sich in die Kundgebungen der Freude und Dankbarkeit der Ruf nach politischen Reformen.¹³ Wie sehr die Demonstrationen über die Grenzen zwischen den einzelnen Staaten hinweg koordiniert waren, zeigt ein symbolischer Akt nationalen Protests in der Nacht vom 10. Dezember 1846. In dieser Nacht wurden auf den höchsten Gipfeln des Apennins von Ligurien bis Kalabrien gewaltige Feuer entzündet.¹⁴ Die Urheber der Aktion sind nicht bekannt.

Durch die Wahl Pius' IX. und die darauf folgende Amnestie war in ganz Italien über Nacht eine revolutionäre Situation entstanden. Die meisten Regierungen suchten der Bedrohung durch Reformen entgegenzuwirken. Offensichtlich glaubten sie sich auf einmal nicht mehr allein auf den Schutz der Militärmacht Österreich verlassen zu können. So wurde das Jahr 1847 in allen Staaten der Halbinsel außerhalb der Lombardei und Venetiens zu einem Jahr der Reform von oben.¹⁵ Wie fragwürdig die Erwartung war, die absolute Monarchie könne die aufgebrachten Gemüter auch jetzt noch durch Reformen beruhigen, ohne auf das monarchische Prinzip zu verzichten, verdeutlicht ein satirischer Artikel, der am 21. Juni 1848 in Turin in der demokratisch orientierten *Gazzetta del Popolo* erschien. Dort heißt es über die „gemäßigte Monarchie" (*la monarchia temperata*), sie sei „nicht nur ebenfalls despotisch", sondern „füge noch die Heuchelei hinzu", dass sie es nicht sei.¹⁶

Vorreiter in der Reformpolitik des Jahres 1847 war wiederum Pius IX., dessen Staat von allen italienischen Monarchien allerdings auch den bei weitem größten Modernisierungsbedarf aufwies. Das Pressegesetz vom 15. März bescherte dem Kirchenstaat die liberalsten Zensurbestimmungen im damaligen Italien.¹⁷ Am 19. April 1847 erging ein Rundschreiben der päpstlichen Regierung, mit dem die Einrichtung einer *Consulta di Stato* eingeleitet wurde.¹⁸ Aus jeder Provinz des Kirchenstaats sollte eine Persönlichkeit ausgewählt und nach Rom gesandt werden, die sich „durch ihre gesellschaftliche Stellung, durch ihr Vermögen und ihre Kenntnisse auszeichne" und die „der Regierung zugetan sei, öffentliches Ansehen und das Vertrauen ihrer Mitbürger genieße". Mit Hilfe der Berufenen sollte die Verwaltung des Staates verbessert werden.¹⁹ Als sich die Nachricht von der Initiative des Papstes verbreitete, strömten die Bürger Roms in Massen auf die Piazza del Popolo und zogen von dort zum Quirinalspalast, in dem der Papst residierte. Ihr Weg wurde von Tausenden von Fackeln erhellt, die auf den Balkonen der Häuser angebracht waren. Der Zug führte ein Plakat mit, auf dem in großen Lettern der Text des päpstlichen Rundschreibens aufgezeichnet war.[20] Mit der Entscheidung für die Einrichtung einer *Consulta di Stato* leitete Pius IX. nicht nur eine Staatsreform ein, sondern ermöglichte auch zum ersten Mal die Beteiligung von Laien an der Verwaltung des Kirchenstaats. Unter dem Vorsitz eines Kardinals, dem ein Prälat als Vizepräsident beigegeben war, kamen am 15. November die 24 ordentlichen Mitglieder des Gremiums in Rom zu ihrer konstituierenden Sitzung zusammen. Sie waren vom Souverän jeweils aus einem Dreiervorschlag der Provinzialräte ausgewählt worden. Der römische Hochadel war in der *Consulta* ebenso vertreten wie der Landadel aus den Provinzen. Angehörige des ländlichen Bürgertums saßen neben Repräsentanten des Bildungs- und Wirtschaftsbürgertums der Städte. Unter den Mitgliedern befanden sich zahlreiche Advokaten.[21] Die hochgesteckten Erwartungen der Öffentlichkeit, die sich an die *Consulta* knüpften, veranlassten Papst Pius allerdings gleich in der konstituierenden Sitzung zu einer Klarstellung. Zwar setze er sich gerne für seine Untertanen ein, aber von „der Souveränität seines päpstlichen Herrscheramts, wie er es von Gott und seinen Vorgängern empfangen habe", lasse er sich nicht das Geringste abschneiden. Die Aufgabe der *Consulta* beschränke sich auf die Beratung seines Gewissens und die Diskussion mit den Ministern und dem Heiligen Kollegium. Wer von der *Consulta* die Verwirklichung „irgendeiner privaten Utopie" und den Grundstein einer Institution erwarte, die „mit der päpstlichen Souveränität unvereinbar" sei, der täusche sich.[22] Offensichtlich fürchtete der Papst, von der Welle der Zustimmung zu den ersten Reformen zu immer weiteren Konzessionen getrieben zu werden. Zu denjenigen, die in der Einrichtung der römischen *Consulta* dennoch den ersten Schritt zum Umsturz des herrschenden politischen Systems erblickten, gehörte der österreichische Staatskanzler Metternich. Am 2. November 1847 schrieb er dem österreichischen Gesandten in Paris, die römische *Consulta* enthalte den Keim eines Repräsentativsystems, das sich weder mit der Souveränität des Oberhaupts der katholischen Welt noch mit den Konstitutionen der Kirche vereinbaren lasse.[23]

Wie eine Bestätigung der Befürchtungen Metternichs wirkt eine erregte Diskussion, die sich im Dezember innerhalb der *Consulta* selbst über die Veröffentlichung der Protokolle ihrer Beratungen entspann. Die Frage zielte letztlich auf die Natur des neuen Gremiums. Der Papst bestand auf Geheimhaltung. In seinen Augen war die *Consulta* ein Beratungsorgan des Herrschers. Die Befürworter der Veröffentlichung dagegen argumentierten, die Mitglieder des Gremiums seien aus Wahlen hervorgegangen. Dementsprechend müsse man den Wählern die

Gelegenheit geben, sich über die Amtsführung der Gewählten zu unterrichten. Mit dieser Argumentation aber wurde die *Consulta* in die Nähe einer Volksvertretung gerückt. Während Pius IX. die Gründung der *Consulta* als das Äußerste betrachtete, was er glaubte zugestehen zu können, zeigt die Debatte über die Öffentlichkeit ihrer Beratungen beispielhaft, wie eine Reformforderung, kaum war sie erfüllt, weitere Forderungen nach sich zog.[24] Mit gutem Grund hat Carlo Ghisalberti die konsultative Monarchie (*la monarchia consultiva*) als eine bloße Zwischenstufe in der Entwicklung vom bürokratischen Absolutismus (*la monarchia amministrativa*) zur konstitutionellen Monarchie (*la monarchia rappresentativa* oder *costituzionale*) bezeichnet. Die Konservativen erblickten in der konsultativen Monarchie eine willkommene Alternative, die Liberalen das Vorspiel zum monarchischen Verfassungsstaat.[25]

Am 7. Mai 1847 erließ Großherzog Leopoldo II. von Toskana ein Gesetz über die Pressefreiheit nach dem Muster des römischen Pressegesetzes vom 15. März. Am 24. August wurde auch in Florenz eine *Consulta* errichtet.[26] Es folgte die Schaffung einer Bürgerwehr. Gegen Ende des Jahres wurde der Ruf nach einer Verfassung immer lauter. Doch die Regierung zögerte. Dabei spielte die Befürchtung eine Rolle, politische Konzessionen könnten Österreich erneut zur Intervention provozieren.[27] Auch Carlo Alberto von Sardinien ordnete am 29. Oktober 1847 eine Reihe von Reformen nach dem Beispiel des Kirchenstaats und der Toskana an. Durch ein Pressegesetz wurde die Zensur neu geordnet, die Befugnisse der Polizei wurden eingeschränkt. Eine neue Strafprozessordnung wurde eingeführt. Die Bevölkerung feierte die Maßnahmen mit Kundgebungen.[28] Am 27. November erging ein Edikt zur Reform der Kommunal- und Provinzialbehörden. Die Gemeinderäte (*consiglieri comunali*) sollten künftig aus Wahlen hervorgehen. Den Bürgermeister (*sindaco*) sollte der König aus dem Kreis der gewählten Gemeinderäte ernennen. Die Provinzialräte sollte der König aus einer Liste von Kandidaten bestimmen, die ihm die Gemeinderäte vorlegten. Entsprechend sollte er bei der Ernennung der Divisionalräte verfahren. Die gesamte Kommunalreform blieb jedoch unausgeführt, weil sie im März 1848 von der Stiftung der Verfassung überholt wurde.[29]

Am 12. Januar 1848, dem 38. Geburtstag Ferdinands II., des Königs beider Sizilien, brach in Palermo ein Aufstand aus, die erste Revolution des Jahres 1848 in Europa. Ziel der Erhebung war politische Autonomie und die Wiederherstellung der sizilischen Verfassung von 1812 mit zeitgemäßen Anpassungen. Im Laufe von nur siebzehn Tagen wurde die Garnison aus der Stadt vertrieben. Mitte Februar war die Herrschaft der

Bourbonen auf der Insel zusammengebrochen. Nur die Stadt Syrakus und die Zitadelle von Messina hatten sich halten können.[30] Die Unruhen griffen rasch auf das Festland über. Nach Aufständen im Cilento in der Provinz Salerno fand am 27. Januar in Neapel eine Kundgebung mit Tausenden von Teilnehmern statt.[31] Wiederholt riefen die Demonstranten „Es lebe Pius IX! Es lebe Italien! Es lebe die Verfassung!".[32] Daraufhin versprach der König am 29. Januar, eine Verfassung zu oktroyieren.[33] Im Jahr zuvor hatte Ferdinand es wiederholt abgelehnt, dem Drängen seines leitenden Ministers, des Marchese di Pietracatella, zu folgen und wie die übrigen italienischen Monarchen Reformen in Angriff zu nehmen, um den Erwartungen der Öffentlichkeit entgegenzukommen. Schon am 8. September 1846 hatte Pietracatella den König davor gewarnt, allein auf die Armee zu vertrauen:

„Anstatt mit der Waffe im Anschlag auf die Revolution zu warten, muss man alles tun, um ihr zuvorzukommen".[34]

Schon damals hatte der Minister auf die kritische Lage vor allem in Sizilien hingewiesen:

„Sizilien atmet aus allen seinen Poren die Unzufriedenheit: Selbst Wohltaten bleiben wirkungslos. Sizilien ist ein Fall wie Irland und wie Polen".[35]

In den Provinzen des Festlands sei die Gefahr jedoch nicht geringer. Zu den Maßnahmen, die Pietracatella zur Beruhigung der Bürger vorgeschlagen hatte, gehörte die Wiederherstellung der *Consulte* in der Form, in der sie im Jahre 1821 ursprünglich konzipiert worden waren, und die Ansiedlung der *Consulta* für Sizilien in Palermo, wie Metternich es auf dem Kongress von Laibach gefordert hatte. Außerdem hatte er die Gewährung einer weitreichenden Autonomie für die Insel und größere Pressefreiheit nach preußischem Beispiel empfohlen.[36] Der König hatte die Mahnungen Pietracatellas damals in den Wind geschlagen. Jetzt war die Revolution tatsächlich ausgebrochen und hatte Ferdinand zu dem Verfassungsversprechen vom 29. Januar genötigt. Zwei Tage zuvor hatte er Pietracatella entlassen und den Herzog von Serracapriola zum Ministerpräsidenten berufen. Am 30. Januar wurde Francesco Paolo Bozzelli zum neuen Innenminister ernannt.[37] Bozzelli erhielt den Auftrag, binnen zehn Tagen einen Verfassungsentwurf vorzulegen. Am 10. Februar 1848 wurde die Verfassung vom König unterzeichnet und am nächsten Tag verkündet. Bozzelli war unter der Regierung des Joseph Bonaparte in den öffentlichen Dienst Neapels eingetreten. Wegen Beteiligung an der Erhebung von 1820 war er 1821 verhaftet und anschließend des Landes verwiesen worden. Während seines Exils hatte er die politischen Systeme Englands, Frankreichs und Belgiens kennengelernt.[38] Das erklärt, warum sein Entwurf stark von der *Charte constitutionnelle* von 1814 und 1830 und von der belgischen Verfassung von 1831 beeinflusst war. Anders als die revidierte Charte von 1830 und die belgische Verfassung beruhte der Entwurf Bozzellis jedoch uneingeschränkt auf dem monarchischen Prinzip. Zwar erklärte König Ferdinand in der Präambel, dass er mit seinem Verfassungsversprechen dem „einmütigen Wunsch seiner heißgeliebten Völker" nachgekommen sei. Er fügte jedoch hinzu, das Versprechen sei aus seinem „vollen, freien und spontanen Willen" hervorgegangen. Dem entsprach die Entstehungsgeschichte der Verfassung. Kein von der Nation gewähltes Gremium war an ihrer Ausarbeitung beteiligt. Es war der König allein, der sie gewährte, Ferdinand II., von Gottesgnaden *Re del Regno delle Due Sicilie*.[39] Autonomie für Sizilien sah die Verfassung nicht vor. Die Insel erhielt kein eigenes Parlament.

Noch im Jahre 1847 hatte sich Ferdinand II. seines Thrones so sicher gefühlt, dass er es im Unterschied zu allen übrigen italienischen Monarchen nicht für nötig gehalten hatte, der öffentlichen Kritik an der politischen Erstarrung Rechnung zu tragen. Jetzt machte ausgerechnet er durch seinen übereilten Oktroi vom 11. Februar die Versuche der Regierungen in Rom, Florenz und Turin zunichte, der Verfassungsbewegung durch maßvolle Reformen die Durchschlagskraft zu nehmen. Das Vorpreschen Ferdinands ließ den anderen Monarchen keine andere Wahl, als ebenfalls Verfassungen zu oktroyieren.

Unter dem Gesichtspunkt einer dauerhaften Restauration der Monarchie gebührt dem *Statuto albertino* der Vorrang vor den drei übrigen Verfassungen. In Neapel, Rom und Florenz kehrten die Monarchen nach der Revolution zum Absolutismus zurück und büßten damit jede Glaubwürdigkeit ein. Der Verlust ihrer Throne im Zuge des nationalen Einigungsprozesses zwischen 1859 und 1861 war die Folge. Nur im Königreich Sardinien hatte die Verfassung auch über das Jahr 1849 hinaus Bestand. Da der König von Sardinien zwischen 1859 und 1870 nacheinander alle übrigen Staaten der Halbinsel annektierte, wurde der *Statuto albertino* im Zuge dieses Prozesses zur Verfassung des italienischen Nationalstaats und blieb bis zur Aufhebung der Monarchie im Jahre 1946 in Kraft.

Mit dem Oktroi des *Statuto* reagierte die Regierung in Turin auf die Krise, die zu Beginn des Jahres 1848 überraschend über die Monarchie hereingebrochen war. Durch die Kundgebungen und Demonstrationen, die auf die Amnestie Pius' IX. gefolgt waren, hatte sich König Carlo Alberto zunächst ebenso wenig wie die anderen Monarchen dazu bewegen lassen, die Macht mit einer Volksvertretung zu teilen. Sein Ideal blieb weiterhin der bürokratische Absolutismus, eine rational verwaltete, aber darum keineswegs modernisierungsfeindliche Monarchie. Die Reformen, die er im Oktober und November 1847 durchführte, entsprachen dieser Konzeption. Allerdings war schon vor dem Verfassungsversprechen in Neapel erkennbar geworden, dass die Reformen bei den Bürgern die Erwartung auf weitere Konzessionen schürten. Dank der Lockerung der Zensur wurden am Ende des Jahres 1847 in Turin mehrere politische Zeitungen unterschiedlicher Couleur gegründet, die die politische Entwicklung von nun an mit ihren Berichten und Kommentaren begleiteten, darunter die Zeitung *Il Risorgimento*, ein Organ des gemäßigten Liberalismus, der *moderati*. Direktor des *Risorgimento* wurde Cesare Balbo. Die entscheidende Kraft hinter dem Blatt war jedoch Camillo di Cavour.[40]

Innerhalb der Monarchie kamen die stärksten Impulse für eine Fortsetzung der Reformen aus Genua. Am 4. und 5. Januar 1848 fanden dort Massenkundgebungen statt, auf denen die Vertreibung der Jesuiten und die Einrichtung einer Bürgerwehr gefordert wurden. Cesare Cabella setzte eine entsprechende Petition auf und brachte dafür wenigstens fünfzehntausend Unterschriften zusammen. Am Abend des 5. Januar wurde im Hause des Marchese Andrea Doria eine neunköpfige Deputation gewählt mit dem Auftrag, dem König die Petition zu überbringen. Am übernächsten Morgen brach die Abordnung nach Turin auf. Der König wollte sich jedoch nicht von seinen Untertanen zu Reformen drängen lassen. Daher weigerte er sich, die Deputation zu empfangen, und beauftragte stattdessen seinen Innenminister Giacinto Borelli, sie auf die Rechtswidrigkeit ihres Unternehmens hinzuweisen und wieder nach Hause zu schicken. Unterdessen wurde die Genueser Initiative jedoch auch von den Bürgern der Hauptstadt selbst aufgegriffen. Am Abend des 7. Januar trafen sich im Hotel Europa die Vertreter der Turiner Presse, um über Möglichkeiten zu beraten, die Deputation aus Genua zu unterstützen.[41] Während demokratisch orientierte Teilnehmer der Versammlung dafür plädierten, sich die Anliegen der Genuesen zu eigen zu machen, schlug Camillo di Cavour im Namen der gemäßigten Liberalen (*moderati*) auf der Versammlung vor, einen anderen Weg einzuschlagen und den König zum Erlass einer Verfassung aufzufordern.[42] Cavour hatte schon Anfang November 1847, unmittelbar nach Carlo Albertos Reformedikten vom 29. Oktober, die Einführung des Repräsentativsystems für unausweichlich erklärt, aber er hatte damit erst nach Ablauf von einigen Jahren gerechnet.[43]

Die Begründung für seinen überraschenden Vorschlag findet sich in einem nicht gezeichneten Artikel, den Cavour am 8. Januar in der Zeitung *Il Risorgimento* veröffentlichte. Der Artikel beginnt mit einer harschen Kritik an den Vorgängen in Genua. Sie bedrohen die öffentliche Ordnung und gefährdeten die Fortsetzung der Reformpolitik. Vor allem aber setzten sie die „Eintracht zwischen dem Fürsten und den Bürgern" aufs Spiel. Demonstrationen, wie sie in Genua stattgefunden hätten, gefährdeten „das Fundament jeder freiheitlichen Ordnung". Meinungsfreiheit setze Diskussion voraus. Diskussion aber sei nicht möglich, „wenn das Geschrei einer Menschenmenge auf den Straßen und Plätzen einer Stadt dem Staat das Gesetz diktiert".[44] Cavour warnte die Regierung jedoch davor, Unruhen mit Zwangsmitteln entgegenzutreten: „Gewalt erzeugt Gegengewalt". Die Wünsche der Bürger Genuas müßten geprüft werden. Für solche Prüfungen sei der Staatsrat (*Consiglio di Stato*) geschaffen worden. Allerdings sei der Staatsrat in seiner gegenwärtigen Zusammensetzung nicht in der Lage, die Meinung der Nation gültig zum Ausdruck zu bringen. Daher sei die Berufung weiterer Persönlichkeiten erforderlich – im Interesse der Fortsetzung der Reformen, zur Sicherung der Unabhängigkeit und Freiheit des Vaterlandes, zum Wohle der Bürger und zur Befestigung des Throns von Savoyen, auf den alle Italiener ihre Hoffnungen setzten.[45]

Das Wort Verfassung findet sich in dem Artikel ebenso wenig wie der Ausdruck Repräsentativsystem. Aber die darin enthaltenen Empfehlungen liefen zwangsläufig darauf hinaus, an die Stelle des nach dem Modell der konsultativen Monarchie geschaffenen Staatsrats eine wirkliche Volksvertretung zu setzen und eine konstitutionelle Monarchie einzuführen. Mit der expliziten Anknüpfung an die Einrichtung des Staatsrats suchte Cavour sein Plädoyer für die Reform der Institutionen in den politischen Kurs einzuordnen, den der König bereits eingeschlagen hatte. Das war geschickt auf dessen Gemütslage berechnet, zumal sich Cavour gleichzeitig mit Nachdruck von den Unruhen in Genua distanzierte. Der König dürfe sich seine Politik nicht von der Straße aufzwingen lassen. Vielmehr müsse sie aus seiner freien Entscheidung hervorgehen. Am Ende des Artikels tritt das restaurative, auf langfristige Sicherung der Monarchie gerichtete Motiv des Ratschlags hervor. Die uneingeschränkte politische Diskussion mit „freien, gebildeten und aufgeklärten Bürgern" sichere „den Fürsten gegen den Aufruhr des Volkes ganz ebenso, wie sie das Volk vor der Willkür der Mächtigen bewahre".[46]

Carlo Alberto war jedoch noch nicht bereit zu einem solchen Schritt. Mit den Reformen von 1847 war einstweilen die Grenze seiner

Konzessionsbereitschaft erreicht. Unterdessen spitzte sich die Entwicklung im Süden Italiens zu. Die Stiftung einer Verfassung durch König Ferdinand II. versetzte Carlo Alberto in helle Empörung. In einem Handschreiben an Innenminister Borelli erklärte er, der König von Neapel hätte nichts Verhängnisvolleres für die Ruhe Italiens tun können. Es sei zu erwarten, dass der Erfolg der Opposition im Königreich beider Sizilien die Opposition auch in anderen Staaten zur Verstärkung ihrer Aktivität anspornen werde. Aber deswegen brauche die Regierung in Turin den Mut nicht zu verlieren, im Gegenteil. Wenn in Genua, wie der Generalgouverneur der Stadt, der Marchese La Planargia, erwarte, wegen der neapolitanischen Verfassung eine Freudendemonstration stattfinden sollte, sei Geduld am Platze. Sollten die Demonstranten jedoch auch für Piemont-Sardinien eine Verfassung fordern, sei er entschlossen, bis zum äußersten zu kämpfen.[47] Am 2. Februar hielt Carlo Alberto die Lage allerdings für so kritisch, dass er sich mit dem Gedanken trug, die Krone niederzulegen.[48] Seine Minister bestürmten ihn jedoch zu bleiben. Auf einer Sitzung des *Consiglio di conferenza*, des Ministerrats, erklärte Minister Borelli, die Abdankung des Königs wäre das größte Unglück für das Land; sein Name allein sei eine Macht; trete er zurück, so stürze alles nieder, und sogar die Interessen der Dynastie würden kompromittiert.[49] Daher forderte er den König auf, seine Haltung in der Verfassungsfrage noch einmal zu überprüfen. Der Entschluss Ferdinands von Neapel habe in der Tat eine neue Lage geschaffen. Mit der Forderung nach einer repräsentativen Form der Regierung sei auch in Piemont binnen kurzem zu rechnen.[50] Am 3. Februar 1848 plädierte Borelli auf einer Sitzung des *Consiglio di conferenza* unter dem Vorsitz des Königs offen für den Oktroi einer Verfassung. Die Argumente, mit denen er den König dafür zu gewinnen suchte, unterstreichen den restaurativen Charakter des Vorschlags. Ausgangspunkt seiner Überlegungen war der Gedanke, dass es zu einer Erhebung kommen werde, wenn man ihr nicht rechtzeitig vorbeuge: „Die Verweigerung einer Verfassung könnte zu Unruhen führen, zu einem Aufstand, vielleicht zu Blutvergießen und anschließend zur Anarchie".[51] Warte der König zu, bis ihm die Verfassung von der Revolution aufgezwungen werde, riskiere er unweigerlich eine Schwächung der Monarchie. Gewähre er sie jedoch von sich aus, bevor sie von ihm gefordert werde, so stärke er den Thron und die Monarchie und neutralisiere den Vorstoß der Aufwiegler. Auch bleibe er in diesem Fall Herr über die Gestaltung der Verfassung. Offen drohte Borelli mit dem Rücktritt des gesamten Kabinetts, sollte der König auf seinem Standpunkt beharren.⁵² Nach Borelli sprachen der Reihe nach die anderen Minister. Einhellig hoben sie den Ernst der Lage hervor und bekräftigten den Ratschlag des Innenministers. Nur durch die Stiftung einer Verfassung könne der König den Staat und die Dynastie retten, meinte der Minister für öffentliche Arbeiten, Des Ambrois.⁵³ Mehrere Minister betonten, dass sie das Land zwar noch nicht für reif hielten für den Übergang zum Verfassungsstaat. Nach den jüngsten Entwicklungen in Sizilien und Neapel drohten jedoch Aufstand und Anarchie, wenn die Krone die nötigen Konzessionen verweigere.

Am 5. Februar beschloss der Gemeinderat der Stadt Turin auf einer außerordentlichen Sitzung, den König in einer Petition um den Erlass einer Verfassung zu ersuchen. Der Cavaliere Derossi di Santa Rosa hatte den Antrag eingebracht. Im Text der Petition wird auf die Demonstrationen in Neapel, aber auch in Genua, in Turin und in vielen anderen Städten Piemonts hingewiesen. Die Verfassung würde, so hieß es, die im Herbst durchgeführten Reformen vollenden. Sie würde die Regierung des Staates festigen und den Thron stabilisieren.⁵⁴

Auf der nächsten Sitzung des *Consiglio di conferenza* am 7. Februar wurde beschlossen, dass der König am folgenden Tag ein öffentliches Verfassungsversprechen abgebe. Es ist ein Zeichen für die herrschende Krisenstimmung, dass die Regierung die Öffentlichkeit möglichst umgehend von ihren Absichten informieren wollte. Damit fügt sich der Beschluss bruchlos in den restaurativen Tenor der Diskussionen im *Consiglio di conferenza* ein. Alle Redner hatten betont, dass Carlo Alberto sein Land hervorragend regiere und daher in der Sache keinerlei Grund bestehe, ein neues Regierungssystem einzuführen. Die Frage eines Verfassungsoktrois wurde ausschließlich unter taktischen Gesichtspunkten diskutiert. Es ging nicht um die Vorzüge oder Nachteile des konstitutionellen Systems im Unterschied zum bürokratischen Absolutismus, sondern allein um die beste Methode, um die Monarchie möglichst unbeschadet durch die Krise zu steuern und Macht und Autorität der Krone zu bewahren.

Wenige Tage später kommentierte Cavour die Ereignisse in einem Brief an Giacomo Giovanetti. Die Rede ist dort von „der so glücklich überwundenen Krise". Der König habe sich „der Notwendigkeit der Zeiten" gefügt. Eine Verfassung sei unumgänglich geworden, um eine Ausbreitung der Unruhen zu verhindern und um der radikalen Partei Einhalt zu gebieten, die nach einer „ultrademokratischen Verfassung" strebe. Cavour fährt fort, die Lage erfordere die Bildung einer „konservativen liberalen Partei" (*un partito liberale conservatore*). Er rechne damit, dass demnächst eine „extreme, ungeduldige Partei" (*un partito estremo, impaziente*) entstehen werde. Man müsse sich darauf vorbereiten, sie zu bekämpfen und die Regierung in diesem Kampf zu unterstützen.[55] Am 13. Februar 1848 schrieb Cavour an Mathilde de La Rive, in wenigen Wochen hätten die politischen Institutionen des Landes eine „vollständige Revolution" erfahren. Er nannte sie eine „glückliche Revolution", weil sie weder Tränen noch Blut gekostet habe, und vor allem, weil die Krone nicht erniedrigt oder ihrer moralischen Autorität beraubt worden sei. Die bisherigen Institutionen hätten dem Stand der gesellschaftlichen Entwicklung nicht mehr entsprochen; die neuen würden, so hoffe und glaube er, „die überwiegende Mehrheit des Landes zufriedenstellen". So sei er überzeugt, dass „keine weiteren Umwälzungen zu befürchten" seien.[56]

In der Tat: Die monarchische Souveränität war gewahrt worden. Dem demokratischen Prinzip waren keine Konzessionen gemacht worden. Dementsprechend verkündete Carlo Alberto den *Statuto albertino* am 4. März selbstverständlich als König von Gottesgnaden. An der Begrifflichkeit des *Ancien Régime* hielt er auch darin fest, dass er sich in der Präambel nicht an die Bürger, sondern an seine „heißgeliebten Untertanen" (*ai nostri amatissimi sudditi*) wandte.[57] Der Begriff des Untertanen passte nicht mehr ins konstitutionelle Zeitalter.[58] Die Formulierung wird im Text der Verfassung auch nicht durchgehalten. Der Abschnitt über die Grundrechte handelt von den Rechten und Pflichten der „Bürger" (*cittadini*). Artikel 24 stellt fest, dass alle Bewohner des Königreichs (*regnicoli*) vor dem Gesetz gleich seien. Doch jenseits solcher terminologischer Schwankungen erweist sich die Verfassung als zweifelsfrei liberal. Artikel 10 legte die Gesetzesinitiative in die Hände sowohl des Monarchen als auch der beiden Kammern, und Artikel 67 schränkte die Gestaltungsfreiheit des Monarchen durch die für alle konstitutionellen Verfassungen wesentliche Vorschrift ein, dass Regierungsakte nur Rechtskraft erlangten, wenn sie von den verantwortlichen Ministern gegengezeichnet worden seien.

Inzwischen hatten auch in der Toskana die Unruhen einen Grad erreicht, dass Großherzog Leopoldo II. nicht länger umhin konnte, auch seinem Lande eine Verfassung zu versprechen. Während des gesamten Jahres 1847 hatte die Regierung in Florenz auf die wiederholten Forderungen nach Reformen mit äußerster Zurückhaltung reagiert. Ein enttäuschendes Pressegesetz, die Schaffung einer Bürgerwehr und die Einrichtung einer *Consulta* mit begrenztem Beratungsauftrag hatten es nicht vermocht, die wachsende Erregung zu dämpfen.[59] Im September

1847 musste sich der Großherzog von seinem eigenen Außenminister, Neri Corsini, sagen lassen, „das einzige Mittel", das verblieben sei, „um die Regierung wieder auf sichere Grundlagen zu stellen, bestehe darin, von der reinen Monarchie (*monarchia pura*) zur gemäßigten Monarchie (*monarchia temperata*) überzugehen". Wenn Leopoldo nicht von sich aus „eine vernünftige Verfassung gewähre", in der „die verschiedenen Gewalten des Staates in einem gerechten Gleichgewicht zueinander stehen", laufe er Gefahr, dass ihm eine Verfassung aufgezwungen werde, die wesentlich vom „demokratischen Prinzip" bestimmt sei.[60] Am 13. Februar 1848 warnte Bettino Ricasoli die Regierung in seiner Zeitung *La Patria* davor, den unvermeidlichen Schritt noch länger hinauszuschieben. Je länger die Regierung zögere, desto schwächer werde die Monarchie.[61] Diese Ermahnung hatte sich inzwischen erübrigt, denn bei Hofe war damals bereits seit zwei Tagen eine Kommission aus fünf Notabeln im Auftrag des Großherzogs damit beschäftigt, den Text einer Verfassung auszuarbeiten. Die Kommission war durch allerhöchsten Entschluss (*motuproprio*) vom 31. Januar eingesetzt worden und hatte ursprünglich nur eine Reform des geltenden Pressegesetzes und der *Consulta di Stato* vorbereiten sollen. Von der Einführung einer Verfassung war zunächst nicht die Rede gewesen.[62] Offensichtlich hatte Leopoldo noch immer gehofft, diese Konzession vermeiden zu können. Ausschlaggebend für seine Sinnesänderung war die Nachricht von dem Verfassungsversprechen Carlo Albertos von Sardinien vom 8. Februar. Das zeigt schon der zeitliche Ablauf, denn am 11. Februar erweiterte der Großherzog den Auftrag der Kommission durch ein weiteres *motuproprio*, in dem er die Einführung einer Nationalvertretung (*rappresentanza nazionale*) ankündigte. Plötzlich schien Eile geboten, um den Thron zu verteidigen. Einstweilen rief der Großherzog die Bürger der Toskana in dem zweiten *motuproprio* jedoch dazu auf, sich nicht zur Ungeduld verleiten zu lassen:

„Wartet in Ruhe nur noch wenige Tage, bis die Pläne abgeschlossen sind, die Eure Zukunft sichern sollen".[63]

Die Kommission erfüllte den neuen Auftrag binnen vier Tagen. So konnte der Großherzog den *Statuto fondamentale* bereits am 15. Februar verkünden.[64] Die Verfassung sah zwei Kammern vor, einen Senat, dessen Mitglieder vom Großherzog auf Lebenszeit ernannt werden sollten, und eine Abgeordnetenkammer (*Consiglio generale*), deren 86 Mitglieder durch Wahl zu bestimmen waren.[65] Die Gesetzesinitiative blieb der Regierung vorbehalten (Art. 50). Damit erreichte die Toskana den Stand der *Charte constitutionnelle* von 1814. Noch immer wollte der Großherzog keinen Schritt weiter gehen als unbedingt nötig.

Im Kirchenstaat hatte es noch im Januar 1848 den Anschein gehabt, als sei die Öffentlichkeit durch die Reformen des Jahres 1847 zufriedengestellt. Erst das Verfassungsversprechen des Königs beider Sizilien gab der Opposition neuen Schub. In den ersten Februartagen wurde auf den Straßen und Plätzen Roms und in anderen Städten des Kirchenstaats für eine Verfassung demonstriert.[66] In die Demonstrationen mischten sich antiklerikale Untertöne. Am 8. Februar wurde auf einer großen Kundgebung in Rom der Ruf laut: „Tod der Regierung der Priester!" (*Morte al ministero de' preti!*).[67] Daran zeigt sich, dass die Forderung nach der Verfassung im Kirchenstaat nicht nur auf politische Partizipation der Bürger, sondern auch auf die Säkularisierung des Staates zielte. Wenn der Papst von allen italienischen Souveränen am längsten zögerte, bevor er eine Verfassung zusagte, so lag dies auch an der Schwierigkeit, in einem konstitutionellen System geistliche und weltliche Gewalt voneinander zu trennen. Am 12. Februar ernannte er eine zehnköpfige Kommission mit dem Auftrag, „Regierungssysteme vorzuschlagen, die sich mit der Autorität des Papstes vereinbaren lassen".[68] In der Kommission wirkten ausschließlich Geistliche mit, darunter sieben Kardinäle.[69] Offenbar fürchtete der Papst, aus der Beteiligung von Laien könne die Forderung erwachsen, dass er die Souveränität mit ihnen teile.[70] Am 12. März verabschiedete die Kommission eine Verfassung. Am 14. März wurde sie von Pius IX. verkündet. In der Präambel erinnerte der Papst daran, dass er im vorhergegangenen Jahr eine „beratende Volksvertretung" (*rappresentanza consultiva*) eingerichtet habe in der Erwartung, dass sie seine Regierung in der Gesetzgebung und in der Staatsverwaltung unterstütze. Aber da die Nachbarstaaten „ihre Völker" für reif genug erachtet hätten, „den Segen einer nicht bloß beratenden, sondern entscheidungsbefugten Volksvertretung" zu erhalten, wolle er seinen Untertanen nicht weniger Achtung entgegenbringen als jene. Die Verfassung bestimmte das „heilige Kollegium der Kardinäle, die den Papst wählten", zum Senat. Daneben war ein Parlament aus zwei Kammern vorgesehen, einem „Hohen Rat" (*Alto consiglio*) und einem „Rat der Abgeordneten" (*Consiglio dei Deputati*). Die Gesetzesinitiative lag bei der Regierung und jedem der beiden Häuser, sofern wenigstens zehn Mitglieder des antragstellenden Hauses einen Gesetzesantrag unterstützten (Art. 35).

Mit der Verkündung der Verfassung des Kirchenstaats waren alle vier nicht zum Haus Habsburg gehörigen italienischen Staaten zum Konstitutionalismus übergegangen. Die Geschichte der Oktrois in den vier Staaten weist in wesentlichen Punkten charakteristische Parallelen auf. Unter dem Schutz der Großmächte und namentlich Österreichs hatten die betroffenen Regierungen bis Anfang 1848 den Absolutismus verteidigen können. Zu den Oktrois entschlossen sich die Souveräne aus Furcht vor der Revolution, nachdem politische Demonstrationen und Kundgebungen immer weiter um sich gegriffen hatten. Auslöser der Demonstrationsbewegung war die Amnestie, die Papst Pius IX. nach seinem Amtsantritt im Sommer 1846 verkündet hatte. Abgesehen von Ferdinand II. hatten die Fürsten zunächst versucht, die revolutionäre Bewegung durch Reformen einzudämmen. Zu den wichtigsten Maßnahmen zählten dabei die Lockerung der Zensur, die Bewilligung von Bürgerwehren und die Einrichtung von Beratungskörperschaften (*Consulte*), wie sie zuerst der Kongress von Laibach im Jahre 1821 dem Königreich beider Sizilien auferlegt hatte. Zu Beginn des Jahres 1848 war jedoch klar geworden, dass die Reformen nicht ausreichten, um die Bürger zufriedenzustellen. Der Ausbruch der Revolution in Palermo und das Ausgreifen der Unruhen auf das Festland veranlassten König Ferdinand II. am 29. Januar zu einem überstürzten Verfassungsversprechen. Damit setzte er eine Kettenreaktion in Gang, die binnen zwei Monaten ganz Italien erfasste. Jeder Erfolg der Oppositionsbewegung in einem Staat beflügelte unverzüglich die Demonstranten in allen übrigen Staaten dazu, von ihren Monarchen die gleichen Zugeständnisse zu fordern. Nach dem Oktroi in Neapel fürchteten die Monarchen um ihre Throne, wenn sie sich den Forderungen verweigerten. Nur durch Verfassungsoktrois glaubten sie die Monarchie retten zu können, und die Verfassungen waren gerade so liberal, wie es diese Zielsetzung erforderte. Vor allem in Sizilien verfehlte die Verfassung vom 11. Februar für den neapolitanisch-sizilischen Gesamtstaat jedoch ihren politischen Zweck, da sie dem sizilischen Reichsteil die Autonomie verweigerte.

Am 12. März 1849 löste Ferdinand II. das in Neapel tagende Parlament auf. Es wurde nicht wieder einberufen. Die Verfassung von 1848 wurde allerdings nicht eigens aufgehoben. Formell abgeschafft wurde dagegen am 6. Mai 1852 die Verfassung der Toskana. In seinen Erinnerungen rechtfertigt Großherzog Leopoldo die Entscheidung mit dem politischen Umschwung, der in Europa eingetreten sei. Der Staatsstreich des Louis-Napoléon Bonaparte vom 2. Dezember 1851 habe „das Gespenst der Revolution" vertrieben: „Frankreich und Europa atmeten auf". Am 31. Dezember 1851 habe Kaiser Franz Joseph die österreichische Verfassung aufgehoben. Damit sei auch der Zeitpunkt gekommen, „die toskanische Verfassung abzuschaffen".[71] Im November

1848 war der Papst aus Rom geflohen. Daraufhin war in der Stadt eine verfassunggebende Versammlung gewählt worden. Die proklamierte in der Folge die Republik. Als der Papst im Mai 1849 mit französischer Hilfe auf seinen Thron zurückkehrte, ließ er die Verfassung von 1848 nicht wieder aufleben. Lediglich im Königreich Sardinien blieb der *Statuto albertino* vom 4. März 1848 auch nach dem Scheitern der Revolution in Kraft.

Die Oktrois zu Beginn des Jahres 1848 waren Maßnahmen zur Restauration der von der Revolution bedrohten Monarchien. Jeder der vier Souveräne handelte unter dem Druck der Demonstrationen und in Sorge um den Bestand seines Throns. Auch eine oktroyierte Verfassung ist ein Vertrag zwischen dem Herrscher und seinen Untertanen. Wird sie vom Monarchen einseitig aufgehoben oder stillschweigend außer Kraft gesetzt, so begeht er einen Staatsstreich. Hatte der Oktroi die Monarchie stärken sollen, so musste der Bruch des einmal gegebenen Versprechens sie unwiderruflich schwächen. Das zeigte sich im Jahre 1860, als die um ihre Verfassungen betrogenen Bürger in ihrer überwältigenden Mehrheit die Gewinnung der nationalen Einheit unter dem *Statuto albertino* und König Vittorio Emanuele II. von Sardinien über die Loyalität zu ihren angestammten Fürsten stellten.

Russland 1906

Am 9. Oktober 1905, 18 Uhr, empfing Zar Nikolaus II. seinen ersten Minister, Graf Sergej Jul'evič Vitte, auf Schloss Peterhof zu einem Gespräch. Um die Audienz hatte Vitte am 6. Oktober in einem Brief an den Zaren gebeten. Dazu angeregt hatte ihn Graf Dmitrij Martynovič Sol'skij, der Vorsitzende der Wirtschaftsabteilung des Staatsrats.[1] Vitte hatte sein Ersuchen mit den politischen Demonstrationen und Streiks begründet, die das Land seit Tagen in Unruhe versetzten. Er sei sich mit Sol'skij darin einig, dass „in die Tätigkeit des Staates ein frischer Zug (*svežaja struja*)" gebracht und dass „grundlegende Reformen des gesamten Regierungsmechanismus" in Angriff genommen werden müssten.[2] Es kennzeichnet die Lage der Monarchie in diesen Tagen, dass Vitte den 30 Kilometer weiten Weg von Sankt Petersburg auf der Neva mit dem Schiff zurücklegen musste, weil die Eisenbahnen im ganzen Reich bestreikt wurden.[3] Vitte, 1849 in Tiflis geboren, war von 1892 bis 1903 russischer Finanzminister gewesen. In diesem Amt hatte er sich nach dem Muster von Friedrich Lists „Nationalem System der politischen Ökonomie" energisch für den Ausbau der Infrastruktur und für die zügige Industrialisierung Russlands eingesetzt. Zu seinen Hauptverdiensten zählen die Einführung des Goldstandards im Jahre 1897 und der Bau der Transsibirischen Eisenbahn.[4] Im August 1903 entband der Zar ihn unerwartet von seinem Amt und ernannte ihn stattdessen zum Vorsitzenden des Ministerkomitees.[5] Da damals jeder Minister über Zugang zum Souverän verfügte, bot diese Position keine nennenswerten politischen Gestaltungsmöglichkeiten.[6] Einen politischen Auftrag von Gewicht erhielt Vitte erst wieder im Juni 1905. Im Februar 1904 hatte Japan den Hafen von Port Arthur auf der Halbinsel Liaodong, den Russland im Jahre 1898 für 25 Jahre gepachtet hatte, überfallen und damit den russisch-japanischen Krieg um die Vorherrschaft in der Mandschurei eröffnet. Im Laufe des Krieges zeigte sich das Zarenreich der neuen Großmacht im Fernen Osten nicht gewachsen. Symptomatisch für die Unterlegenheit Russlands war das Schicksal seiner baltischen Flotte. Um gegen Japan eingesetzt werden zu können, musste sie durch den Belt und um das Kap der Guten Hoffnung herum zum Kriegsschauplatz geführt werden. Kaum angekommen, wurde sie in der Seeschlacht von Tsushima am 14. Mai 1905 nahezu vollständig vernichtet. Damit war Russlands Kriegswille gebrochen. Auf

Einladung des amerikanischen Präsidenten Theodore Roosevelt trafen sich Bevollmächtigte der beiden kriegführenden Staaten im August in Portsmouth, New Hampshire, zu Friedensverhandlungen. Zum Leiter der russischen Delegation war Vitte berufen worden. Am 5. September 1905 wurde der Friedensvertrag unterzeichnet. In Anerkennung seines Verhandlungserfolgs verlieh der Zar Vitte nach seiner Rückkehr den Grafentitel.

Unterdessen spitzte sich die innenpolitische Lage in Russland zu. Seit Beginn des Jahres war das Land von einer Folge von schweren Krisen erschüttert worden. Der 9. Januar ist als Petersburger Blutsonntag in die Geschichte eingegangen. Eine friedliche Demonstration von Arbeitern, die Zar Nikolaus II. im Winterpalast eine Petition überreichen wollten, endete im Kugelhagel der Armee. Mindestens 130 Menschen starben, rund tausend wurden verletzt.[7] Welche Folgen das Ereignis für den Bestand der Autokratie haben könne, stellte Landwirtschaftsminister Aleksej Sergeevič Ermolov dem Zaren nur wenige Tage später in einem persönlichen Gespräch drastisch vor Augen. Die Protestbewegung habe schon auf andere Städte übergegriffen. Eine Ausweitung auf das platte Land könne nicht ausgeschlossen werden. Wenn es jedoch tatsächlich soweit komme, könne sich der Zar nicht mehr auf die Armee verlassen. Die Demonstranten kämen schließlich aus demselben Volk wie die Soldaten. Dem Rat Ermolovs, öffentlich sein Bedauern über das Geschehene auszusprechen und sich um die Familien der Opfer zu kümmern, folgte der Zar nicht.[8] Am 12. Januar schrieb Petr Struve in einem Leitartikel der von ihm herausgegebenen Zeitung *Osvoboždenie*: „So kann man nicht weiterleben!"[9] Am 4. Februar fiel mit Großfürst Sergej Aleksandrovič, Generalgouverneur von Moskau und Onkel Nikolaus' II., zum ersten Mal seit der Ermordung Alexanders II. im Jahre 1881 wieder ein Mitglied der Zarenfamilie einem Attentat zum Opfer. Der Blutsonntag hatte eine Streikbewegung ausgelöst, die alles bisher Dagewesene übertraf. Im Monat Januar allein streikten in Russland mehr Arbeiter als in den zehn Jahren davor zusammengenommen.[10] Im ersten Quartal 1905 beteiligten sich mehr als zwanzigmal so viele Arbeiter an Streiks wie in irgendeinem beliebigen Jahr seit 1895. Streiks brachen jetzt auch in Gebieten aus, die in den zurückliegenden zehn Jahren keine oder nur sehr wenige Arbeitskämpfe erlebt hatten.[11] Über zwei Monate, von Mai bis Juli 1905, zog sich der Ausstand in Ivanovo-Voznesensk hin, einem Zentrum der Textilindustrie, 250 Kilometer östlich von Moskau gelegen.[12] Im Laufe des Jahres wurden zahlreiche Gewerkschaften und Berufsverbände gegründet, auch von Angehörigen akademischer und freier Berufe. Im Mai traten in Moskau Delegierte von vierzehn Verbänden zusammen und riefen eine Dachorganisation ins Leben, den „Verband der Verbände" (*sojus sojusov*). Den Vorsitz des Dachverbands übernahm der liberale Historiker Pavel Miljukov.[13] Die vom Staat abgetrennte Gesellschaft fing an, sich selbst zu organisieren.

Die Forderungen der Streikenden waren in der ersten Jahreshälfte überwiegend ökonomischer Natur. Da Streiks, ganz gleich welcher Zielsetzung, jedoch illegal waren, bedeutete jeder Ausstand zugleich eine Auflehnung gegen die Staatsgewalt. Auch auf der im engeren Sinne politischen Ebene wirkte der Blutsonntag fort. Der Zar erkannte, dass er auf die Gesellschaft zugehen müsse. Am 18. Februar ließ er in einer Anordnung an den Senat Behörden und Privatpersonen im ganzen Reich dazu auffordern, Vorschläge zur Verbesserung der politischen Strukturen zu unterbreiten, eine mit dem Anspruch autokratischer Herrschaft nur schwer zu vereinbarende Reverenz vor der öffentlichen Meinung.[14] Zugleich richtete er ein Reskript an Innenminister Aleksandr Grigor'evič Bulygin und wies ihn an, eine Kommission zu bilden mit dem Auftrag, Pläne für eine Repräsentativkörperschaft zu entwickeln, in der Gesetzesvorschläge vor ihrer Verabschiedung durch die Regierung beraten werden sollten.[15] Die Anordnung an den Senat löste für die nächsten Monate eine wahre Flut von Petitionen aus. Urheber waren überwiegend private Vereine aller Art und verschiedene Amtsstellen. Die Forderungen reichten von der Aufnahme gewählter Vertreter in die Bulygin-Kommission über soziale und politische Reformen bis zur Ausschreibung von Wahlen zu einer verfassunggebenden Versammlung.[16] Mit der Einberufung einer verfassunggebenden Versammlung hätte der Zar die Revolution anerkannt. Genau das suchte er auf jeden Fall zu vermeiden. Die Petitionskampagne im ganzen Reich führte jedoch zu einer unerwarteten Politisierung der Bürger, zumal die eingereichten Vorschläge großenteils in der lokalen Presse veröffentlicht wurden, so dass das Bewusstsein der Reformbedürftigkeit des Staates sich überall verbreitete. Die von Bulygin und seiner Kommission konzipierte „beratende Staatsduma" (*soveščatel'naja duma*) wurde am 6. August durch ein „Allerhöchstes Manifest" eingeführt. Dem Manifest waren ein Statut der Staatsduma und eine Wahlordnung beigefügt.[17]

Ludwig XVIII. hatte den Oktroi der *Charte constitutionnelle* in die Tradition der Privilegienverleihungen durch die Könige des Mittelalters gerückt, um dem Eindruck entgegenzuwirken, als habe er sich von der Revolution Zugeständnisse abringen lassen, die mit dem historischen Recht der Monarchie nicht vereinbar seien. Ein vergleichbares Bestreben findet sich auch in dem Manifest, mit dem die Einführung der beratenden Staatsduma angekündigt wurde. Der Zar behauptet dort, „Eintracht und Einheit" (*soglasie i edinenie*) von Zar und Volk seien „die große moralische Kraft, die Russland im Laufe der Jahrhunderte geschaffen" habe. Schon im Jahre 1903 habe er dazu aufgerufen, im Bereich der lokalen Verwaltung gewählte Körperschaften und Regierungsorgane zu koordinieren, um die Konflikte zwischen ihnen auszuräumen. „Darüber haben die autokratischen Zaren, unsere Vorgänger, nicht aufgehört nachzudenken". Jetzt sei die Zeit gekommen, ihrem Vorbild zu folgen. Ausdrücklich hebt Nikolaus hervor, dass die Einführung einer beratenden Duma die im Grundgesetz des Reiches verankerte „autokratische Gewalt" (*samoderžavnaja vlast'*) nicht berühre.[18] Wie einst Ludwig XVIII., so legte auch Nikolaus II. offensichtlich das größte Gewicht darauf, dass er trotz der verkündeten Konzessionen die gesamte Staatsgewalt weiterhin in seiner Hand vereinige. Vom 19. bis zum 26. Juli hatte er das Kabinett und hohe Beamte des Staates sowie eine Reihe von angesehenen Notabeln eigens zu einer Konferenz unter seinem Vorsitz auf Schloss Peterhof eingeladen, um über die Vorschläge der Bulygin-Kommission zu beratschlagen. Dabei stand genau die Frage im Mittelpunkt, ob selbst eine nur beratende Staatsduma vereinbar sei mit seinem Anspruch auf uneingeschränkten Besitz der autokratischen Gewalt.[19] Baron Schwanebach, einer der liberal gesinnten Teilnehmer an der Konferenz, hatte dazu eine sehr entschiedene Meinung. Zum Zaren, der die Konferenz leitete, gewandt erklärte er, natürlich führe die in Rede stehende Reform zu „einer Einschränkung Eurer autokratischen Rechte", aber weil es sich um eine „Selbst-Einschränkung" handle, werde „sie Eure geheiligte Autorität stärken".[20] Damit fasste er den Grundgedanken der Restauration in einen einzigen Satz zusammen: Die erzwungene Abtretung von Rechten schwächte, der freiwillige Verzicht dagegen stärkte die Monarchie.

Die zusammen mit dem kaiserlichen Manifest und dem Statut der Staatsduma am 6. August 1905 verkündete Wahlordnung sah ein außerordentlich kompliziertes indirektes Verfahren zur Wahl der Dumaabgeordneten vor. Ein hoher Zensus schloss die Arbeiterklasse und einen großen Teil der Bauernschaft vom Wahlrecht aus. In Sankt Petersburg waren aus einer Bevölkerung von rund 1,4 Millionen nur 7.130 Personen wahlberechtigt, in Moskau 12.000 von 1,1 Millionen. Die außereuropäischen Gebiete Russlands wurden nur unzureichend berücksichtigt.[21] Zu ihrer konstituierenden Sitzung sollte die Duma nicht später als Mitte Januar 1906 zusammentreten.[22]

Die von Ermolov nach dem Petersburger Blutsonntag geäußerten Zweifel an der Zuverlässigkeit der Streitkräfte schienen sich im Juni zu bestätigen, als auf dem Panzerkreuzer Potemkin, der zur russischen Schwarzmeerflotte gehörte, eine Meuterei ausbrach. Ausgelöst durch eine Beschwerde der Schiffsköche über verdorbenes Fleisch endete der Aufstand am 15. Juni in Odessa erneut in einem Blutbad. Tausende von Bürgern der Stadt hatten sich am Hafen versammelt, wo Angehörige der Schiffsbesatzung den Leichnam ihres erschossenen Sprechers Grigorij Nikitič Vakulenčuk aufgebahrt hatten. Alsbald mischten sich Aufwiegler unter die Menge. Trauer und Protest wandelten sich in Aufruhr. Die Versammelten zogen plündernd durch die Straßen der Stadt. Am Abend eröffneten Truppen das Feuer auf die Menge. Nach Schätzungen kamen 2.000 Menschen ums Leben, 3.000 weitere wurden schwer verletzt.[23]

In den Sommermonaten flaute die Streikbewegung, die im Januar begonnen hatte, allmählich ab. Doch schon im Frühherbst kündigten sich neue Konflikte an. Am 20. September legten in Moskau die Drucker die Arbeit nieder, und Anfang Oktober rief die Gewerkschaft der Eisenbahner zum Generalstreik auf. Am 10. Oktober verkehrte kein Zug mehr von und nach Moskau. Die Eisenbahner in Sankt Petersburg schlossen sich dem Ausstand an. Nach kurzer Zeit schnellten die Preise für Lebensmittel in Moskau und in Sankt Petersburg in die Höhe. In Moskau konnten Verstorbene nicht mehr beigesetzt werden.[24]

Das war die Lage, als Vitte am 9. Oktober von Nikolaus II. empfangen wurde. Zur Vorbereitung des Gesprächs mit dem Zaren hatte Vitte durch Vladimir Dmitrjevič Kuzmin-Karavaev, einen rechtsliberalen Exponenten der *Zemstvo*-Bewegung, eine Denkschrift anfertigen lassen, in der ausgehend von grundlegenden staatsphilosophischen Erörterungen ein umfassendes Regierungsprogramm niedergelegt war.[25] Während der Audienz trug Vitte dem Zaren eine verkürzte Fassung der Denkschrift vor. Als Ausgangspunkt der Argumentation erscheint der Satz im zweiten Absatz des Vortrags: „Das denkende Russland ist den bestehenden Strukturen entwachsen". Die „äußeren Formen des russischen Lebens" müssten den Vorstellungen, von denen die vernünftige Mehrheit der Gesellschaft erfüllt sei, angeglichen werden.[26] Eingehend legte Vitte dar, dass die notwendige Umgestaltung des Landes nur im Zuge eines umfassenden Reformwerks erfolgen könne. Sie erfordere „Mühe, Festigkeit und Umsicht", vor allem aber „Zeit".[27] Nikolaus hörte Vitte an, ohne sich zu äußern, bat ihn jedoch für den folgenden Tag erneut zu sich.[28]

Die Denkschrift, die Vittes Vortrag zugrundegelegen hatte, setzt ein mit der Feststellung, die „Losung, die der gegenwärtigen gesellschaftlichen Bewegung in Russland zugrundeliege", sei „Freiheit".²⁹ Die Wurzeln der Freiheitsbewegung lägen „in der Tiefe der Jahrhunderte" und letztlich „in der Natur jedes Menschen".³⁰ Mit dieser ins Grundsätzliche ausgreifenden Einleitung wollte Vitte dem Zaren offensichtlich klarmachen, dass die Bewegung nicht aufzuhalten und dass es deshalb dringend geboten sei, die notwendigen Reformen nicht länger hinauszuzögern. Bis jetzt hätten sich die von der Opposition vorgebrachten Forderungen noch im Bereich des „Durchführbaren und Vernünftigen" gehalten. Inzwischen jedoch seien die „bösen Vorzeichen eines schrecklichen und stürmischen Ausbruchs mit jedem Tag stärker zu spüren". Die Regierung verliere in breiten Schichten der Gesellschaft an Unterstützung, und die Staatsgewalt offenbare Tag für Tag ihre „Schwäche, Inkompetenz und Hilflosigkeit". Die Einrichtung der beratenden Duma am 6. August habe kaum Wirkung gezeigt. So bleibe dem Zaren keine andere Wahl, als sich selbst an die Spitze der Bewegung zu setzen: „Eine Regierung, die das Geschehen nicht lenkt, sondern selbst davon gelenkt wird, führt den Staat in den Untergang".³¹ Sobald sie jedoch die Führung an sich reiße, werde die Regierung die verlorengegangene Unterstützung der Gesellschaft zurückgewinnen und damit die Möglichkeit, die Bewegung zu kontrollieren. Hatte Vitte zu Beginn seiner Ausführungen gesagt, die Losung der gegenwärtigen gesellschaftlichen Bewegung sei Freiheit, so gelangt er jetzt folgerichtig zu der Forderung, Freiheit zur Losung auch der Regierungspolitik zu machen. Dazu aber bedürfe es der Einführung einer Verfassung (*konstitucija*). „Einen anderen Ausweg zur Rettung des Staates" gebe es nicht. Der historische Fortschritt sei unaufhaltsam. „Die Idee der bürgerlichen Freiheit" werde sich auf jeden Fall durchsetzen, „wenn nicht auf dem Wege der Reformen, dann auf dem Wege der Revolution".³² Eine Revolution in Russland aber, so fuhr Vitte prophetisch fort, würde apokalyptische Ausmaße annehmen und „ohne Verstand und ohne Erbarmen alles in Asche legen". In welcher Gestalt Russland aber aus einer solchen Prüfung hervorgehen würde, übersteige alle Vorstellungskraft; „die Schrecken der russischen Revolution" könnten „alles übertreffen", was es bisher „in der Geschichte gegeben" habe.³³ Umso dringlicher sei es, die aktuelle Krise durch eine entschlossene Reformpolitik zu überwinden. Vitte hatte dafür ein Programm entworfen mit dem ausdrücklichen Ziel, „das Vaterland zu retten" (*spasti otečestvo*).³⁴

In seinen Erinnerungen gibt Vitte eine Aufzeichnung des Fürsten Nikolaj Dmitrjevič Obolenskij vom Sommer 1906 wieder, in der dieser über die dramatischen Ereignisse des Oktobers 1905 berichtet. Nach Obolenskijs Darstellung hatte Vitte dem Zaren während der Unterredung vom 9. Oktober erklärt, es gebe nur zwei Lösungen für die Krise. Die eine bestehe darin, dass er einer vertrauenswürdigen Persönlichkeit „unbegrenzte diktatorische Vollmacht" (*neograničennaja diktatorskaja vlast'*) erteile und sie ermächtige, jeden Widerstand mit Gewalt zu brechen, und zwar „auch um den Preis massenhaften Blutvergießens", eine Politik, für die er, Vitte, allerdings nicht zur Verfügung stehe. Die andere Lösung gehe dahin, „der öffentlichen Meinung nachzugeben" und den „konstitutionellen Weg einzuschlagen": „Mit anderen Worten, Ihre Hoheit entscheidet sich für den Oktroi einer Verfassung (*darovanie konstitucii*) und bestätigt das von Graf Vitte erarbeitete Programm".[35]

Die Verfassung, die Vitte vorschwebte, sah eine Staatsduma vor, die nicht wie die Bulyginsche Duma lediglich beratend, sondern beschließend an der Gesetzgebung mitwirkte. Außerdem sollte sie das Budgetrecht besitzen und die öffentliche Verwaltung kontrollieren. Vitte suchte die Widerstände des Zaren gegen die Einführung einer Verfassung durch die Versicherung zu überwinden, auch die Ausstattung der Duma mit beschließender Stimme werde die Herrschaftsgewalt des Zaren nicht einschränken, da er das absolute Veto behalte, so dass ohne seine Sanktion kein Beschluss des Gremiums Rechtskraft erlange.[36] Dringend empfahl Vitte eine Reform des Wahlrechts. Das im August für die beratende Duma eingeführte Wahlrecht habe ein „künstliches System der Repräsentation" geschaffen und durch den hohen Zensus und andere Bestimmungen ganze Kategorien von Bürgern von den Wahlen zur Duma ausgeschlossen.[37]

Vom Oktroi einer Verfassung versprach Vitte sich die Wiederherstellung des verlorengegangenen Vertrauens in den Zaren und dadurch die Erneuerung der monarchischen Legitimität. Zu Vittes Programm der Staatsreform gehörte auch die Schaffung eines Kabinetts unter dem Vorsitz eines verantwortlichen Ministerpräsidenten mit dem ausschließlichen Vortragsrecht beim Monarchen. Bisher hatte jeder Minister seine eigene Politik verfolgen und den Zaren dabei nicht selten zu widersprüchlichen Aktionen verleiten können.[38]

Welche Schritte das Land am sichersten aus der Krise führen könnten, darüber gingen die Auffassungen innerhalb der Regierung weit auseinander. Während Vitte den Zaren dafür zu gewinnen suchte, die öffentliche Erregung durch ein Verfassungsversprechen zu besänftigen, erließ der stellvertretende Innenminister General Dmitrij Fedorovič Trepov, zugleich Generalgouverneur von Sankt Petersburg, am 14. Oktober eine Proklamation an die Bevölkerung der Hauptstadt, in der alle Demonstrationen und Umzüge verboten wurden. Für den Fall, dass Personen, die sich auf der Straße oder auf öffentlichen Plätzen versammelt hatten, sich nach entsprechender Aufforderung nicht zerstreuten, seien Polizei und Armee angewiesen, keine Platzpatronen zu verwenden und an Munition nicht zu sparen.[39]

Vittes Versicherung, die Herrschaftsgewalt des Zaren werde durch die Einrichtung einer beschließenden Duma nicht eingeschränkt, solange er über das absolute Veto verfüge, war natürlich nicht korrekt. Zwar konnte der Zar mit seinem Veto jedes einzelne Gesetzesprojekt blockieren, aber wenn die Gesetzgebung nicht gänzlich aufhören sollte, musste er sich damit abfinden, dass er sie künftig nicht mehr allein bestimmen konnte. Was er durch den rechtzeitigen Oktroi jedoch zumindest fürs erste vermeiden würde, war die Usurpation der verfassunggebenden Gewalt durch das Volk.

Am 14. Oktober rief Fürst Orlov aus Peterhof bei Vitte an, um ihm mitzuteilen, dass der Zar ihn am folgenden Tag um 11 Uhr erwarte. Er möge den Entwurf eines Manifests mitbringen, das so abgefasst sei, dass sämtliche darin enthaltenen Zusagen als vom Zaren persönlich gegeben erschienen. In dem Entwurf sollten die von Vitte in seinem Vortrag vom 9. Oktober ausgesprochenen Empfehlungen als „vom Zaren bewilligte Tatsachen" aufgeführt werden.[40] Vitte hätte es aus Gründen der „Vorsicht" lieber gesehen, wenn der Zar sich darauf beschränkt hätte, den Text seines Vortrags zu sanktionieren, statt im eigenen Namen ein Manifest zu erlassen.[41] Er erläutert allerdings nicht näher, welche Bedenken er gegen das Manifest hatte. Es ist jedoch anzunehmen, dass er den Zaren durch die ministerielle Gegenzeichnung von der Verantwortung für den risikoreichen Schritt entlasten wollte. Immerhin war es Zweck des Oktroi, die Opposition zu spalten. Ob die Zugeständnisse weit genug gingen, um dieses Ziel zu erreichen, war nicht sicher. Nachdem schon das Bulyginsche Projekt vom August seinen politischen Zweck verfehlt hatte, konnte der Zar nicht schon wieder einen Misserfolg riskieren. Das scheinen der Zar und seine Umgebung jedoch nicht verstanden zu haben. Der offenkundige Mangel an Verständnis für die Grundlagen des Verfassungsstaats war kein gutes Vorzeichen für das Gelingen des konstitutionellen Systems in Russland.

Vitte bat den zufällig anwesenden Fürsten Aleksis Dmitrjevič Obolenskij, Mitglied des Staatsrats, bis zum nächsten Morgen einen Text zu entwerfen.[42] Ungeachtet seines klaren Auftrags an Vitte spielte der Zar noch am 16. Oktober mit dem Gedanken, auf Konzessionen zu verzichten und die Krise notfalls unter Anwendung von Gewalt durchzukämpfen. Damit hätte er den ersten der beiden von Vitte skizzierten Auswege beschritten. Da Vitte selbst für diesen Weg nicht zur Verfügung stand, hätte er an seiner Stelle, wie Vitte meinte, eine andere Persönlichkeit mit diktatorischen Vollmachten ausstatten und mit der Durchführung des Ausnahmezustands beauftragen müssen. Als Kandidaten für das Amt des Diktators hatte der Zar seinen Vetter, den Großfürsten Nikolaj Nikolaevič, ausersehen. Als der Minister des kaiserlichen Hofes, Baron Vladimir Borisovič Frederiks, dem Großfürsten von dieser Absicht berichtete, soll der einen Revolver aus der Tasche gezogen und ausgerufen haben:

„Du siehst diesen Revolver. Ich gehe jetzt zum Zaren und werde ihn beschwören, das Manifest und das Programm des Grafen Vitte zu unterzeichnen. Entweder unterschreibt er, oder ich schieße mir in seiner Gegenwart aus diesem Revolver eine Kugel in die Stirn".[43]

Vitte war nicht der einzige, den der Zar mit dem Entwurf eines Manifests beauftragte. Seit langem bekannt sind mehrere Entwürfe, die der ehemalige Innenminister Ivan L. Goremykin zusammen mit dem Leiter der Petitionskanzlei, Baron Aleksandr A. Budberg, vorgelegt hatte. Neuerdings ist ein weiterer Entwurf bekannt geworden, den Budberg alleine angefertigt hatte und der Konzessionen vorsah, die weit über das Manifest Vittes hinausgingen. Danach sollte die Duma aus zwei Häusern bestehen. Das Haus der Abgeordneten sollte nach dem allgemeinen Stimmrecht gewählt werden. Die Mitglieder des Oberhauses sollten vom Zaren ernannt werden. Der Vorsitzende des Ministerrats und auf seinen Vorschlag die übrigen Minister sollten ebenfalls vom Zaren ernannt werden. Ausdrücklich war vorgesehen, dass sie gegenüber den beiden Häusern „für den allgemeinen Gang der Staatsleitung" verantwortlich seien.[44] Budbergs Vorschläge zeigen, dass die Situation des Landes selbst in der engsten Umgebung des Zaren als so dramatisch eingeschätzt wurde, dass einige unter seinen Beratern sogar die Einführung der parlamentarischen Regierung für nötig hielten, um die Monarchie zu erhalten.

Der Zar entschied sich für den Entwurf Vittes, zumal Vitte seinen Verbleib in der Regierung davon abhängig gemacht hatte, dass der Souverän seinen Kurs unterstützte. Am 17. Oktober rang sich Nikolaus zur Unterschrift durch. Das Manifest wurde zum Meilenstein in der Geschichte des russischen Konstitutionalismus, vergleichbar den

Verfassungsversprechen Karl Alberts von Sardinien im Februar und Friedrich Wilhelms IV. von Preußen im März 1848. Als Zweck des Oktobermanifests wird „die Verbesserung der staatlichen Ordnung" bezeichnet.[45] In der Präambel werden noch einmal die Alternativen skizziert, welche die Regierung zur Lösung der Krise erkennt: entweder Repression oder Befriedung des Staates (*umirotvorenie gosudarstva*). In der Absicht, die Krise ohne Anwendung von Gewalt zu überwinden, habe er, so verkündet der Zar, der Regierung drei Anweisungen gegeben: erstens, den Bürgern die unerschütterlichen Grundlagen der bürgerlichen Freiheit zu garantieren, nämlich persönliche Unverletzlichkeit sowie Gewissens-, Rede-, Versammlungs- und Vereinsfreiheit; zweitens, auch denjenigen Klassen von Bürgern das Wahlrecht zur Staatsduma zu gewähren, die es zur Zeit noch nicht besitzen; drittens, festzulegen, dass jedes Gesetz der Zustimmung der Staatsduma bedürfe, und sicherzustellen, dass die Abgeordneten der Duma die Möglichkeit haben, die Gesetzmäßigkeit der Verwaltung zu überprüfen.

Das Oktobermanifest setzte dem Absolutismus in Russland ein Ende. Das Reich wurde Verfassungsstaat. Die Vorgeschichte des Manifests und die Umstände seiner Verkündung lassen keinen Zweifel daran, dass der Zar sich zu diesem Schritt entschloss, weil er glaubte, dass er nur dadurch seine verlorene Handlungsfähigkeit zurückgewinnen könne. Er war bereit, auf einen Teil seiner Prärogative zu verzichten und die Macht mit einer Volksvertretung zu teilen, um seine Herrschaft zu sichern. Der Erfolg dieser Politik hing wesentlich davon ab, mit welcher Ernsthaftigkeit der Zar sie verfolgte und ob er nur durch die augenblickliche Ausweglosigkeit oder durch die Einsicht dazu bewogen wurde, dass die gesellschaftliche Entwicklung auch in Russland den Übergang zum Konstitutionalismus verlange. Wie er in seinen Erinnerungen berichtet, hielt Vitte die Monarchie im Oktober 1905 noch aus anderen Gründen für gefährdet:

> „Als ich die Regierung übernahm, erkannte ich klar, dass zwei Dinge erforderlich seien, damit Russland die revolutionäre Krise überstehe und das Haus Romanov nicht erschüttert werde – durch eine Anleihe eine große Summe Geldes zu erlangen, um für einige Jahre aller finanziellen Sorgen enthoben zu sein, und" – nach dem Ende des russisch-japanischen Krieges – „den Hauptteil der Armee aus dem Gebiet jenseits des Baikalsees in den europäischen Teil Russlands zurückzuverlegen".[46]

Die Truppen wurden in der Krise dringend zur Aufrechterhaltung der inneren Sicherheit gebraucht, und von der Verfügbarkeit über flüssige Mittel hing die Handlungsfähigkeit der Regierung ab. Nach zähen Verhandlungen mit einem internationalen Konsortium konnte der Darlehensvertrag über eine Summe von zweieinviertel Milliarden Francs am 3. April 1906 in Paris unterzeichnet werden.[47]

Nikolaus' Tagebuch enthält unter dem Datum des 17. Oktober 1905 nur drei Sätze: „Ich unterschrieb das Manifest um fünf Uhr. Nach einem solchen Tag wurde der Kopf schwer, und die Gedanken gerieten in Verwirrung. Herr, hilf uns, rette Russland und schenke ihm Frieden!".[48] Die Knappheit des Eintrags steht in keinem Verhältnis zur politischen Bedeutung des Vorgangs, aber sie entspricht der Gepflogenheit des Zaren, sich in seinem Tagebuch auf die Registrierung der äußeren Abläufe zu beschränken. Ausführlich äußerte er sich dagegen in den Briefen an seine Mutter, Marija Fedorovna, einer dänischen Prinzessin, Tochter König Christians IX., die in jenen Tagen bei ihrer Familie am Hof von Kopenhagen auf Schloss Amalienborg weilte. Über die Gründe, die ihn dazu bewogen haben, das Oktobermanifest zu unterzeichnen, berichtete Nikolaus Marija Fedorovna in einem Brief vom 19. Oktober.[49]

Der Zar beginnt mit einer Schilderung der Streiks und Unruhen, zuerst in Moskau, dann auch in Sankt Petersburg. Sie hätten dazu geführt, dass die beiden Städte „von den inneren Gubernien" des Landes „abgeschnitten" worden seien. Schon seit einer Woche liege die Baltische Bahnlinie still. Nur auf dem Seeweg sei der Verkehr zwischen Peterhof und der Hauptstadt noch möglich. Als dann „auf Meetings" – *na mitingach*, „ein neues Modewort", wie der Zar in Klammern hinzufügte – ein bewaffneter Aufstand beschlossen worden sei, habe er General Trepov, Generalgouverneur von Sankt Petersburg, angewiesen, die Truppen der Petersburger Garnison in Bereitschaft zu setzen und ihnen zu befehlen, jeden Angriff mit Waffengewalt zurückzuschlagen. Nur durch diese entschiedene Anordnung habe der „Bewegung oder Revolution" (*dviženie ili revoljucija*) Einhalt geboten werden können. Darauf seien „schreckliche Tage der Stille" (*groznye tichie dni*) gefolgt, und man habe ein „Gefühl" verspürt, wie es sich im Sommer „vor einem starken Gewitter" einstelle. Bei allen seien die Nerven bis zum äußersten angespannt gewesen, und „natürlich" könne „eine solche Situation nicht lange durchgehalten werden".[50]

Während dieser schrecklichen Tage habe er sich regelmäßig mit Vitte getroffen. Die Gespräche hätten morgens begonnen und seien erst am Abend bei Einbruch der Dunkelheit zu Ende gegangen. Offenbar war es Vitte angesichts der unmittelbaren Bedrohung, in der sich die Autokratie befand, gelungen, den Zaren von der Unausweichlichkeit der vorgeschlagenen Maßnahmen zu überzeugen, denn Nikolaus fährt fort, zwei Wege hätten sich gezeigt. Der erste Weg hätte darin bestanden, „einen energischen Militär zu ernennen und mit allen verfügbaren Kräften zu versuchen, den Aufstand zu unterdrücken". Damit jedoch hätte sich die Ruhe nur für eine gewisse Zeit wiederherstellen lassen; es wären „Ströme von Blut" geflossen, und die dringend nötigen Reformen wären nicht in Angriff genommen worden. Das wäre der von Vitte bereits in seinem Memorandum vom 9. Oktober als Alternative skizzierte, aber von ihm nicht befürwortete Rückgriff auf die Diktatur gewesen. Der zweite und tatsächlich eingeschlagene Weg dagegen sei die Gewährung „bürgerlicher Rechte" (*graždanskich prav*) an die Bevölkerung – „Redefreiheit, Pressefreit, Versammlungs- und Vereinsfreiheit und die Unverletzlichkeit der Person"; außerdem die Verpflichtung, jedes Gesetzesvorhaben vor die Staatsduma zu bringen. Das aber sei das Wesen einer „Verfassung" (*konstitucija*).[51] Vitte habe diesen Kurs leidenschaftlich verteidigt und gesagt, er sei zwar riskant, im gegenwärtigen Augenblick jedoch der einzig mögliche. In seiner Darstellung fährt Nikolaus fort, fast alle, die er gefragt habe, seien derselben Ansicht.[52]

Wie der Zar seiner Mutter weiter berichtete, verschränkte sich die Suche nach einem Ausweg aus der Krise mit der Frage nach dem Verhältnis zwischen dem Zaren und seinem ersten Minister und damit nach den Voraussetzungen für eine effiziente Regierungsführung. Vittes Stellung seit 1903 war, wie beschrieben, die eines „Vorsitzenden des Ministerkomitees". Das Ministerkomitee war kein Kabinett. Daher war die Handlungsfähigkeit des Vorsitzenden beschränkt. Jeder Minister verfügte, wie bereits dargelegt, über einen persönlichen Zugang zum Monarchen. Unter diesen Umständen war weder Kabinettsdisziplin zu erreichen, noch besaß der Vorsitzende den erforderlichen Rückhalt, um seine politischen Vorstellungen beim Zaren durchzusetzen. Der Verfassungsstaat verlangte jedoch die Geschlossenheit der Regierung. Daher hatte bereits Graf Sol'sky im August im Namen einer von ihm geleiteten Spezialkonferenz zur Einführung der beratenden Duma die Umwandlung des Ministerkomitees in ein Kabinett empfohlen. Damit verbunden würde die Schaffung des Amts eines Premierministers, der künftig statt des Zaren den Vorsitz führen würde.[53] Die Umwandlung erfolgte durch Allerhöchste Verordnung vom 19. Oktober. Artikel 3 bestimmte, dass der Ministerrat (*Sovet ministrov*) unter dem Vorsitz einer vom Monarchen aus dem Kreise der Minister oder von außerhalb berufenen Persönlichkeit tage.[54] Von nun an trat das Kabinett dem Zaren als eigenständige Institution gegenüber. Am 18. Oktober, einen Tag nach Unterzeichnung des Oktobermanifests, ernannte der Zar Graf Vitte zum ersten Ministerpräsidenten in der Geschichte Russlands.[55]

Vitte hatte dem Zaren zu verstehen gegeben, dass er dieses Amt nur übernehmen könne, wenn der Zar seinem Programm zustimme und sich nicht in seine Regierungsführung einmische.[56] Es spricht für den Ernst der Lage, dass der Zar diese Bedingung akzeptierte.

Der Brief des Zaren an seine Mutter ist ein einzigartiges Dokument. Für keinen anderen Oktroi ist eine ähnlich persönliche Aussage des verfassungsstiftenden Herrschers über seine Entschlussbildung überliefert. Manche Formulierungen vermitteln den Eindruck, als wolle Nikolaus sein Handeln vor seiner Mutter rechtfertigen, so gleich am Anfang, wo er schreibt, er wisse nicht, wie er den Brief beginnen solle.[57] Immerhin war sie die Witwe Alexanders III., und der war ein entschiedener und harter Verteidiger der Autokratie gewesen. Gegen den Eindruck spricht, dass Marija Fedorovna Vitte, der Nikolaus zur Unterzeichnung des Oktobermanifests gedrängt hatte, in einem Brief an den Zaren vom 16. Oktober für den „einzigen Menschen" erklärt hatte, „der Dir helfen und nützlich sein kann" – *un homme génial energique et qui voit clair*.[58] Auch findet sich in ihren folgenden Briefen keinerlei Kritik an der Entscheidung ihres Sohnes. Im Gegenteil: Am 1. November versicherte sie ihm, er hätte gar nicht anders handeln können.[59] Daher darf man die Hilflosigkeit, die aus der Schilderung des Zaren spricht, tatsächlich für echt halten. Letztlich, so stellte Nikolaus sein Handeln dar, unterzeichnete er das Manifest nur deshalb, weil er niemanden gefunden hatte, der ihm einen anderen Ausweg aus der schweren Krise der Autokratie aufgezeigt und ihm von der Unterzeichnung des Manifests abgeraten hätte. Dagegen fehlte ihm offensichtlich jegliches Verständnis für die Entwicklung der auf dem Wege der Industrialisierung stürmisch fortschreitenden Gesellschaft. In dem Bericht findet sich auch kein Hinweis auf das politische Kalkül, das dem Manifest zugrundelag, dass es nämlich vor allen Dingen darum ging, das Vertrauen der monarchisch gesinnten Bürger wiederherzustellen. Die Gewährung von Grundrechten und die Beteiligung der Staatsduma an der Gesetzgebung verband der Zar offensichtlich nicht mit der Vision einer freien und rechtsstaatlichen Ordnung. Er versuchte erst gar nicht zu verschleiern, dass er ohne entschiedenen eigenen Willen ausschließlich unter dem Zwang der Umstände gehandelt hatte. Das aber legt die Frage nahe, wie entschlossen er war, nach ihrer Einführung auch an der Verfassung festzuhalten.

Das Oktobermanifest war nur ein Versprechen. Der Regierung oblag es nun, die Zusagen in eine Verfassung umzusetzen. Die Ausarbeitung zog sich bis ins Frühjahr 1906 hin. Erst am 23. April setzte der Zar sie unter der Bezeichnung „Staatsgrundgesetze" (*Osnovnye Gosudarstvennye*

Zakony) in Kraft. Damit knüpfte er an den Namen der in der von Michail Speranskij besorgten russischen Gesetzeskodifikation von 1832 enthaltenen „Staatsgrundgesetze" an. Der Begriff *konstitucija*, der Assoziationen mit dem revolutionären Gedankengut des Westens hervorgerufen hätte, wurde bewusst vermieden. Zugleich sollte die Anknüpfung an bestehende Rechtstraditionen dem Eindruck entgegenwirken, als habe der Zar sich zu unerhörten Neuerungen hinreißen lassen. Schon durch ihren Namen glich das neue russische Staatsgrundgesetz somit der *Charte constitutionnelle* von 1814, die von Ludwig XVIII. in die Tradition der mittelalterlichen Privilegien eingeordnet worden war.

Zur Umsetzung der im Oktobermanifest enthaltenen Versprechungen gehörte auch die Erarbeitung eines Wahlgesetzes, das den dort angegebenen Kriterien entsprach. Da der Ministerrat sich nicht auf einen Entwurf einigen konnte, schlug Vitte dem Zaren am 30. November vor, das Kabinett, Mitglieder des Staatsrats und andere Persönlichkeiten des öffentlichen Lebens zu Beratungen nach Carskoe Selo einzuladen.[60] Nach der Konferenz auf Schloß Peterhof im Juli über das Bulyginsche Reformprojekt war es bereits das zweite Mal in diesem Jahr, dass Nikolaus die obersten Repräsentanten des Staates um sich versammelte.[61] Zwei weitere Beratungsperioden sollten folgen, die erste im Februar, die zweite im April. Unterdessen zeigte sich, dass Vittes Hoffnungen auf zügige Entspannung der innenpolitischen Lage sich nur teilweise erfüllten. Am 27. Oktober schrieb Nikolaus seiner Mutter, Vitte habe nicht damit gerechnet, dass er solche Schwierigkeiten haben werde. Es sei schon seltsam, dass ein „so kluger Mann" sich in seinem Vertrauen auf „schnelle Beruhigung" getäuscht habe.[62] Umso dringlicher war die zügige Verabschiedung eines liberalen Wahlgesetzes. Die geheimen Beratungen in Carskoe Selo begannen am 5. Dezember unter dem Vorsitz des Zaren.[63] Grundlage der Beratungen waren zwei alternative Entwürfe. Der eine Entwurf, in den Protokollen Projekt Nr. 1 genannt, war vom Ministerrat verabschiedet worden und stellte eine Fortentwicklung der Bulyginschen Wahlordnung dar, indem das Wahlrecht auf weitere soziale Kategorien ausgedehnt werden sollte. Je nachdem, welcher Kategorie ein Bürger zugeordnet wurde, besaß seine Stimme größeres oder geringeres Gewicht. Der andere Entwurf, in den Protokollen als Projekt Nr. 2 bezeichnet, stammte von zwei angesehenen Persönlichkeiten des öffentlichen Lebens, die kein Regierungsamt innehatten, von Aleksandr Ivanovič Gučkov, Sohn eines Moskauer Industriellen und Mitglied des dortigen Stadtrats, und von Dmitrij Nikolaevič Šipov, einem Exponenten des *Zemstvo*-Liberalismus. Der Ministerrat hatte sie aufgefordert, eine Wahlordnung auszuarbeiten, die auf dem Grundsatz des allgemeinen Wahlrechts beruhte.

In Carskoe Selo sprachen Šipov und Gučkov als erste und verteidigten ihren Entwurf. Šipov erinnerte zunächst daran, dass Russland sich in einer schweren Krise befinde. „Zwischen der Regierung und der Gesellschaft" sei eine „Kluft" (*propast'*) aufgebrochen, die dringend geschlossen werden müsse. Mit dem Oktobermanifest seien zwar die Grundlagen für die Befriedung des Landes gelegt worden. Jetzt aber komme es darauf an, so schnell wie möglich ein Wahlgesetz zu veröffentlichen und das Datum für die Einberufung der Staatsduma festzulegen. Die Duma müsse so zusammengesetzt werden, dass sie „das Vertrauen (*doverie*) aller wohlmeinenden Untertanen Eurer kaiserlichen Majestät" gewinne.[64] In dieser Hinsicht sei das Wahlgesetz vom 6. August unzulänglich geblieben. Es habe nur die wohlhabenden Klassen berücksichtigt und daher in der Gesellschaft nicht die erforderliche Zustimmung (*sočuvstvie*) gefunden. Dagegen habe das Gesetz es den extremistischen Parteien ermöglicht, die „revolutionäre Bewegung unter den Massen" zu stärken. Durch die Duma müsse nun versucht werden, die Bürger wieder an den Staat zu binden. Sie werde jedoch nur unter der Voraussetzung einen konservativen Kurs einschlagen, dass das gesamte russische Volk und nicht nur einzelne Volksklassen das Wahlrecht erhielten.[65] Wie weit die im August beschlossene Wahlordnung von diesem Ziel entfernt geblieben sei, rechnete der nächste Redner, Gučkov, vor. Danach waren in Moskau 8.200 Personen zu den Dumawahlen zugelassen. Nach allgemeinem Wahlrecht dagegen wären es nicht weniger als 300.000 gewesen.[66]

Wenn Šipov erklärte, zwischen Regierung und Gesellschaft klaffe ein Abgrund, dann meinte er mit Regierung selbstverständlich nicht in erster Linie den Ministerrat, den man leicht hätte austauschen können, sondern die Monarchie und nach ihr den gesamten Staatsapparat. Im Grunde handelte es sich um die Kluft zwischen einer Gesellschaft, die über keine nennenswerten Rechte politischer Partizipation verfügte, und einem Staat, der von ihr abgetrennt wie ein fremder Eroberer über sie herrschte. Mit dieser Diagnose der Lage suchte Šipov nicht nur die revolutionären Umtriebe im Lande zu erklären, sondern auch einen Ausweg aus der Krise aufzuzeigen. Der Abgrund müsse geschlossen werden. Das erschien nur möglich durch Schaffung einer von allen Kreisen der Gesellschaft gewählten Nationalrepräsentation. Nach Šipovs Überzeugung konnte die Monarchie nur auf der Grundlage eines demokratischen Wahlrechts wieder Rückhalt in der Gesellschaft gewinnen.⁶⁷ Die in diesem Zusammenhang gebrauchten Begriffe Vertrauen und Zustimmung hatten von Anfang an zum Restaurationsdiskurs gehört. Vertrauen und Zustimmung sind nur andere Ausdrücke für Legitimität, und ohne Legitimität konnte kein Regime auf Dauer bestehen. Die Ausdehnung des Wahlrechts auf alle Schichten der Bevölkerung erschien somit als Mittel zur Wiederherstellung der verloren gegangenen monarchischen Legitimität und in der tiefen Krise, in der sich das Land befand, als das wichtigste Instrument der Restauration der monarchischen Autorität in Russland. Allein der Umstand, dass der Autokrat Nikolaus die führenden Repräsentanten des Staates zu außerordentlichen Beratungen über das Wahlrecht zur Duma nach Carskoe Selo einlud, zeigt, welch zentrale Bedeutung bei Hofe der Mitwirkung der Bevölkerung an der politischen Willensbildung beigemessen wurde.

Wie Šipov sprach sich auch Gučkov für ein demokratisches Wahlrecht aus: „Meiner Meinung nach ist die Gewährung des allgemeinen Wahlrechts (*vseobščee izbiratel'noe pravo*) unausweichlich", und wenn es jetzt nicht freiwillig gewährt werde, dann werde es in der nächsten Zukunft von der revolutionären Bewegung erzwungen.⁶⁸ Übereinstimmung scheint darüber geherrscht zu haben, dass man versuchen müsse, die Duma so zu organisieren und zusammenzusetzen, dass sie die Aufrechterhaltung der Monarchie und des Staates gewährleiste. Baron Pavel Leopol'dovič Korf war sich sicher, dass die breite Masse des Volkes konservativ wählen werde, und Šipov pflichtete ihm bei: „Wenn das allgemeine Wahlrecht eingeführt wird, werden unsere Kandidaten gewählt, wenn nicht, [...] unsere Gegner".⁶⁹ Auch Vitte, der sich ursprünglich für das Projekt Nr. 1 eingesetzt hatte, trat jetzt für das allgemeine Wahlrecht ein. Er begründete dieses Votum mit der Überlegung, dass die revolutionäre Gärung (*smuta*) unter allen Umständen überwunden werden müsse. Mit Gewalt sei das nicht möglich. Dazu reichten die Truppen nicht aus. Daher bleibe nichts anderes übrig, als den „Weg der moralischen Beruhigung zu beschreiten". Das Wahlrecht müsse „die gesamte Bevölkerung, das ganze Volk," zufriedenstellen und „nicht diese, eine zweite oder eine dritte Kategorie je für sich".⁷⁰ Fürst Aleksis Dmitrjevič Obolenskij schlug einen Kompromiss zwischen den beiden Projekten vor. Man solle am allgemeinen Wahlrecht festhalten, aber den einzelnen Wählern dadurch unterschiedliches Gewicht zumessen, dass sie ihre Stimme innerhalb einer von insgesamt drei Kategorien abgaben: Bauern, Landbesitzer und schließlich alle, die weder Bauern noch Landbesitzer seien, das heißt im wesentlichen die städtische Bevölkerung.⁷¹ Um ein Gegengewicht gegen die gewählte Kammer zu schaffen, empfahl Vitte, ähnlich wie Budberg es in seinem Entwurf für das Oktobermanifest vorgesehen hatte, ihr den Staatsrat als erste Kammer zur Seite zu stellen.[72] In der Debatte bestand kein Zweifel an der kritischen Lage des Landes. „Gegenwärtig erlebt Russland eine Revolution", erklärte Vitte.[73] Den Forderungen der Revolutionäre müsse man durch kluge Politik zuvorkommen. Deswegen, so Šipov, komme es darauf an, die Missstände zu beseitigen, die sich als ein „geeigneter Nährboden" für die revolutionäre Propaganda erwiesen hätten.[74] Baron Korf war zuversichtlich, dass die Einberufung der Staatsduma der Revolution ein Ende setzen werde.[75]

Die Überwindung der Krise, in die Russland geraten war, und die Wiederherstellung der monarchischen Autorität bildeten das leitende Motiv in allen Beiträgen. Am zweiten Tag der Beratungen, am 7. Dezember, beendete der Zar die Diskussion über die beiden Projekte und erklärte, dass nur das erste in Frage komme. Er habe im Verlauf der beiden Sitzungen geschwankt. „Aber seit heute morgen ist mir klar geworden, dass das erste Projekt für Russland besser, gefahrloser und richtiger ist. Beim zweiten Projekt sagt mir mein Gefühl, dass man es nicht annehmen kann. Man kann nicht mit zu großen Schritten voranschreiten. Gewährt man heute das allgemeine Stimmrecht, ist es nicht mehr weit zur demokratischen Republik. Das wäre unvernünftig und ein Verbrechen. Das erste Projekt gibt mehr Garantien für die Verwirklichung der Reformen, die im Manifest vom 17. Oktober verkündet worden sind".[76] Mehr Garantien für die Reformen, das hieß: größere Sicherheit, dass die Krise auf dem Wege der in Aussicht gestellten Reformen überwunden und dass die Monarchie gestärkt daraus hervorgehen werde. Oder anders ausgedrückt: Der Zar hielt die Einführung des allgemeinen Stimmrechts für eine so weitgehende Konzession, dass ihr restaurativer Zweck, die Aufrechterhaltung der monarchischen Prärogative, gar nicht mehr erreichbar gewesen wäre. Daher seine Behauptung, auf diesem Wege sei es nicht mehr weit zur demokratischen Republik. Eine Verbindung des monarchischen Prinzips mit dem allgemeinen Stimmrecht, wie sie zur gleichen Zeit im Deutschen Reich bestand, konnte er sich für Russland nicht vorstellen.

Durch Dekret vom 11. Dezember 1905 wurde das neue Wahlrecht verkündet. Wie Andrew M. Verner hervorhebt, war es weder allgemein noch gleich noch direkt, aber es gewährte einem größeren Kreis von Personen Zugang zu den Wahlen als die Wahlordnung vom 6. August.[77] Die Bevölkerung wurde in vier Wählergruppen eingeteilt – Landbesitzer, Bauern, Stadtbewohner und Arbeiter. Die Wahlberechtigten wählten Wahlmänner und diese die Abgeordneten. Die Ungleichheit des Wahlrechts drückte sich in der Bestimmung aus, dass je 2.000 Landbesitzer, 4.000 Stadtbewohner, 30.000 Bauern und 90.000 Arbeiter jeweils einen Wahlmann wählten. Frauen, Landarbeiter, Dienstboten und Tagelöhner erhielten kein Wahlrecht.[78]

Die Erweiterung des Wahlrechts verlangte eine Reform des Staatsrats. Bisher ein Gremium zur Beratung des Zaren und seiner Regierung, sollte er jetzt in ein Oberhaus umgewandelt werden. Die Hälfte seiner Mitglieder sollte künftig durch Wahlen bestellt werden. Zur Beratung der Reform des Staatsrats fand am 14. und 16. Februar 1906 in Carskoe Selo eine weitere außerordentliche Konferenz statt. Auf Anordnung des Zaren hatte Graf Sol'skij eine Vorlage angefertigt.[79] Gleich zu Beginn der ersten Zusammenkunft stellte Graf Ignat'ev fest, dass die Umwandlung des Staatsrats in eine Erste Kammer (*verchnjaja palata*) ein „entscheidender Schritt zum konstitutionellen System" sei. Vitte bestätigte dieses Urteil indirekt durch den Hinweis, dass die Erste Kammer ein Gegengewicht zur Zweiten Kammer bilden solle. „Nur eine Erste Kammer" könne „vor der Unberechenbarkeit der Zweiten Kammer retten". Sie sei unabdingbar, „um die konservative Struktur des Staates zu gewährleisten". Die Erste Kammer diene der „Abwehr aller extremen Ansichten", die sich in der Zweiten Kammer durchsetzen könnten. Ihre Funktion sei die eines „Puffers" zwischen der Zweiten Kammer und dem Monarchen. Um diese Funktion erfüllen zu können, müsse sie aus „möglichst konservativen Elementen" zusammengesetzt werden. Daher sei vorgesehen, dass unter den 36 gewählten Mitgliedern achtzehn aus dem Adel, sechs aus dem orthodoxen Klerus und zwölf aus der Industrie stammten.[80] In der am 23. April 1906 verabschiedeten Verfassung wurde die Zahl der Mitglieder des Staatsrats offen gelassen, Artikel 58 bestimmte jedoch, dass die Zahl der vom Zaren ernannten Mitglieder die Zahl der gewählten Mitglieder nicht übersteigen dürfe.[81] In der Verfassung wird das Organ zwar nach wie vor Staatsrat genannt, aber zugleich wird seine Funktion als Erste Kammer unzweideutig festgelegt. Dementsprechend heißt es in Artikel 64, Staatsrat und Staatsduma verfügten in der Gesetzgebung über dieselben Rechte, und Artikel 7 bestimmte, dass der Zar die gesetzgebende Gewalt gemeinsam mit dem Staatsrat und der Staatsduma ausübe.[82]

Unter dem Gesichtspunkt der Restaurationsfunktion der Staatsgrundgesetze verdient der vierte Artikel besondere Aufmerksamkeit. Nach Satz 1 des Artikels besaß der Zar die „oberste selbstherrliche Gewalt" (*verchovnaja samoderžavnaja vlast'*). In den Staatsgrundgesetzen von 1832 war die Gewalt des Zaren noch als „selbstherrlich" und „unbegrenzt" (*neograničennaja*) bezeichnet worden. Von einer unbegrenzten Gewalt konnte nicht länger gesprochen werden, wenn der Zar nach der Verfassung in der Gesetzgebung auf die Mitwirkung von Staatsrat und Duma angewiesen war. Den Titel „Selbstherrscher" (*samoderžec*) dagegen machte ihm niemand streitig. Er bezeichnete nach seinem Ursprung den Inhaber der obersten Gewalt und entsprach insofern dem westlichen Begriff des Souveräns. Wenn der Zar an der Selbstherrschaft festhielt, dann vertrat er dieselbe Rechtsauffassung wie Ludwig XVIII. und alle anderen Monarchen, die Verfassungen oktroyiert hatten. Sie hatten allesamt unverrückt an der Lesart festgehalten, dass sie auch im Verfassungsstaat im Vollbesitz der Staatsgewalt geblieben seien. Als Nikolaus II. während der Verfassungsberatungen in Carskoe Selo bei der Behandlung des vierten Artikels jedoch Zweifel äußerte, ob er zugestehen dürfe, dass seine Gewalt nicht länger unbegrenzt sei, erklärte Vitte ihm trocken, über eine unbegrenzte Gewalt verfüge allein der türkische Sultan.[83]

Die Episode wirft ein Schlaglicht auf den Mangel an Konzessionsbereitschaft bei Hofe. Die Krise vom Oktober 1905 schien vergessen. Im neugeschaffenen Verfassungsstaat standen Duma und Regierung einander von Anfang an feindselig gegenüber. Der Konfliktkurs gipfelte bereits am 8. Juli 1906 in der vorzeitigen Auflösung der Duma. Die zweite Duma, die sich im Februar 1907 konstituierte, wurde schon im Juni desselben Jahres wieder aufgelöst. Gleichzeitig oktroyierte der Zar, gestützt auf den Notverordnungsparagraphen der Verfassung, ein neues Wahlgesetz, dank dessen die Vertreter von Adel und Bürgertum im Parlament die Oberhand gewannen. Unter diesen Umständen bestand keine Aussicht, immer breitere Schichten der Bevölkerung politisch in den Staat zu integrieren. Die Monarchie konnte ihre Legitimität immer weniger auf einen gesellschaftlichen Konsens stützen. Die Restauration der Monarchie von 1906 hatte, um mit Max Weber zu sprechen, lediglich einen „Scheinkonstitutionalismus" hervorgebracht.[84]

Schluss

Der Durchbruch des demokratischen Verfassungsstaats in Nordamerika und Frankreich war ein Erfolg der neuzeitlichen Revolution. Demgegenüber wird die Restauration nach dem Sturz Napoleons oft als der vergebliche Versuch angesehen, Ideale des *Ancien régime* in das 19. Jahrhundert hinüberzuretten. Immerhin wird eine ganze Epoche der europäischen Geschichte nach diesem Versuch benannt. Die Epoche soll in Frankreich bis zur Julirevolution von 1830, in Deutschland und Italien bis zu den Revolutionen von 1848 gedauert haben.

Dieses Verständnis von Restauration birgt erhebliche Schwierigkeiten. Fraglich erscheint schon, ob die Restauration sich als einheitliche Epoche in der Geschichte Europas begreifen lässt. Zu verschieden waren die Ausgangsbedingungen in den einzelnen Staaten. In Frankreich hatte in der Revolution die Nation selbst die Monarchie abgeschafft. In Italien und in Spanien dagegen waren die Dynastien ohne Mitwirkung der Untertanen von Napoleon abgesetzt worden. In Deutschland schließlich war die Entthronung von Fürsten durch den Kaiser der Franzosen die Ausnahme geblieben. Dementsprechend ist auch die Entwicklung nach dem Ende der napoleonischen Herrschaft unterschiedlich verlaufen. Nur in Frankreich setzte die Wiederherstellung der vormaligen Monarchie den Oktroi einer Verfassung voraus. Die übrigen Monarchen, die ihre Throne verloren hatten, kehrten 1814 umstandslos zurück, ohne den Bürgern Konzessionen machen zu müssen. Dementsprechend unterschied sich die französische Restauration von den Restaurationen aller anderen Monarchien. Joseph Maria von Radowitz nannte diese Form der Restauration organisch. Der Historiker steht somit vor der Wahl zwischen zwei Begriffen monarchischer Restauration. Entweder versteht er darunter die Rückkehr entthronter Dynastien nach dem Sturz Napoleons, ohne Rücksicht darauf, in welcher Form sie ihre Regierung wiederaufnahmen, oder die Erneuerung und Befestigung der monarchischen Legitimität durch Konzession einer Verfassung.

Nach seinem organischen Verständnis löst sich der Restaurationsbegriff aus der Fixierung auf die Epoche von 1814 und schließt alle weiteren Verfassungsoktrois im Fortgang des Jahrhunderts ein, die der Konsolidierung der monarchischen Legitimität dienten. Dementsprechend erlebten Polen 1815, Spanien 1834, Preußen, Österreich und die italienischen Staaten 1848 und Russland 1906 ebenfalls monarchische Restaurationen. Restauration wird aus einem Epochenbegriff in der Geschichte Europas zu einem Epochenbegriff in der Geschichte jeder einzelnen Monarchie, und die Durchführung einer Restauration setzt nicht länger voraus, dass die Dynastie zuvor vertrieben und die Monarchie abgeschafft worden war.

Durch den Oktroi einer Verfassung wurde Restauration zu einem Akt, der dem Fortschritt der Freiheit diente. Darin glich sie der Revolution. Gemessen an der Beständigkeit der von ihnen bewirkten Veränderungen waren Restaurationen allerdings erfolgreicher als Revolutionen. Die konstitutionelle Monarchie Frankreichs nach der Verfassung von 1791 wurde schon nach einem Jahr wieder aufgehoben. Die in der Revolution von 1848 von der preußischen Nationalversammlung entworfene Verfassung scheiterte. Dagegen blieb die *Charte constitutionnelle* zunächst 16 Jahre und nach ihrer Revision im Zuge der Julirevolution weitere 18 Jahre in Kraft, und die im Dezember 1848 oktroyierte und 1850 revidierte preußische Verfassung bestand bis zum Ende der Monarchie im Jahre 1918.

Restauration bedeutet nicht Stillstand. Ihre Veränderungsbereitschaft diente primär allerdings nicht der Durchsetzung neuer, sondern der Bewahrung bestehender Werte. Im Unterschied zur Revolution waren die Ziele der Restauration wesentlich defensiv. Sie strebte danach, den Bestand der Monarchie selbst und das monarchische Prinzip gegenüber der Revolution zu behaupten. Aus der Fähigkeit zur „Selbstbehauptung durch Wandel" hat Dieter Langewiesche unlängst die erstaunliche Beharrungskraft der europäischen Monarchien im 19. Jahrhundert erklärt.[1] Wandel setzte die Bereitschaft voraus, sich Ziele der Revolution zu eigen zu machen. Die geschriebene Verfassung war ein zentrales Anliegen schon der amerikanischen Revolution gewesen. Dementsprechend war auch für die Politik der monarchischen Restauration der Oktroi einer Verfassung das wichtigste Instrument. Während Revolutionen sich selbst das Gesetz gaben, reagierten Restaurationen auf die Herausforderungen durch die demokratische Bewegung. Dennoch blieb die Berufung auf das Bewährte stets das stärkste Argument für die Restauration. Daher suchten Restaurationen bei aller Bereitschaft zum Wandel ihr Programm in anerkannte Traditionen einzureihen. Das verraten schon die Begriffe, mit denen die oktroyierten Verfassungen bezeichnet wurden: *Charte constitutionnelle* in Frankreich, *Estatuto real* in Spanien, *Osnovnye Gosudarstvennye Zakony* (Staatsgrundgesetze) in Russland. Mit solchen Begriffen wurden sprachliche Dämme gegen die Revolution errichtet.

Auch wenn die Konstitutionalisierung von Monarchien langfristig nicht durch Revolution, sondern durch Restauration gelang, waren die Restaurationen doch ihrerseits Reaktionen auf den Druck der Revolution, sei es um befürchteten Revolutionen zuvorzukommen, sei es um bereits im Gang befindliche Revolutionen zu entschärfen. Restaurationen folgten nicht politischen Visionen, sondern waren taktische Manöver, mit denen die Souveräne ihren Anspruch auf dynastische Legitimität auch im Zeitalter der demokratischen Revolution zu behaupten suchten. Dementsprechend reichte die Konzessionsbereitschaft der restaurierenden Monarchen auch nur so weit, als dieses taktische Ziel es erforderte. Nicht selten gerieten sie selbst oder ihre Nachfolger in Versuchung, die einmal gemachten Zugeständnisse ganz oder teilweise wieder zurückzunehmen, sobald der unmittelbare revolutionäre Druck nachließ. Kaiser Franz Joseph von Österreich und sämtliche italienischen Fürsten außer dem König von Sardinien haben die im Jahre 1848 gewährten Verfassungen nach der Revolution wieder aufgehoben.

Wäre die Restaurationspolitik überall konsequent durchgeführt worden, gäbe es in Europa bis heute nur Monarchien. Deren Legitimation wäre jedoch, wenn nicht formell, so doch faktisch ebenso uneingeschränkt demokratisch, wie wenn sie sich auf die verfassunggebende Gewalt des Volkes beriefen. Langfristig bewegten sich monarchisches und demokratisches Prinzip aufeinander zu. Sie unterschieden sich lediglich durch den Weg, auf dem sie einen immer höheren Grad an politischer Partizipation ermöglichten. Der Vorteil der Restauration gegenüber der Revolution lag in der Bewahrung der Kontinuität in der Entwicklung des Verfassungsstaats. Die Kontinuität beruhte darauf, dass der Monarch formell im Besitz der Staatsgewalt verblieb, während die Rechte politischer Mitwirkung auf immer weitere Kreise ausgedehnt wurden. Das monarchische Prinzip ermöglichte Konzessionen, ohne die Monarchie in ihrer Substanz zu erschüttern.

Die Ursprünge der Restauration in Europa reichen in die Französische Revolution zurück. Das Memorandum, das Ludwig XVI. in der Nacht vom 20. auf 21. Juni 1791 vor seinem Fluchtversuch in den Tuilerien zurückließ, enthält ein frühes Programm monarchischer Restaurationspolitik. Darin stellt der König „eine Verfassung" in Aussicht, „der er freiwillig zugestimmt habe", eine Verfassung, die garantiere, „dass unsere heilige Religion geachtet werde, dass die Regierung auf sicheren und segensreichen Fundamenten stehe, dass Eigentum und Rechtsstellung eines jeden vor Beeinträchtigungen geschützt seien, dass die Gesetze nicht ungestraft übertreten werden könnten, und dass schließlich die

Freiheit auf sicheren und unerschütterlichen Grundlagen ruhe".[2] Weil die Flucht misslang und der König vor der Zeit nach Paris zurückgeholt wurde, erhielt er keine Gelegenheit, sein Restaurationsprogramm zu verwirklichen. Das blieb vielmehr, über zwei Jahrzehnte später, in wesentlich erweiterter Form seinem Bruder vorbehalten, der 1814 überraschend noch einmal die Chance zur Restauration der monarchischen Legitimität erhielt. In der *Charte constitutionnelle* sind die beiden Seiten der Restaurationspolitik mustergültig verbunden: die Behauptung der monarchischen Souveränität und die Verbeugung vor der Revolution. Durch diese Doppelgesichtigkeit wurde die *Charte* zum Vorbild für das 19. Jahrhundert.

Anmerkungen

Einleitung

1. Jacques-Claude Beugnot, Rapport au Roi, 2.6.1814, in: Archives Nationales Paris 40 AP 7, fol. 114; vgl. *Volker Sellin*, Die geraubte Revolution. Der Sturz Napoleons und die Restauration in Europa, Göttingen 2001, S. 277.
2. Zur Entstehung der *Charte constitutionnelle* vgl. ebd., S. 225–273.
3. *Robert A. Kann*, The Problem of Restoration. A Study in Comparative Political History, Berkeley/Los Angeles 1968; deutschsprachige Ausgabe: Die Restauration als Phänomen in der Geschichte, Graz 1974.
4. *Kann*, Problem (wie Anm. 3), Kapitel 17, S. 349–383: „Restoration That Came Too Late. From the Dissolution of the Holy Roman Empire in 1806 to the Proclamation of the Second German Empire in 1871".
5. *Panajotis Kondylis*, Art. Reaktion, Restauration, in: *Otto Brunner/Werner Conze/ Reinhart Koselleck* (Hg.), Geschichtliche Grundbegriffe. Historisches Lexikon zur politisch-sozialen Sprache in Deutschland, Band 5, Stuttgart 1984, S. 179–230.
6. Ebd., S. 179.
7. *Joseph Maria von Radowitz*, Denkschrift, vorgelesen dem Könige am 4. Februar 1850, in: *Joseph von Radowitz*, Nachgelassene Briefe und Aufzeichnungen zur Geschichte der Jahre 1848–1853, hg. von *Walter Möring*, Stuttgart/Berlin 1922, S. 159f.; vgl. *Kondylis*, Art. Reaktion, Restauration (wie Anm. 5), S. 196.
8. *Radowitz*, Denkschrift (wie Anm. 7), S. 159.
9. Ficquelmont an Metternich, 1.4.1824, in: *Ruggero Moscati* (Hg.), Il Regno delle Due Sicilie e l'Austria. Documenti dal marzo 1821 al novembre 1830, Napoli 1937, Band 2, S. 238f. Vgl. unten, S. 100.
10. *Sellin*, Revolution (wie Anm. 1); *Volker Sellin*, Gewalt und Legitimität. Die europäische Monarchie im Zeitalter der Revolutionen, München 2011.

Frankreich 1814

1. Zur Geschichte des Regimewechsels von 1814 in Frankreich vgl. *Volker Sellin*, Die geraubte Revolution. Der Sturz Napoleons und die Restauration in Europa, Göttingen 2001.
2. Florets Journal, in: *August Fournier*, Der Congress von Châtillon. Die Politik im Kriege von 1814. Eine historische Studie, Wien 1900, Anhang VII, S. 374; vgl. auch: Stadion an Metternich, 8.2.1814, ebd., Anhang V, S. 310; *Sellin*, Revolution (wie Anm. 1), S. 93f.
3. Bassano an Caulaincourt, 5.2.1814, in: *Charles-Tristan, comte de Montholon*, Mémoires pour servir à l'histoire de France sous Napoléon. Notes et Mélanges, Band 2, Paris 1823, S. 323; auch in: *Napoléon Ier*, Correspondance, Band 27, Paris 1869, Nr. 21285, S. 185, Anm. 1.
4. *Sellin*, Revolution (wie Anm. 1), S. 99.
5. Denkschrift Ancillon, Geheimes Staatsarchiv Preußischer Kulturbesitz, I. HA Rep. 92, Nachlass Albrecht, Nr. 56, fol. 95f.

6   Vote autrichien, in: *Fournier*, Congress (wie Anm. 2), Anhang III, S. 287.
7   Castlereagh an Liverpool, 16.2.1814, in: *Charles K. Webster* (Hg.), British Diplomacy 1813–1815. Select Documents Dealing with the Reconstruction of Europe, London 1921, S. 150; Viscount Castlereagh's Answer to the Austrian Queries, 13.2.1814, ebd., S. 155; Antwort Hardenberg, Geheimes Staatsarchiv Preußischer Kulturbesitz, I. HA Rep. 92, Nachlass Albrecht, Nr. 56, fol. 117^r.
8   Conférence tenue à Troyes le 13 février 1814. Questions posées par l'Autriche. Réponse du Cabinet de Russie, in: *F. M. Brunov*, Aperçu des principales transactions du cabinet de Russie sous les règnes de Cathérine II, Paul I et Alexandre I, in: Gody učenija ego imperatorskago naslednika cesareviča Aleksandra Nikolaeviča, Band 2, St. Peterburg 1880 (Sbornik Imperatorskago Russkago Istoričeskago Obščestva, Band 31), S. 377.
9   Castlereagh an Liverpool, 16. 2.1814, in: *Webster* (Hg.), Diplomacy (wie Anm. 7), S. 151.
10   Hardenberg an Friedrich Wilhelm III., 14.2.1814, in: *Fournier*, Congress (wie Anm. 2), Anhang III, S. 291.
11   Gentz an Metternich, 15.2.1814, in: [*Friedrich von Gentz*], Briefe von und an Friedrich von Gentz, hg. von *Friedrich Carl Wittichen* und *Ernst Salzer*, Band 3, Teil 1, München 1913, Nr. 145, S. 243–255; ebenso in: *Clemens von Klinkowström* (Hg.), Aus der alten Registratur der Staatskanzlei. Briefe politischen Inhalts von und an Friedrich von Gentz aus den Jahren 1799–1827, Wien 1870, S. 58–75; vgl. *Sellin*, Revolution (wie Anm. 1), S. 107–110.
12   Gentz an Metternich, 15.2,1814, in: *ders.*, Briefe (wie Anm. 11), Band 3, Teil 1, Nr. 145, S. 247–249.
13   Ebd., S. 250.
14   Ebd., S. 245.
15   Stein an Alexander I., 10.2.1814, in: *Karl Freiherr vom Stein*, Briefe und amtliche Schriften, neu bearbeitet von *Walther Hubatsch*, Band 4, Stuttgart 1963, Nr. 767, S. 515–517.
16   Caulaincourt an Napoléon, 18.1.1814, Archives du Ministère des Affaires Étrangères Paris (MAE), Mémoires et Documents (MD) France, Bd. 668, fol. 119^r.
17   Caulaincourt an Napoléon, 3.3.1814, ebd., fol. 346^r.
18   Déclaration des Puissances Alliées lors de la rupture des négociations de Châtillon, portant confirmation solennelle de leurs Traités, 25.3.1814, in: *Comte d'Angeberg* (Pseudonym für *L. J. B. Chod'zko*) (Hg.), Le congrès de Vienne et les traités de 1815, précédé et suivi des actes diplomatiques qui s'y rattachent, Band 1, Paris 1863, S. 146.
19   Napoléon an Joseph Bonaparte, 8.2.1814, in: *ders.*, Correspondance, Band 27 (wie Anm. 3), Nr. 21210, S. 132.
20   *Sellin*, Revolution (wie Anm. 1), S. 131, 195f.
21   Talleyrand an die Herzogin von Kurland, 21.3.1814, in: [*Charles Maurice de Talleyrand-Périgord, duc de Bénévent*], Correspondance du prince de Talleyrand avec la duchesse de Courlande, in: L'Amateur d'autographes. Revue historique et biographique, Band 1, Paris 1862/63, S. 45.
22   *Charles Maurice de Talleyrand-Périgord, duc de Bénévent*, Mémoires, hg. von *duc de Broglie*, Band 2, Paris 1891, S. 165.
23   Ebd., S. 163f.
24   Le Moniteur universel, 2.4.1814.
25   Vgl. dazu *Erich Angermann*, Ständische Rechtstraditionen in der amerikanischen Unabhängigkeitserklärung, in: Historische Zeitschrift 200 (1965), S. 61–91.

²⁶ Sénatus-consulte portant que Napoléon Bonaparte est déchu du trône, et que le droit d'hérédité établi dans sa famille est aboli, 3.4.1814, in: Bulletin des lois, Serie 5, Band 1, Nr. 3; auch in: Le Moniteur universel, 4.4.1814.
²⁷ Ebd.
²⁸ Acte par lequel le Corps législatif, adhérant à l'acte du Sénat, reconnaît et déclare la déchéance de Napoléon Bonaparte et des membres de sa famille, 3.4.1814, in: Bulletin des lois (wie Anm. 26).
²⁹ *Aimée de Coigny, duchesse de Fleury*, Mémoires, hg. von *Étienne Lamy*, Paris 1906, S. 241.
³⁰ *Talleyrand*, Mémoires (wie Anm. 22), Band 2, S. 155.
³¹ Traité dit de Fontainebleau, 11.4.1814, Art. 3 und 5, in: *Angeberg*, Congrès (wie Anm. 18), Band 1, S. 148f.; zur Geschichte der Abdankung Napoleons vgl. *Sellin*, Revolution (wie Anm. 1), S. 173–194.
³² *Philip Mansel*, Louis XVIII, London 1981, S. 53–55.
³³ Minutes des procès-verbaux du Sénat conservateur, 14.4.1814, Archives nationales Paris, CC 986.
³⁴ Alexander an Ludwig, 5./17.4.1814, in: *A. Polovtsoff* (Hg.), Correspondance diplomatique des ambassadeurs et ministres de Russie en France et de France en Russie avec leurs gouvernements de 1814 à 1830, Band 1, Saint-Pétersbourg 1902, S. 2; auch in: *Brunov*, Aperçu (wie Anm. 8), S. 411f.
³⁵ Zur Entstehung der Erklärung von Saint-Ouen vgl. *Sellin*, Revolution (wie Anm. 1), S. 222f.
³⁶ Déclaration du Roi, Saint-Ouen, 2.5.1814, in: Bulletin des lois, Serie 5, Band 1, Nr. 8, S. 75f.
³⁷ Déclaration des droits de l'homme et du citoyen, 26.8.1789, Art. 3, in: *Jacques Godechot* (Hg.), Les constitutions de la France depuis 1789, Paris 1970, S. 33f.
³⁸ Zur Entstehung der *Charte constitutionnelle* vgl. *Sellin*, Revolution (wie Anm. 1), Kap. 7, S. 225–273; die ältere Arbeit von *Pierre Simon*, L'élaboration de la Charte constitutionnelle de 1814, Paris 1906, ist dadurch überholt.
³⁹ *Volker Sellin*, Die Erfindung des monarchischen Prinzips. Jacques-Claude Beugnots Präambel zur Charte constitutionnelle, in: *Armin Heinen/Dietmar Hüser* (Hg.), Tour de France. Eine historische Rundreise. Festschrift für Rainer Hudemann, Stuttgart 2008, S. 493ff.
⁴⁰ *Sellin*, Revolution (wie Anm. 1), S. 254–257.
⁴¹ Vgl. dazu *Volker Sellin*, Gewalt und Legitimität. Die europäische Monarchie im Zeitalter der Revolutionen, München 2011, insbesondere das Kapitel „Verfassung", S. 171–216.
⁴² Archives du Ministère des Affaires Étrangères, Paris, MD France, Bd. 646 (Fonds Bourbon), fol. 41ᵛ; der Kommentar Ludwigs XVIII. ist nur fragmentarisch erhalten; vgl. dazu *Sellin*, Revolution (wie Anm. 1), S. 218f.

Polen 1815

¹ *Józef Bojasiński*, Rządi tymczasowe w królestwie polskiem. Maj-grudzień 1815 [Provisorische Regierungen im Königreich Polen. Mai–Dezember 1815], Warszawa 1902, S. 9.

2   Ustawa rządowa z dnia 3-go maja 1791 roku [Regierungsgesetz vom 3. Mai 1791], in: *Marceli Handelsman* (Hg.), Konstytucje polskie [Polnische Verfassungen], 1791–1921, Warszawa 1922, S. 1–20.
3   *Marian Kukiel*, Czartoryski and European Unity 1770–1861, Princeton 1955, S. 15.
4   *W. H. Zawadzki*, A Man of Honour. Adam Czartoryski as a Statesman of Russia and Poland 1795–1831, Oxford 1993, S. 7; vgl. *Adam Czartoryski*, Mémoires et correspondance avec l'empereur Alexandre Ier, Band 1, Paris 1887, S. 37.
5   *Czartoryski*, Mémoires (wie Anm. 4), Band 1, S. 76.
6   Ebd., S. 98.
7   Der Brief ist abgedruckt im Anhang von *Nikolaj Karlovič Šil'der*, Imperator Aleksandr Pervyj. Ego žizn' i carstvovanie, Band 1, Sankt Peterburg 1897, S. 280–282.
8   *Marc Raeff*, Michael Speransky. Statesman of Imperial Russia, The Hague 1957, S. 34, Anm. 1.
9   Instructions secrètes à M. de Novosiltzow allant en Angleterre, le 11 septembre 1804, in: *Czartoryski*, Mémoires (wie Anm. 4), Band 2, S. 34.
10 Ebd., S. 28f.
11 Ebd., S. 33.
12 Ebd., S. 35.
13 Ebd., S. 36.
14 *Kukiel*, Czartoryski (wie Anm. 3), S. 76, 79; *Zawadzki*, Man (wie Anm. 4), S. 159.
15 *Adam Czartoryski*, Mémoire sur la nécessité de rétablir la Pologne pour prévenir Bonaparte (5 décembre 1806), in: *ders.*, Mémoires (wie Anm. 4), Band 2, S. 148–158.
16 Ebd., S. 149.
17 Ebd., S. 150.
18 Ebd., S. 154.
19 Ebd., S. 153–157.
20 Text des Statuts in: *Comte d'Angeberg* [Pseudonym für Leonard Jakob Borejko Chodźko] (Hg.), Recueil des Traités, Conventions et Actes Diplomatiques concernant la Pologne 1762–1862, Paris 1862, S. 470–481; die polnische Fassung des Statuts in: *Handelsman* (Hg.). Konstytucje (wie Anm. 2), S. 27–39; *Owen Connelly*, Napoleon's Satellite Kingdoms, New York/London 1965, hat das Großherzogtum Warschau ausgespart, weil es nicht wie die Königreiche Italien, Neapel, Spanien, Holland und Westphalen von einem Mitglied des Hauses Bonaparte regiert wurde: vgl. ebd., S. ix.
21 *George Frédéric de Martens* (Hg.), Nouveau recueil de traités, Band 1 (1808–1814), Göttingen 1817, Traité etc., 15.10.1809, Art. 3, Abs. 4, S. 212.
22 Zit. nach: *Emanuel Halicz*, La question polonaise à Tilsitt, in: Acta Poloniae Historica 12 (1965), S. 62.
23 *Marian Kallas*, Konstytucja Księstwa Warszawskiego. Jej powstanie, systematyka i główne instytucje w związku z normami szczegółowymi i praktyka [Die Verfassung des Herzogtums Warschau. Ihre Entstehung, ihre Systematik und ihre hauptsächlichen Institutionen zusammen mit ausführlichen Normen und ihre Praxis], Toruń 1970, S. 20.
24 *Piotr S. Wandycz*, The Lands of Partitioned Poland, 1795–1918, Seattle/London 1974, S. 3, 43.
25 Proclamation aux Polonais, pour leur annoncer la formation des légions d'Italie, 20.1.1797, in: *Angeberg*, Recueil (wie Anm. 20), S. 423.

²⁶ Proclamation de Jean-Henri Dombrowski et Joseph Wybicki aux Polonais, 3.11.1806, ebd., S. 441.
²⁷ L'empereur au prince Adam Czartoryski, 25.12.1810, in: *Czartoryski*, Mémoires (wie Anm. 4), Band 2, S. 250f.
²⁸ Le prince Adam Czartoryski à l'empereur, 18/30.1.1811, ebd., S. 256.
²⁹ Ebd., S. 258.
³⁰ Ebd., S. 260f.
³¹ L'empereur au prince Adam Czartoryski, 31.1.1811, ebd., S. 272.
³² *Zawadzki*, Man (wie Anm. 4), S. 201.
³³ *Michał Ogiński*, Mémoire du prince Michel-Cléophas Ogiński, ancien grand-trésorier de Lithuanie, adressé à l'empereur Alexandre Ier, sur les intentions de l'empereur Napoléon Ier à l'égard de la Pologne, et sur ce que devrait faire Alexandre Ier à l'égard de la Pologne en général, et de la Lithuanie en particulier, dans le cas d'une guerre entre la Russie et la France, 3./15.5.1811, in: *Angeberg*, Recueil (wie Anm. 20), S. 521–529; deutschsprachige Fassung: Denkschrift, Sr. Maj. dem Kaiser aller Reussen im Mai 1811 zu St. Petersburg eingereicht, in: *Michał Ogiński*, Denkwürdigkeiten über Polen, das Land und seine Bewohner, 3. Teil, Belle-Vue 1845, S. 49–54.
³⁴ *Ogiński*, Mémoire (wie Anm. 33), S. 523.
³⁵ Ebd., S. 525.
³⁶ Ebd., S. 526–528.
³⁷ *Ogiński*, Projet d'oukase sur l'organisation du grand-duché de Lithuanie, 10/22.10.1811, ebd., S. 531f.
³⁸ *Ogiński*, Mémoire (wie Anm. 33), 19.11./1.12.1811, S. 538–540.
³⁹ Réponse verbale de l'Empereur Alexandre Ier, 15.12.1811, ebd., S. 540f.
⁴⁰ Le prince Adam Czartoryski à l'empereur, 6.12.1812, in: *Czartoryski*, Mémoires (wie Anm. 4), Band 2, S. 297.
⁴¹ L'empereur au prince Adam Czartoryski, 13.1.1813, in: ebd., S. 303f.
⁴² Traité de paix, d'amitié et d'alliance conclu entre la Russie et la Prusse, à Kalisch, le 16/28 février et à Breslau le 27 février 1813, in: *Martens*, Nouveau Recueil (wie Anm. 21), Band 3, S. 237f.
⁴³ Le prince Adam Czartoryski à l'empereur, 23.4./4.5.1813, in: *Czartoryski*, Mémoires (wie Anm. 4), Band 2, S. 309–315; ders. an dens., 27.4.1813, ebd., S. 315–325.
⁴⁴ Zur Datierung vgl. *Zawadzki*, Man (wie Anm. 4), S. 214, Anm. 20.
⁴⁵ Copie du mémoire remis à l'empereur Alexandre Ier par le comte Ch. de Nesselrode en 1812 à la suite d'une communication du prince Czartoryski, envoyée de Galicie, et demandant le rétablissement de la Pologne, in: *A. de Nesselrode* (Hg.), Lettres et papiers du chancelier comte de Nesselrode 1760–1850. Extrait de ses archives, Band 4: 1812, Paris 1905, S. 313–320, hier: S. 319.
⁴⁶ Zapiska, predstavlennaja imperatoru g-nom Pocco di Borgo, abgedruckt in: *Nikolaj Turgenev*, Rossija i russkie, aus dem Französischen übersetzt von S. V. Žitomirskij, Moskva 2001, S. 493–500.
⁴⁷ Ebd., S. 496.
⁴⁸ Denkschrift Steins, 6.10.1814, in: *Karl vom Stein*, Briefe und amtliche Schriften, Band 5, neu bearbeitet von *Manfred Botzenhart*, Stuttgart 1964, S. 158f.
⁴⁹ Castlereagh an Liverpool, 2.10.1814, in: *Charles K. Webster* (Hg.), British Diplomacy 1813–1815, London 1921, S. 197–199.
⁵⁰ Memorandum de Lord Castlereagh, au sujet des traités entre les alliés relatifs au duché de Varsovie, 4.10.1814, in: *Comte d'Angeberg* [Pseudonym für *Leonard Jakob Borejko Chod'zko*] (Hg.), Le congrès de Vienne et les traités de 1815, précédé et suivi des actes diplomatiques qui s'y rattachent, Band 1, Paris 1863, S. 265–270.

⁵¹ Acte final du Congrès de Vienne, Art. 1, in: *Angeberg*, Congrès (wie Anm. 50), Band 2, S. 1389: *S. M. Impériale se réserve de donner à cet État, jouissant d'une administration distincte, l'extension intérieure qu'elle jugera convenable.*
⁵² Charte constitutionnelle du royaume de Pologne de 1815, Varsovie, le 15/27 novembre 1815, in: *Angeberg*, Recueil (wie Anm. 20), S. 707–724; Ustawa konstytucyjna Królestwa Polskiego z dn 27 listopada 1815 r. [Verfassungsgesetz des Königreichs Polen vom 27. November 1815], in: *Handelsman*, Konstytucje (wie Anm. 2), S. 47–65.
⁵³ *Angela T. Pienkos*, The Imperfect Autocrat. Grand Duke Constantine Pavlovich and the Polish Congress Kingdom, New York 1987, S. 30.
⁵⁴ Charte constitutionnelle (wie Anm. 52), Art. 1, S. 707: *Le royaume de Pologne est à jamais réuni à l'empire de Russie*; vgl. Acte final du Congrès de Vienne, Art. 1 (wie Anm. 51): *Le duché de Varsovie [...] est réuni à l'Empire de Russie. Il y sera lié irrévocablement par sa constitution, pour être possédé par S. M. l'empereur de toutes les Russies, ses héritiers et ses successeurs à perpétuité.*
⁵⁵ Vgl. das Urteil von *Frank W. Thackeray*, Antecedents of Revolution: Alexander I and the Polish Kingdom, 1815–1825, New York 1980, S. 21: "In fact, the constitution was breached in substance and spirit even before its promulgation".
⁵⁶ Czartoryski an Zar Alexander, 24.3./5.4.1816, in: *ders.*, Mémoires (wie Anm. 4), Band 2, S. 358.
⁵⁷ Czartoryski an Zar Alexander, 1./13.5.1816, ebd., S. 366.
⁵⁸ *Thackeray*, Antecedents (wie Anm. 55), S. 26.
⁵⁹ Vgl. *Janet M. Hartley*, The "Constitutions" of Finland and Poland in the Reign of Alexander I: Blueprints for Reform in Russia?, in: *Michael Branch/Janet Hartley/Antoni Mączak* (Hg.), Finland and Poland in the Russian Empire. A Comparative Study, London 1995, S. 49.
⁶⁰ *Wandycz*, Lands (wie Anm. 24), S. 105–109; *Zawadzki*, Man (wie Anm. 4), S. 300–307.

Deutschland 1818–1848

¹ *Ingo Knecht*, Der Reichsdeputationshauptschluß vom 25. Februar 1803. Rechtmäßigkeit, Rechtswirksamkeit und verfassungsgeschichtliche Bedeutung, Berlin 2007, S. 29.
² Ebd., S. 50, 109; Text des Reichsdeputationshauptschlusses in: *Ernst Rudolf Huber* (Hg.), Dokumente zur deutschen Verfassungsgeschichte, Band 1, 3. Aufl., Stuttgart 1978, S. 1–28.
³ *Knecht*, Reichsdeputationshauptschluß (wie Anm. 1), S. 190.
⁴ Verfassungsurkunde für das Königreich Württemberg vom 25. September 1819, in: *Huber* (Hg.), Dokumente, Band 1 (wie Anm. 2), S. 188.
⁵ *Karl vom Stein*, Verfassungsdenkschrift, Prag, Ende August 1813, in: *ders.*, Briefe und amtliche Schriften, Band 4, neu bearbeitet von *Walther Hubatsch*, Stuttgart 1963, S. 239.
⁶ *Bernd Wunder*, Landstände und Rechtsstaat. Zur Entstehung und Verwirklichung des Art. 13 DBA, in: Zeitschrift für Historische Forschung 5 (1978), S. 144–150.
⁷ Ebd., S. 153.
⁸ Zit. nach ebd., S. 161.

9 Deutsche Bundesakte, 8. Juni 1815, Art. 13, in: *Huber* (Hg.), Dokumente, Band 1 (wie Anm. 2), S. 88: „In allen Bundesstaaten wird eine Landständische Verfassung stattfinden".
10 Zweiter Frieden von Paris, 20.11.1815, in: *Comte d'Angeberg* (Pseudonym für *Leonard Jakob Borejko Chod'zko*) (Hg.), Le congrès de Vienne et les traités de 1815, Paris 1863, Bd. 2, S. 1596; vgl. *Volker Sellin*, Die geraubte Revolution. Der Sturz Napoleons und die Restauration in Europa, Göttingen 2001, S. 285f.
11 Rebmann an Hermes, Kaiserslautern, 4.9.1815, in: *Günther Volz* (Hg.), Briefe Andreas Georg Friedrich Rebmanns an Johann Peter Job Hermes aus den Jahren 1815 und 1816, in: Mitteilungen des Historischen Vereins der Pfalz 57 (1959), S. 178; vgl. *Volker Sellin*, „Heute ist die Revolution monarchisch". Legitimität und Legitimierungspolitik im Zeitalter des Wiener Kongresses, in: Quellen und Forschungen aus italienischen Archiven und Bibliotheken 76 (1996), S. 348; *ders.*, Gewalt und Legitimität. Die europäische Monarchie im Zeitalter der Revolutionen, München 2011, S. 210f.
12 Napoléon Bonaparte an Jérôme Bonaparte, 15.11.1807, in: *Napoléon Ier*, Correspondance, Band 16, Paris 1864, Nr. 13361, S. 166; einen knappen Überblick über die Geschichte des Königreichs Westphalen bietet *Owen Connelly*, Napoleon's Satellite Kingdoms, NewYork/London 1965, S. 176–222.
13 *Joachim Gerner*, Vorgeschichte und Entstehung der württembergischen Verfassung im Spiegel der Quellen (1815–1819), Stuttgart 1989, S. 336.
14 Vgl. dazu *Sellin*, Gewalt (wie Anm. 11), S. 212–215; ebd. eine Abbildung der Konstitutionssäule sowie eine Reproduktion des Gemäldes von Peter von Heß, auf dem die Grundsteinlegung der Konstitutionssäule am 26. Mai 1821 dargestellt ist.
15 *Eberhard Weis*, Die Begründung des modernen bayerischen Staates unter König Max I. (1799–1825), in: *Max Spindler/Alois Schmid* (Hg.), Handbuch der bayerischen Geschichte, Band 4: Das neue Bayern. Von 1800 bis zur Gegenwart, Teil 1: Staat und Politik, München 2003, S. 113.
16 *Hans-Peter Ullmann*, Baden 1800 bis 1830, in: *Hansmartin Schwarzmaier* (Hg.), Handbuch der baden-württembergischen Geschichte, Band 3: Vom Ende des Alten Reiches bis zum Ende der Monarchien, Stuttgart 1992, S. 59–61.
17 *Hans-Peter Ullmann*, Die öffentlichen Schulden in Bayern und Baden 1780–1820, in: Historische Zeitschrift 242 (1986), S. 34.
18 *Hans-Peter Ullmann*, Staatsschulden und Reformpolitik. Die Entstehung moderner öffentlicher Schulden in Bayern und Baden 1780–1820, Teil 1, Göttingen 1986, S. 230.
19 Eine vergleichende Analyse der bayerischen und badischen Verfassungen von 1818 vor dem Hintergrund der *Charte constitutionnelle* findet sich neuerdings in: *Markus J. Prutsch*, Making Sense of Constitutional Monarchism in Post-Napoleonic France and Germany, Houndmills 2013.
20 Verfassungsurkunde für das Königreich Bayern vom 26. Mai 1818, in: *Huber* (Hg.), Dokumente, Band 1 (wie Anm. 2), S. 156.
21 Verfassungsurkunde für das Großherzogtum Baden vom 22. August 1818, ebd., S. 172.
22 Zit. nach: *Sellin*, Gewalt (wie Anm. 11), S. 228.
23 Zit. nach ebd., S. 228f.
24 Proklamation des Königs über die Einführung einer konstitutionellen Verfassung, 22.3.1848, in: *Huber* (Hg.), Dokumente, Band 1 (wie Anm. 2), S. 449f.

25 *Anschütz, Gerhard*, Die Verfassungs-Urkunde für den Preußischen Staat vom 31. Januar 1850. Ein Kommentar für Wissenschaft und Praxis, Berlin 1912, S. 36f.; Text des Entwurfs ebd., S. 608–614; vgl. für das folgende im übrigen *Sellin*, Revolution (wie Anm. 10), S. 314–320.
26 *Anschütz*, Verfassungs-Urkunde (wie Anm. 25), S. 42; Text des Entwurfs, ebd., S. 614–623.
27 Verhandlungen der constituirenden Versammlung für Preußen 1848, Band 6, Berlin 1848, 73. Sitzung, 12.10.1848, S. 3920–3953; vgl. *Sellin*, Gewalt (wie Anm. 11), S. 85f.
28 Verhandlungen, Band 6 (wie Anm. 27), S. 3930.
29 Ebd., S. 3946.
30 Ebd., Band 8, Berlin 1848, 90. Sitzung, 31.10.1848, S. 5023.
31 Friedrich Wilhelm IV. an Radowitz, 21.5.1848, in: *Joseph von Radowitz*, Nachgelassene Briefe und Aufzeichnungen zur Geschichte der Jahre 1848–1853, hg. von *Walter Möring*, Stuttgart/Berlin 1922, S. 47.
32 Friedrich Wilhelm IV. an Radowitz, 19.6.1848, ebd., S. 56.
33 Promemoria König Friedrich Wilhelms IV. betreffend die Staatsverfassung, 15.9.1848, in: *Huber* (Hg.), Dokumente, Band 1 (wie Anm. 2), S. 460.
34 *Leopold von Gerlach*, Denkwürdigkeiten, hg. von seiner Tochter, Band 1, Berlin 1891, S. 224.
35 Joseph von Radowitz an Friedrich Wilhelm IV., 21.11.1848, in: *Radowitz*, Briefe (wie Anm. 31), S. 65.
36 Graf Bülow an Ludolf Camphausen, 15.11.1848, in: *Erich Brandenburg*, Untersuchungen und Aktenstücke zur Geschichte der Reichsgründung, Leipzig 1916, S. 277.
37 Verfassungs-Urkunde für den preußischen Staat vom 5. Dezember 1848, in: *Anschütz*, Verfassungs-Urkunde (wie Anm. 25), S. 632.
38 Friedrich Wilhelm IV. an Otto von Manteuffel, 23.11.1848, in: *Otto von Manteuffel*, Unter Friedrich Wilhelm IV. Denkwürdigkeiten, hg. von *Heinrich von Poschinger*, Band 1: 1848–1851, Berlin 1901, S. 47.
39 *Günther Grünthal*, Parlamentarismus in Preußen 1848/49–1857/58. Preußischer Konstitutionalismus – Parlament und Regierung in der Reaktionsära, Düsseldorf 1982, S. 57.
40 *Anschütz*, Verfassungs-Urkunde (wie Anm. 25), S. 632.
41 Vgl. dazu *Grünthal*, Parlamentarismus (wie Anm. 39), S. 54.
42 *Anschütz*, Verfassungs-Urkunde (wie Anm. 25), S. 54.
43 Ebd., S. 58–60.
44 *Karl August Varnhagen von Ense*, Tagebücher, Band 5, Leipzig 1862, S. 327.

Spanien 1834

1 *Gabriel H. Lovett*, Napoleon and the Birth of Modern Spain, Band 1: The Challenge to the Old Order, New York 1965, S. 8.
2 Ebd., S. 16.
3 Ebd., S. 89f..
4 Ebd., S. 98f.
5 Ebd., S. 107f.

6   Ebd., S. 118-120; Karl IV. und Luisa zogen später über Marseille nach Italien, wo sie fast gleichzeitig im Jahre 1819 starben.
7   *David Gates*, The Spanish Ulcer. A History of the Peninsular War, Cambridge, Mass., 1986, S. 34.
8   *Miguel Artola Gallego*, L'España de Fernando VII, Band 1: La guerra de la independencia y los orígenes del constitucionalismo, Madrid 1996, S. 442; *Lovett*, Napoleon (wie Anm. 1), Band 1, S. 358; *Gates*, Ulcer (wie Anm. 7), S. 53-56.
9   *Andreas Timmermann*, Die „gemäßigte Monarchie" in der Verfassung von Cadiz (1812) und das frühe liberale Verfassungsdenken in Spanien, Münster 2007, S. 26.
10 Constitucion española 1812, Art. 3: *La soberanía reside esencialmente en la Nación, y por lo mismo pertenece a ésta exclusivamente el derecho de establecer sus leyes fundamentales.*
11 Constitución española 1812, Art. 170: *La potestad de hacer ejecutar las leyes reside exclusivamente en el Rey, y su autoridad se extiende á todo cuanto conduce á la conservación del orden público en lo interior, y á la seguridad del Estado en lo exterior, conforme á la Constitución y á las leyes.*
12 *J. Alberto Navas-Sierra*, El tratado de Valençay o el fracaso del pacto imperial napoleónico. El caso de la España peninsular, in: Jahrbuch für Geschichte von Staat, Wirtschaft und Gesellschaft Lateinamerikas 27 (1990), S. 259-261, 294-298.
13 Manifiesto de 4 de mayo 1814, in: Gaceta Extraordinaria de Madrid del jueves 12 de mayo de 1814, S. 515-521, hier: S. 517, 520; ebenso in: *Manuel Pando Fernandez de Pinedo* (*Marqués de Miraflores*), Apuntes histórico-criticos para escribir la historia de la revolucion de España, desde el año 1820 hasta 1823, Band 1, London 1834, S. 32-38, hier: S. 34f., 37. Das Manifest findet sich auch in: *Manuel Fernández Martín*, Derecho parlamentario español, Band 2, Madrid 1992, S. 856-863.
14 Ebd., S. 518 bzw. S. 36; *Artola Gallego*, España (wie Anm. 8), Bd. 1, S. 527f.
15 *Ignacio Lasa Iraola*, El primer proceso de los liberales (1814-1815), in: Hispanica 30 (1970), S. 328, 336f.
16 Ebd., S. 341f.
17 Zit. nach: *Manuel Fernández Martín*, Derecho parlamentario español, Bd. 3, Madrid 1992, S. 106f.: *Cargo 1.° Lo es, el haber atentado contra la soberania del Sr. Don Fernando VII y contra los derechos y regalias del trono para establecer un gobierno democrático, privarle de su Corona Real y de la posesion de sus Reinos*; vgl. auch *Lasa Iraola*, Proceso (wie Anm. 15), S. 356f.
18 *Artola Gallego*, España (wie Anm. 8), Band 1, S. 531, 533f.; *Lasa Iraola*, Proceso (wie Anm. 15), S. 379.
19 *Ramón de Mesonero Romanos*, Memorias de un setentón, Madrid 1975, S. 129.
20 *Miguel Artola Gallego*, Los afrancesados, Madrid 1953, S. 236.
21 Decreto de 30 de mayo de 1814, Artikel 1, 6 und 7, in: ebd., S. 268f.
22 *Navas-Sierra*, Tratado (wie Anm. 12), S. 262, Anm. 8.
23 *José Luis Comellas*, Los primeros pronunciamientos en España 1814-1820, Madrid 1958, S. 23: *Una forma de golpe militar asestado contra el poder para introducir en él reformas políticas, propia de la Historia española del siglo XIX.*
24 Ebd., S. 31.
25 *Julio Busquets*, Pronunciamientos y golpes de Estado en España, Barcelona 1982, S. 52.
26 Ebd., S. 52-55.
27 Zit. nach: *Comellas*, Pronunciamientos (wie Anm. 23), S. 50.
28 *Charles J. Esdaile*, Spain in the Liberal Age. From Constitution to Civil War, 1808-1939, Oxford 2000, S. 48; *Artola Gallego*, España (wie Anm. 8), S. 634f.

29 Ebd., S. 543–547; *Walther L. Bernecker/Horst Pietschmann*, Geschichte Spaniens. Von der frühen Neuzeit bis zur Gegenwart, 4. Aufl., Stuttgart 2005, S. 249.
30 *Christiana Brennecke*, Von Cádiz nach London. Spanischer Liberalismus im Spannungsfeld von nationaler Selbstbestimmung, Internationalität und Exil (1820–1833), Göttingen 2010, S. 60–64.
31 *Esdaile*, Spain (wie Anm. 28), S. 58.
32 *Charles Wentz Fehrenbach*, Moderados and Exaltados: The Liberal Opposition to Ferdinand VII, 1814–1823, in: Hispanic American Historical Review 50 (1970), S. 67; *Manuel Espadas Burgos/José Ramón de Urquijo Goitia*, Guerra de la Independencia y época constitucional (1808–1898), Madrid 1990, S. 49.
33 Ebd., S. 141.
34 Ebd., S. 142–147.
35 Vgl. *Angélica Sánchez Almeida*, Fernando VII. El deseado, Madrid 1999, S. 141.
36 *Joaquín Tomás Villarroya*, El sistema politico del Estatuto real (1834–1836), Madrid 1968, S. 21.
37 *José Luis Commellas*, Isabel II. Una reina y un reinado, Barcelona 1999, S. 27f.
38 Manifiesto de S. M. la Reina Gobernadora, Palacio, 4 de octubre de 1833, zit. nach: [*Don Manuel Pando Fernández de Pinedo*], *Marqués de Miraflores*, Memorias del reinado de Isabel II, Band 1, Madrid 1964, S. 197.
39 *Tomás Villarroya*, Sistema (wie Anm. 36), S. 30; Text der Denkschrift in: *Miraflores*, Memorias (wie Anm. 38), Band 1, S. 32f.
40 *Jean Sarrailh*, Un homme d'état espagnol: Martínez de la Rosa (1787–1862), Poitiers 1930, S. 41f.
41 Ebd., S. 50.
42 Ebd., S. 55.
43 Ebd., S. 103.
44 Ebd., S. 116.
45 Ebd., S. 121.
46 Ebd., S. 163.
47 Ebd., S. 170, 183.
48 *Miraflores*, Memorias (wie Anm. 38), Band 1, S. 28.
49 Ebd., S. 29f.
50 *Tomás Villarroya*, Sistema (wie Anm. 36), S. 49.
51 Zit. nach ebd., S. 57.
52 Ebd., S. 62.
53 Ebd., S. 63
54 Ebd., S. 77. Text des *Estatuto real*, ebd. im Anhang, S. 635–642.
55 *Comellas*, Isabel II (wie Anm. 37), S. 33; Estatuto real, Artículo 17, in: *Tomás Villarroya*, Sistema (wie Anm. 36), Apéndice IV, S. 638.
56 Exposicion preliminar al Estatuto real, in: *Tomás Villarroya*, Sistema (wie Anm. 36), Apéndice III, S. 621: *A V. M. está reservada la gloria de restaurar nuestras antiguas leyes fundamentales, cuyo desuso ha causado tantos males por el espacio de tres siglos, y cuyo restablecimiento por la augusta mano de V. M. será el más prospero presagio para el reinado de su excelsa Hija.*
57 Estatuto real, Art. 25: *Las Cortes se reunirán, en virtud de Real Convocatoria en el pueblo y en el día que aquélla señalare.*
58 Zit. nach *Tomás Villarroya*, Sistema (wie Anm. 36), S. 105; die gesamte Diskussion ebd., S. 102–106.
59 La Revista, 16.4.1834, zit. nach ebd., S. 80.

60 Zit. nach ebd.: *No era una novela de Walter Scott la que excitaba la curiosidad pública; era y es el título sagrado de nuestros derechos civiles y de nuestra seguridad venidera.*
61 Die Kritik am *Estatuto* ist zusammengefasst ebd., S. 86–91.
62 Ebd., S. 537–543.
63 Ebd., S. 547–552; der Text des Entwurfs findet sich in: *Miraflores*, Memorias (wie Anm. 38), Band 1, S. 264–269.
64 Constitución de la Monarquía Española, 18.6.1837, Präambel.

Italien 1848

1 *Alfonso Scirocco*, L'Italia del Risorgimento 1800–1871, 2. Aufl., Bologna 1993, S. 14; vgl. auch *Volker Sellin*, Die Restauration in Italien, in: *Reiner Marcowitz/ Werner Paravicini* (Hg.), Vergeben und Vergessen? Vergangenheitsdiskurse nach Besatzung, Bürgerkrieg und Revolution, München 2009, S. 126.
2 Traité d'Autriche et le roi des Deux-Siciles, 12. Juni 1815. Articles séparés et secrets II, in: Recueil des traités, conventions et actes diplomatiques concernant l'Autriche et l'Italie, Paris 1859, S. 203.
3 Zu den Revolutionen von 1820/21 in Italien vgl. zuletzt *Jens Späth*, Revolution in Europa 1820–23. Verfassung und Verfassungskultur in den Königreichen Spanien, beider Sizilien und Sardinien-Piemont, Köln 2012.
4 Zum napoleonischen Staatsrat vgl. *Jacques Godechot*, Les institutions de la France sous la Révolution et l'Empire, 2. Aufl., Paris 1968, S. 561–563.
5 *Carlo Ghisalberti*, Dalla monarchia amministrativa alla monarchia consultiva, in: *ders.*, Contributi alla storia delle amministrazioni preunitarie, Milano 1963, S. 155; *Marco Meriggi*, Il Regno Lombardo-Veneto, Torino 1987, S. 42–62.
6 *Ghisalberti*, Monarchia (wie Anm. 5), S. 161.
7 Ebd., S. 162–164.
8 *Ruggero Moscati* (Hg.), Il Regno delle Due Sicilie e l'Austria. Documenti dal marzo 1821 al novembre 1830, Napoli 1937, Band 2, S. 238f.
9 *Ghisalberti*, Monarchia (wie Anm. 5), S. 163, 169–171.
10 Ebd., S. 175–180; *Paola Notario/Narciso Nada*, Il Piemonte sabaudo. Dal periodo napoleonico al Risorgimento, Torino 1993, S. 210–213.
11 *Giacomo Martina*, Pio IX, Band 1 (1846–1850), Roma 1974, S. 97–100. Martina schätzt die Zahl der freigelassenen Gefangenen auf rund 400; die Zahl der zur Rückkehr aufgeforderten Verbannten und Geflohenen soll ähnlich hoch gewesen sein.
12 Ebd., S. 101.
13 *Narciso Nada*, Le riforme carlo-albertine del 1847, in: Rassegna storica toscana 45 (1999), S. 262; zur Entwicklung im Königreich beider Sizilien vgl. *Alfonso Scirocco*, Il 1847 a Napoli: Ferdinando II e il movimento italiano per le riforme, in: Archivio storico per le province napoletane 115 (1997), S. 437f.
14 *Nada*, Riforme (wie Anm. 13), S. 254f.
15 Am 20. und 21. März 1998 fand in Florenz eine Tagung statt, die den Reformen des Jahres 1847 gewidmet war. Die Tagungsbeiträge wurden in der Rassegna storica toscana 45 (1999) unter dem Titel „Le riforme del 1847 negli Stati italiani" veröffentlicht.

[16] Zit. nach: *Filippo Mazzonis*, La monarchia sabauda, in: *Umberto Levra* (Hg.), Il Piemonte alle soglie del 1848, Torino 1999, S. 151f.
[17] *Martina*, Pio IX (wie Anm. 11), S. 125.
[18] *Alberto Maria Ghisalberti*, Nuove ricerche sugli inizi del pontificato di Pio IX e sulla Consulta di Stato, Roma 1939, S. 34, 39ff.; *Martina*, Pio IX (wie Anm. 11), S. 129f.
[19] Zit. nach: *Angelo Ara*, Lo Statuto fondamentale dello Stato della chiesa (14 marzo 1848), Milano 1966, S. 38.
[20] Ebd.
[21] Eine Liste der Mitglieder findet sich ebd., S. 54.
[22] Zit. nach ebd., S. 55f.
[23] Metternich an Apponyi, 2.11.1847, in: [*Clemens Metternich*], Aus Metternich's nachgelassenen Papieren, hg. von *Richard Metternich-Winneburg*, Band 7, Wien 1883, Nr. 1617, S. 436.
[24] Zum Gang der Debatte vgl. *Ara*, Statuto (wie Anm. 19), S. 67–75.
[25] *Ghisalberti*, Monarchia (wie Anm. 5), S. 174, 182.
[26] *Luigi Lotti*, Leopoldo II e le riforme in Toscana, in: Rassegna storica toscana 45 (1999), S. 248.
[27] Ebd., S. 245, 249f.
[28] *Nada*, Riforme (wie Anm. 13), S. 263f.
[29] Ebd., S. 264–267.
[30] *Giorgio Candeloro*, Storia dell'Italia moderna, Band 3: La rivoluzione nazionale (1846–1849), 3. Aufl., Milano 1995, S. 120–123.
[31] *Kerstin Singer*, Konstitutionalismus auf Italienisch. Italiens politische und soziale Führungsschichten und die oktroyierten Verfassungen von 1848, Tübingen 2008, S. 196f.
[32] *Luigi Parente*, Francesco Paolo Bozzelli e il dibattito sulla costituzione, in: Archivio storico per le province napoletane 117 (1999), S. 78.
[33] *Singer*, Konstitutionalismus (wie Anm. 31), S. 195, 252ff.
[34] Pietracatella an Ferdinand II., 8.9.1846, in: *Alfonso Scirocco*, Il 1847 a Napoli: Ferdinando II e il movimento italiano per le riforme, Anhang, in: Rassegna storica toscana 45 (1999), S. 294: *Invece di aspettare la Rivoluzione con le armi al braccio, bisogna far di tutto per prevenirla*; idem in: Archivio storico per le province napoletane 115 (1997), S. 457.
[35] *Scirocco*, 1847, in: Rassegna storica toscana 45 (1999) (wie Anm. 34), S. 296: *La Sicilia traspira da tutti i suoi pori il malcontento: gli stessi benefizi sono inefficaci. La Sicilia è un stereotipo dell'Irlanda, della Polonia.*
[36] Ebd., S. 297f.: *Vorrei come in Prussia permettere alla stampa di esaminare e discutere le quistioni d'interesse pubblico, ponendoci i limiti e le garanzie esistenti in Prussia.*
[37] *Romualdo Trifone*, La costituzione del Regno delle Due Sicilie dell'11 febbraio 1848, in: Archivio storico per le province napoletane 70 (1947–1949), S. 28.
[38] *Parente*, Bozzelli (wie Anm. 32), S. 82f.
[39] Costituzione del Regno delle Due Sicilie, 11.2.1848, in: *Alberto Aquarone et al.* (Hg.), Le costituzioni italiane, Milano 1958, S. 565.
[40] *Rosario Romeo*, Cavour e il suo tempo, Band 2 (1842–1854), Roma-Bari 1977, S. 272–278.
[41] [*Camillo Cavour*], Tutti gli scritti di Camillo Cavour, hg. von *Carlo Pischedda* und *Giuseppe Talamo*, Band 3, Torino 1977, S. 1030, Anm. 1.

⁴² *Narciso Nada*, Dallo Stato assoluto allo Stato costituzionale. Storia del Regno di Carlo Alberto dal 1831 al 1848, Torino 1980, S. 163; *Romeo*, Cavour, Band 2 (wie Anm. 40), S. 282f.
⁴³ Cavour an Émile de la Rüe, [6 novembre 1847], in: *Camillo Cavour*, Epistolario, Band 4 (1847), a cura di *Narciso Nada*, Firenze 1978, S. 371; *Romeo*, Cavour, Band 2 (wie Anm. 40), S. 280–282.
⁴⁴ [*Camillo Cavour*], [I fatti di Genova], in: *ders.*, Scritti, Band 3 (wie Anm. 41), S. 1030f.
⁴⁵ Ebd., S. 1031.
⁴⁶ Ebd., S. 1032.
⁴⁷ *Emilio Crosa*, Lo Statuto del 1848 e l'opera del ministro Borelli. Con lettere inedite di Carlo Alberto, in: La Nuova Antologia, Band 177, Serie 5, 16.6.1915, S. 538f.
⁴⁸ *Nada*, Stato (wie Anm. 42), S. 164.
⁴⁹ Consiglio di Conferenza presieduto da Sua Maestà. Processo verbale della seduta del 3 febbraio 1848, in: *Luigi Ciaurro* (Hg.), Lo Statuto albertino illustrato dai lavori preparatori, Roma 1996, S. 119; die Protokolle des Consiglio di Conferenza sind außerdem veröffentlicht in: *Domenico Zanichelli* (Hg.), Lo Statuto di Carlo Alberto secondo i processi verbali del Consiglio di Conferenza dal 3 febbraio al 4 marzo 1848, Roma 1898; und in: *Adolfo Colombo* (Hg.), Dalle riforme allo Statuto di Carlo Alberto. Documenti editi ed inediti, Casale 1924; vgl. *Alessandro Luzio*, Dalle riforme allo Statuto di Carlo Alberto, in: Archivio storico italiano 84 (1926), S. 92f.
⁵⁰ Vgl. den im Wortlaut in *Crosa*, Statuto (wie Anm. 47), S. 540f., ohne Datumsangabe abgedruckten Brief Borellis an Carlo Alberto.
⁵¹ Consiglio di Conferenza, 3 febbraio 1848, in: *Ciaurro* (Hg.), Statuto (wie Anm. 49), S. 119: *Il rifiuto di una costituzione potrebbe portare a dei moti, ad una insurrezione, forse a dei massacri e in seguito all'anarchia.*
⁵² Ebd., S. 114: *Bisogna darla, non lasciarsela imporre; dettare le condizioni, non riceverle; bisogna avere il tempo di scegliere con calma i modi e l'opportunità, dopo aver promesso di impiegarli.*
⁵³ Ebd., S. 116.
⁵⁴ Consiglio generale straordinario di Torino, 5.2.1848, in: *Colombo* (Hg.), Riforme (wie Anm. 49), S. 168f.
⁵⁵ Cavour a Giacomo Giovanetti, [post. 8.2.1848], in: *Camillo Cavour*, Epistolario, Bd. 5 (1848), hg. von *Carlo Pischedda*, Firenze 1980, S. 55.
⁵⁶ Cavour an Mathilde de La Rive, 13.2.1848, ebd., S. 64: *Dans quelques semaines une révolution complète s'est opérée dans nos institutions politiques. Révolution heureuse, car elle n'a coûté ni larmes ni sang et surtout parce qu'elle s'est accompli sans que le pouvoir se soit avili ou dépouillé de son autorité morale. Les anciennes institutions étaient en désaccord complet avec notre état social; les nouvelles satisferont, je l'espère et le crois, la grande majorité du pays. Aussi je suis convaincu que nous n'avons pas d'autres bouleversements à craindre.*
⁵⁷ Statuto del regno di Sardegna, 4 marzo 1848, Präambel, in: *Aquarone*, Costituzioni (wie Anm. 39), S. 662; auch in: *Wilhelm Altmann* (Hg.), Ausgewählte Urkunden zur außerdeutschen Verfassungsgeschichte seit 1776, Berlin 1897, S. 227.
⁵⁸ Vgl. *Volker Sellin*, Art. Regierung, Regime, Obrigkeit, in: *Otto Brunner/Werner Conze/Reinhart Koselleck* (Hg.), Geschichtliche Grundbegriffe. Historisches Lexikon zur politisch-sozialen Sprache in Deutschland, Band 5, Stuttgart 1984, S. 411f.
⁵⁹ *Antonio Chiavistelli*, Toscana costituzionale: La difficile gestazione dello statuto fondamentale del 1848, in: Rassegna storica del Risorgimento 84 (1997), S. 345–347.

60   Zit. nach ebd., S. 351.
61   Ebd., S. 353f.: *Quanto più si tarda a stipulare questo patto fra Principato e Popolo tanto più il Principato si indebolisce.*
62   Ebd., S. 359f.
63   Zit. nach: Statuto del Granducato di Toscana (1848), in: *Aquarone* (Hg.), Costituzioni (wie Anm. 39), S. 631.
64   *Chiavistelli*, Toscana (wie Anm. 59), S. 369f.
65   Statuto del Granducato di Toscana, Titolo III, in: *Aquarone* (Hg.), Costituzioni (wie Anm. 39), S. 636f.
66   *Ara*, Statuto (wie Anm. 19), S. 85f., 93f.
67   Zit. nach ebd., S. 96.
68   Zit. nach ebd., S. 108.
69   Die Namen in: *Aquarone* (Hg.), Costituzioni (wie Anm. 39), S. 597.
70   *Ara*, Statuto (wie Anm. 19), S. 110.
71   Franz *Pesendorfer* (Hg.), Il governo di famiglia in Toscana. Le memorie del granduca Leopoldo II di Lorena (1824–1859), Firenze 1987, S. 397: *Era manifesto che era venuto il tempo di abolire lo Statuto toscano*; ebd., S. 399: *Il 6 maggio 1852 firmai il decreto d'abolizione dello Statuto.*

Russland 1906

1   Vladimir Josifovič *Gurko*, Features and Figures of the Past. Government and Opinion in the Reign of Nicholas II, New York 1939, S. 92.
2   Sergej Jul'evič *Vitte*, Vospominanija [Erinnerungen], Moskva 1960, Band 3 (17. Oktober 1905–1911), S. 24. Zur komplexen Entstehungs- und Publikationsgeschichte von Vittes Erinnerungen vgl. Sidney *Harcave* (Hg.), The Memoirs of Count Witte, Armonk, N. Y./London 1990, Introduction, S. XIII–XXII.
3   *Vitte*, Vospominanija (wie Anm. 2), Band 3, S. 24: „Die Züge fuhren nicht, und die Verbindung mit Neu-Peterhof wurde nur durch Dampfschiffe auf der Neva aufrechterhalten".
4   Sidney *Harcave*, Count Sergei Witte and the Twilight of Imperial Russia. A Biography, Armonk, N. Y./London 2004, S. 3, 49f., 68, 52–55, 60–64; Theodore H. von *Laue*, Count Witte and the Russian Revolution of 1905, in: American Slavic and East European Review 17 (1958), S. 26.
5   *Vitte*, Vospominanija (wie Anm. 2), Band 2 (1894–Oktober 1905), S. 244: *Ja vas prošu prinjat' post predsedatelja Komiteta ministrov* [Ich bitte Sie, das Amt des Vorsitzenden des Ministerkomitees zu übernehmen]; *Harcave*, Count Sergei Witte (wie Anm. 4), S. 102.
6   Ebd., S. 43.
7   Manfred *Hildermeier*, Die Russische Revolution 1905–1921, Frankfurt 1989, S. 51.
8   [Aleksej Sergeevič *Ermolov*], Zapiski A. S. Ermolova [Aufzeichnungen A. S. Ermolovs], in: Krasnyj Archiv 8 (1925), S. 51–53; vgl. Volker *Sellin*, Gewalt und Legitimität. Die europäische Monarchie im Zeitalter der Revolutionen, München 2011, S. 38f.
9   Zit. nach: Nathan *Smith*, The Constitutional-Democratic Movement in Russia, 1902–1906, PhD Thesis, University of Illinois, Urbana 1958, S. 283: *Tak dal'še žit' nel'zja.*

¹⁰ Ebd., S. 289.
¹¹ *Abraham Ascher*, The Revolution of 1905, Band 1: Russia in Disarray, Stanford 1988, S. 138.
¹² Ebd., S. 145–150.
¹³ Ebd., S. 143.
¹⁴ Imennoj vysočajšij ukaz dannyj Pravitel'stvujuščemu Senatu [Allerhöchster Erlass für den regierenden Senat], 18.–20. Februar 1905, in: Zakonodatel'nye akty perechodnago vremeni 1904–1906 gg [Gesetzgebungsakte der Übergangszeit], Sankt Peterburg 1906, S. 23.
¹⁵ Vysočajšij reskript dannyj na imja Ministra Vnutrennich Del Aleksandr Grigor'evič [Allerhöchstes Reskript, an den Innenminister Aleksandr Grigor'evič gerichtet], 18. Februar 1905, ebd., S. 27f.
¹⁶ *Smith*, Movement (wie Anm. 9), S. 299f.
¹⁷ Vysočajšij Manifest, 6.8.1905, in: Zakonodatel'nye akty (wie Anm. 14), S. 129–131; Učreždenie Gosudarstvennoj Dumy [Einrichtung einer Staatsduma], ebd. S. 131–145; Položenie o vyborach v Gosudarstvennuju Dumu [Verordnung über die Wahlen zur Staatsduma], ebd., S. 145–190; das Manifest und Auszüge des Statuts und der Wahlordnung in englischer Übersetzung bei: *Marc Raeff*, Plans for Political Reform in Imperial Russia, 1730–1905, Englewood Cliffs 1966, S. 141–152; vgl. im übrigen: *Vitte*, Vospominanija (wie Anm. 2), Band 2, Kapitel 49: Bulyginskaja Duma [Bulyginsche Duma], S. 482–489.
¹⁸ Vysočajšij Manifest, 6.8.1905, in: Zakonodatel'nye akty (wie Anm. 14), S. 129f.
¹⁹ *Andrew M. Verner*, The Crisis of Russian Autocracy. Nicholas II and the 1905 Revolution, Princeton 1990, S. 205; *Bernard Pares*, The Peterhof Conference, in: The Russian Review 2/4 (1913), S. 87–120.
²⁰ Zit. nach ebd., S. 97.
²¹ *Ascher*, Revolution, Band 1 (wie Anm. 11), S. 179.
²² Vysočajšij Manifest (wie Anm. 17), 6.8.1905, S. 130.
²³ *Ascher*, Revolution, Band 1 (wie Anm. 11), S. 170–174; *Jan Kusber*, Krieg und Revolution in Rußland 1904–1906. Das Militär im Verhältnis zu Wirtschaft, Autokratie und Gesellschaft, Stuttgart 1997, S. 96–98.
²⁴ *Ascher*, Revolution, Band 1 (wie Anm. 11), S. 211–215.
²⁵ [*Sergej Jul'evič Vitte*], Zapiska Vitte ot 9 oktjabrja [Memorandum Vittes vom 9. Oktober], in: Krasnyj Archiv 11–12 (1925), S. 51–61; *Harcave*, Count Sergei Witte (wie Anm. 4), S. 168f.; zu Kuzmin-Karavaev vgl. die Notiz bei: *Gurko*, Features (wie Anm. 1), S. 662.
²⁶ [*Sergej Jul'evič Vitte*], Černovik vsepoddannejšego doklada Vitte [Konzept von Vittes allerunteränigstem Vortrag], in: Krasnyj Archiv 11–12 (1925), S. 62.
²⁷ Ebd., S. 64.
²⁸ *Vitte*, Vospominanija, Band 3 (wie Anm. 2), S. 11; *Verner*, Crisis (wie Anm. 19), S. 228, Anm. 25, meint, die beiden Audienzen hätten entgegen Vittes Datierung in Wirklichkeit schon einen Tag früher, also am 8. und 9. Oktober stattgefunden.
²⁹ [*Vitte*], Zapiska (wie Anm. 25), S. 51: *Osnovnoj lozug sovremennogo obščestvennogo dviženija v Rossii – svoboda*.
³⁰ Ebd., S. 52.
³¹ Ebd., S. 55: *Pravitel'stvo, kotoroe ne napravljaet sobytija, a samo sobytijami napravljaetsja, vedet gosudarstvo k gibeli*.
³² Ebd., S. 53–55; ebd., S. 55: *Ideja graždanskoj svobody vostoržestvuet esli ne putem reformy, to putem revoljucii*.
³³ Ebd., S. 55–57.
³⁴ Ebd., S. 59.

35 Zapiska Knjasja N. D. Obolenskogo, in: *Vitte*, Vospominanija, Band 3 (wie Anm. 2), S. 25. Obolenskijs Darstellung wird bestätigt durch eine Aufzeichnung eines Mitarbeiters im Ministerkomitee, Nikolaj I. Vuič, vom Dezember 1906: [*Nikolaj I. Vuič*], Zapiska Vuiča [Aufzeichnung Vuičs], in: Krasnyj Archiv 11–12 (1925), S. 66–69. Vuič schreibt ebd., S. 66, über die entscheidenden Tage zwischen Ende September und Anfang Oktober 1905, Vitte sei „die ganze Zeit aufs äußerste besorgt gewesen und mehrere Male im Gespräch darauf zurückgekommen, wie verfahren die innenpolitische Situation geworden sei und dass nach seiner Auffassung kein Weg daran vorbeiführe, entweder überall den Kriegszustand (*voennoe položenie*) auszurufen oder eine wirkliche Verfassung (*nastojaščaja konstitucija*) zu gewähren".

36 [*Vitte*], Zapiska (wie Anm. 25), S. 57.

37 Ebd.

38 Die Kabinettsreform war seit Februar erörtert worden; vgl. dazu *Marc Szeftel*, Nicholas II's Constitutional Decisions of Oct. 17–19, 1905, and Sergius Witte's Role, in: Album J. Balon, Namur 1968, S. 485–487.

39 *Ascher*, Revolution, Band 1 (wie Anm. 11), S. 223.

40 *Vitte*, Vospominanija, Band 3 (wie Anm. 2), S. 14.

41 Ebd.; Text des Vortrags: [*Vitte*], Černovik (wie Anm. 26), S. 62–66; der Inhalt des Vortrags wird diskutiert in: *Szeftel*, Decisions (wie Anm. 38), S. 477–483.

42 *Vitte*, Vospominanija, Band 3 (wie Anm. 2), S. 14.

43 Zit. nach ebd., S. 41.

44 Proekt manifesta A. A. Budberga [A. A. Budbergs Entwurf eines Manifests], in: *A. V. Ostrovskij/M. M. Safonov* (Hg.), Neizvestnyj proekt manifesta 17 oktjabrja 1905 goda [Unbekannter Entwurf eines Manifests für den 17. Oktober 1905], in: Sovetskie Archivy 2 (1979), S. 63–65.

45 Text des Manifests in: Krasnyj Archiv 11–12 (1925), S. 46f., in: Pravo. Eženedel'naja Juridičeskaja Gazeta, 25.10.1905, Sp. 3395–3397, und in: Zakonodatel'nye akty (wie Anm. 14), S. 237f.

46 *Vitte*, Vospominanija, Band 3 (wie Anm. 2), S. 219.

47 Ebd., S. 247; *Harcave*, Count Sergej Witte (wie Anm. 4), S. 219.

48 *K. F. Šacillo* (Hg.), Dnevniki Imperatora Nikolaja II [Tagebücher Kaiser Nikolaus' II], Moskva 1991, S. 285.

49 *M. Pokrovskij* (Hg.), Perepiska Nikolaja II i Marii Fedorovny (1905–1906 gg.) [Briefwechsel Nikolaus' II und Marija Fedorovnas (1905–1906)], in: Krasnyj Archiv 22 (1927), S. 153–209; die zahlreichen Französisch geschriebenen Passagen der Briefe von Marija Fedorovna sind im originalen Wortlaut wiedergegeben. Die Sammlung umfaßt 45 Stücke aus dem Zeitraum zwischen dem 18. Mai 1905 und dem 10. November 1906. Im Jahre 1928 erschien eine mit erläuternden Anmerkungen versehene französische Übersetzung der russischen Ausgabe: *Paul L. Léon* (Hg.), Lettres de Nicolas II et de sa mère, l'Impératrice douairière de Russie, Paris 1928. Eine englische Ausgabe des Briefwechsels besorgte *Edward J. Bing* (Hg.), The Letters of Tsar Nicholas and Empress Marie, being the confidential correspondence between Nicholas II, last of the Tsars, and his mother dowager Empress Maria Feodorovna, London 1937. Die von Bing durchgehend in englischer Übersetzung veröffentlichten Briefe umfassen einen weit größeren Zeitraum als die Edition von Pokrovskij. Der erste Brief stammt aus dem Jahre 1879, der letzte vom 21. November 1917. Wie der Herausgeber im Vorwort erläutert, hat er allerdings nur solche Briefe in den Band aufgenommen, von denen er glaubte, dass sie „das relativ größte menschliche und historische Interesse

besäßen", und in vielen Fällen sind die Briefe nicht in voller Länge abgedruckt worden (The Editor's Foreword, ebd., S. 19f.). Die deutschsprachige Ausgabe des Briefwechsels – *Wladimir von Korostowetz* (Hg.), Der letzte Zar. Briefwechsel Nikolaus' II. mit seiner Mutter, Berlin 1938 – ist eine Übersetzung der englischen Ausgabe von Bing. Ein Hinweis auf die Auslassungen fehlt. Will man nicht zum russischen Originaltext greifen, empfiehlt sich für wissenschaftliche Zwecke in erster Linie die Heranziehung der französischen Ausgabe.

50 *Pokrovskij* (Hg.), Perepiska (wie Anm. 49), Nikolaus II. an Marija Fedorovna, 19.10.1905, S. 167: *Čuvstvo bylo, kak byvaet letom pered sil'noj grozoj!*
51 Ebd., S. 167f.
52 Ebd., S. 167f.
53 *Szeftel*, Decisions (wie Anm. 38), S. 484–488.
54 Imennoj Vysočajšij Ukaz, in: Zakonodatel'nye Akty (wie Anm. 14), S. 244.
55 *Harcave*, Count Sergei Witte (wie Anm. 4), S. 177; *Szeftel*, Decisions (wie Anm. 38), S. 487.
56 *Pokrovskij* (Hg.), Perepiska (wie Anm. 49), Nikolaus II. an Marija Fedorovna, 19.10.1905, S. 168.
57 Ebd., S. 166.
58 *Pokrovskij* (Hg.), Perepiska (wie Anm. 49), Marija Fedorovna an Nikolaus II., 16.10.1905, S. 166.
59 Ebd., Marija Fedorovna an Nikolaus II., 1.11.1905, S. 171: *Enfin tu ne pouvais pas agir autrement, le bon Dieu t'a aidé à sortir de cette terrible et plus que pénible situation [...].*
60 *Harcave*, Count Sergei Witte (wie Anm. 4), S. 194.
61 Vgl. dazu: *Verner*, Crisis (wie Anm. 19), S. 205–217, sowie *Pares*, Conference (wie Anm. 19), S. 87–120; vgl. oben, S. 120.
62 *Pokrovskij* (Hg.), Perepiska (wie Anm 49), Nikolaus II. an Marija Fedorovna, 27.10.1905, S. 169.
63 Die Protokolle der Beratungen über die Reform des Wahlrechts sind veröffentlicht in: *V. Vodovozov* (Hg.), Carskosel'skija soveščanija. Protokoly sekretnago soveščanija pod predsedatel'stvom byvšago imperatora po voprosu o rasširenii izbiratel'nago prava [Beratungen in Carskoe Selo. Unveröffentlichte Protokolle der geheimen Beratung unter dem Vorsitz des gewesenen Zaren über die Frage der Erweiterung des Wahlrechts], in: Byloe Nr. 3 (25), September 1917, S. 217–265.
64 Ebd., S. 238: *Sostav eja dolžen pol'zovat'sja doveriem vsech vernopoddannych v[ašego] i[mperial'nogo] v[eličestva].*
65 Ebd., S. 239.
66 Ebd., S. 240.
67 Ebd., S. 239: V osnovanie izbiratel'noj sistemy dolžen byt' položen princip demokratičeskij [Dem Wahlsystem muss man das demokratische Prinzip zugrundelegen].
68 Ebd., S. 241.
69 Ebd., S. 241f.
70 Ebd., S. 248: *vstupit' na put' nravstennago uspokoenija.*
71 Ebd., S. 256.
72 Ebd., S. 245.
73 Ebd., S. 244f.
74 Ebd., S. 244.
75 Ebd., S. 243: *Sozyv gosudarstvennoj dumy – eto konec revoljucii* [Die Berufung der Staatsduma – das ist das Ende der Revolution].
76 Ebd., S. 258f.

77 *Verner*, Crisis (wie Anm. 19), S. 290; Text der neuen Wahlordnung: Imennoj vysočajšij ukaz, 11.12.1905, in: Zakonodatel'nye akty (wie Anm. 14), S. 282–295.
78 *Abraham Ascher*, The Revolution of 1905, Band 2: Authority Restored, Stanford 1992, S. 43.
79 *Verner*, Crisis (wie Anm. 19), S. 293.
80 *V. Vodovozov* (Hg.), Carskosel'skija soveščanija. Protokoly sekretnago soveščanija v fevrale 1906 goda pod predsedatel'stvom byvšago imperatora po vyrabotke Učreždenij Gosudarstvennoj Dumy i Gosudarstvennago Soveta [Beratungen in Carskoe Selo. Die Protokolle der geheimen Beratung im Februar 1906 unter dem Vorsitz des gewesenen Zaren über die Einrichtung einer Staatsduma und eines Staatsrats], in: Byloe 4 (26), Oktober 1917, S. 293.
81 Osnovnye Gosudarstvennye Zakony [Staatsgrundgesetze], 23.4.1906, Nr. 27805, § 58, in: Polnoe Sobranie Zakonov Rossijskoj Imperii [Vollständige Sammlung der Gesetze des Russischen Reiches], Sobranie tret'e [Dritte Sammlung], Band 26 (1906), Sankt Peterburg 1909, S. 460; zum Staatsgrundgesetz von 1906 vgl. im übrigen: *Marc Szeftel*, The Russian Constitution of April 23, 1906. Political Institutions of the Duma Monarchy, Bruxelles 1976; darin enthalten ist eine englische Übersetzung der Artikel 1–124 der Staatsgrundgesetze und ein Kommentar; eine deutsche Übersetzung der Staatsgrundgesetze mit ausführlichem Kommentar findet sich in: *Anton Palme*, Die russische Verfassung, Berlin 1910.
82 Osnovnye Gosudarstvennye Zakony, 23.4.1906 (wie Anm. 81), § 64, ebd., S. 460; § 7, ebd., S. 457.
83 *V. Vodovozov* (Hg.), Carsko-sel'skija soveščanija. Protokoly sekretnago soveščanija v aprele 1906 goda pod predsedatel'stvom byvšago imperatora po peresmotru osnovnych zakonov [Protokolle der geheimen Beratung im April 1906 unter dem Vorsitz des gewesenen Zaren über die Revision der Grundgesetze], 9.4.1906, in: Byloe 5–6 (27–28), November–Dezember 1917, S. 206; zu den Verfassungsberatungen in Carskoe Selo vgl. auch: *Sellin*, Gewalt (wie Anm. 8), S. 191–198.
84 *Max Weber*, Rußlands Übergang zum Scheinkonstitutionalismus (1906), in: *ders.*, Zur Russischen Revolution von 1905. Schriften und Reden 1905–1912, hg. von *Wolfgang J. Mommsen*, in Zusammenarbeit mit *Dittmar Dahlmann*, Tübingen 1989, S. 280–684 (Max Weber Gesamtausgabe. Abteilung I, Band 10).

Schluss

1 *Dieter Langewiesche*, Die Monarchie im Jahrhundert Europas. Selbstbehauptung durch Wandel im 19. Jahrhundert, Heidelberg 2013.
2 Archives parlementaires, Serie I, Band 27, 21.6.1791, S. 383; vgl. *Volker Sellin*, Gewalt und Legitimität. Die europäische Monarchie im Zeitalter der Revolutionen, München 2011, S. 186–190.

Quellen und Literatur

Ajrapetov, Oleg, Vnešnjaja politika Rossijskoj Imperii (1801–1914), Moskva 2006.

Album J. Balon [Hommage à Monsieur Joseph Balon], Namur 1968.

Altmann, Wilhelm (Hg.), Ausgewählte Urkunden zur außerdeutschen Verfassungsgeschichte seit 1776, Berlin 1897.

Alvarez Junco, José/Shubert, Adrian (Hg.), Spanish History since 1808, London 2000.

Ambrosini, Filippo, Carlo Alberto Re, Torino 2004.

Andreas, Willy, Die Entstehung der badischen Verfassung, Marburg 1912.

Andreas, Willy, Geschichte der badischen Verwaltungsorganisation und Verfassung in den Jahren 1802–1818, Band 1, Leipzig 1913.

Angeberg, comte de (Pseudonym für *Leonard Jakob Borejko Chod'zko*) (Hg.), Le congrès de Vienne et les traités de 1815, précédé et suivi des actes diplomatiques qui s'y rattachent, 2 Bände, Paris 1863.

Angeberg, comte de (Pseudonym für *Leonard Jakob Borejko Chod'zko*) (Hg.), Recueil des traités, conventions et actes diplomatiques concernant la Pologne 1762–1862, Paris 1862.

Angermann, Erich, Ständische Rechtstraditionen in der amerikanischen Unabhängigkeitserklärung, in: Historische Zeitschrift 200 (1965), S. 61–91.

Anschütz, Gerhard, Die Verfassungs-Urkunde für den Preußischen Staat vom 31. Januar 1850. Ein Kommentar für Wissenschaft und Praxis, Band 1, Berlin 1912.

Anweiler, Oskar, Die russische Revolution von 1905. Aus Anlaß ihres 50. Jahrestages, in: Jahrbücher für Geschichte Osteuropas 3 (1955), S. 161–193.

Aquarone, Alberto et al. (Hg.), Le costituzioni italiane, Milano 1958.

Ara, Angelo, Lo Statuto fondamentale dello Stato della Chiesa (14 marzo 1848). Contributo ad uno studio delle idee costituzionali nello Stato Pontificio nel periodo delle riforme di Pio IX, Milano 1966.

Archives du Ministère des Affaires Étrangères, Paris (MAE), Mémoires et Documents (MD) France, Band 646 (Fonds Bourbon); Band 668.

Archives Nationales, Paris, CC 986; 40 AP 7.

Archives parlementaires, Paris.

Artola Gallego, Miguel, Los afrancesados, Madrid 1953.

Artola Gallego, Miguel, Los Orígenes de la España Contemporánea, 2 Bände, Madrid 1959.

Artola Gallego, Miguel, La España de Fernando VII, Band 1: La guerra de la independencia y los orígenes del constitucionalismo, 6. Aufl., Madrid 1996.

Ascher, Abraham, The Revolution of 1905, Band 1: Russia in Disarray, Stanford 1988; Band 2: Authority Restored, Stanford 1992.

Bailleu, Paul (Hg.), Briefwechsel König Friedrich Wilhelm's III. und der Königin Luise mit Kaiser Alexander I., Leipzig 1900.

Bernecker, Walther L./Pietschmann, Horst, Geschichte Spaniens. Von der frühen Neuzeit bis zur Gegenwart, 4. Aufl., Stuttgart 2005.

Bing, Edward J., The Letters of Tsar Nicholas and Empress Marie. Being the confidential correspondence between Nicholas II, last of the Tsars, and his mother, dowager Empress Maria Feodorovna, London 1937.

Blackwell, William L., Alexander I and Poland: The Foundations of His Polish Policy, Ph. D. Dissertation, Princeton University 1959.

Bojasiński, Józef, Rządy tymczasowe w królestwie polskiem. Maj-grudzień 1815, Warszawa 1902.

Branch, Michael/Hartley, Janet M./Mączak, Antoni (Hg.), Finland and Poland in the Russian Empire. A Comparative Study, London 1995.

Brandenburg, Erich, Untersuchungen und Aktenstücke zur Geschichte der Reichsgründung, Leipzig 1916.

Brandt, Hartwig/Grothe, Ewald (Hg.), Rheinbündischer Konstitutionalismus, Frankfurt 2007.

Brennecke, Christiana, Von Cádiz nach London. Spanischer Liberalismus im Spannungsfeld von nationaler Selbstbestimmung, Internationalität und Exil (1820–1833), Göttingen 2010.

Brunov, F. M., Aperçu des principales transactions du cabinet de Russie sous les règnes de Cathérine II, Paul I et Alexandre I, in: Gody učenija ego imperatorskago naslednika cesareviča Aleksandra Nikolaeviča, Band 2, Sankt Peterburg 1880 (Sbornik Imperatorskago Russkago Istoričeskago Obščestva, Band 31).

Bulletin des lois du Royaume de France, cinquième série.

Busquets, Julio, Pronunciamientos y golpes de Estado en España, Barcelona 1982.

Bußmann, Walter, Zwischen Preußen und Deutschland. Friedrich Wilhelm IV. Eine Biographie, Berlin 1990.

Candeloro, Giorgio, Storia dell'Italia moderna, Band 2: Dalla restaurazione alla rivoluzione nazionale, 4. Aufl., Milano 1994; Band 3: La rivoluzione nazionale (1846–1849), 3. Aufl., Milano 1995; Band 4: Dalla rivoluzione nazionale all'unità 1849–1860, 3. Aufl., Milano 1995.

Cavour, Camillo, Tutti gli scritti, hg. von *Carlo Pischedda* und *Giuseppe Talamo*, 4 Bände, Torino 1976–1978.

Cavour, Camillo, Epistolario, Band 4 (1847), hg. von *Narciso Nada*, Firenze 1978; Band 5 (1848), hg. von *Carlo Pischedda*, Firenze 1980.

Chiavistelli, Antonio, Toscana costituzionale: La difficile gestazione dello statuto fondamentale del 1848, in: Rassegna storica del Risorgimento 84 (1997), S. 339–374.

Ciaurro, Luigi, (Hg.), Lo Statuto albertino, illustrato dai lavori preparatori, Roma 1996.

Coigny, Aimée de, duchesse de Fleury, Mémoires, hg. von *Étienne Lamy*, Paris 1906.

Colombo, Adolfo (Hg.), Dalle riforme allo Statuto di Carlo Alberto. Documenti editi ed inediti, Casale 1924.

Colombo, Paolo, Il re d'Italia. Prerogative costituzionali e potere politico della Corona (1848–1922), Milano 1999.

Colombo, Paolo, Storia costituzionale della monarchia italiana, 2. Aufl., Roma-Bari 2003.

Comellas, José Luis, Los primeros pronunciamientos en España 1814–1820, Madrid 1958.

Comellas, José Luis, Isabel II. Una reina y un reinado, Barcelona 1999.

Connelly, Owen, Napoleon's Satellite Kingdoms, New York/London 1965.

Crosa, Emilio, Lo Statuto del 1848 e l'opera del ministro Borelli, con lettere inedite di Carlo Alberto, in: Nuova Antologia, Serie 5, Band 177, 16.6.1915, S. 533–541.

Czartoryski, Adam, Mémoires et correspondance avec l'empereur Alexandre Ier, 2 Bände, Paris 1887.

Davies, Norman, Heart of Europe. The Past in Poland's Present, 3. Aufl., Oxford 2001.

Davion, Isabelle/Kłoczowski, Jerzy/Soutou, Georges-Henri (Hg.), La Pologne et l'Europe du partage à l'élargissement (XVIIIe-XXIe siècles), Paris 2007.

Diwald, Hellmut (Hg.), Von der Revolution zum Norddeutschen Bund. Politik und Ideengut der preußischen Hochkonservativen 1848–1866. Aus dem Nachlaß von Ernst Ludwig von Gerlach, 2 Teile, Göttingen 1970.

Doeberl, Michael, Ein Jahrhundert bayerischen Verfassungslebens, 2. Aufl., München 1918.

Doeberl, Michael, Rheinbundverfassung und bayerische Konstitution, München 1924.

Dundulis, Bronius, Napoléon et la Lituanie en 1812, Paris 1940.

Elm, Veit, Die Moderne und der Kirchenstaat. Aufklärung und römisch-katholische Staatlichkeit im Urteil der Geschichtsschreibung vom 18. Jahrhundert bis zur Postmoderne, Berlin 2001.

[*Ermolov, Aleksej Sergeevič*], Zapiski A. S. Ermolova, in: Krasnyj Archiv 8 (1925), S. 49–69.

Esdaile, Charles J., Spain in the Liberal Age. From Constitution to Civil War, 1808–1939, Oxford 2000.

Espadas Burgos, Manuel/Urquijo Goitia, José Ramón de, Guerra de la independencia y época constitucional (1808–1898), Madrid 1990.

Fehrenbach, Charles Wentz, Moderados and Exaltados: The Liberal Opposition to Ferdinand VII, 1814–1823, in: Hispanic American Historical Review 50 (1970), S. 52–69.

Fehrenbach, Elisabeth, Wandlungen des deutschen Kaisergedankens 1871–1918, München/Wien 1969.

Fehrenbach, Elisabeth, Traditionale Gesellschaft und revolutionäres Recht. Die Einführung des Code Napoléon in den Rheinbundstaaten, Göttingen 1974.

Fernández Almagro, Melchor, Origenes del regimen constitucional en España, Barcelona 1986.

Fernández Martín, Manuel, Derecho parlamentario español, 3 Bände, Madrid 1992.

Fournier, August, Der Congress von Châtillon. Die Politik im Kriege von 1814. Eine historische Studie, Wien 1900.

Frahm, Friedrich, Entstehungs- und Entwicklungsgeschichte der preußischen Verfassung (vom März 1848 bis zum Januar 1850), in: Forschungen zur Brandenburgischen und Preußischen Geschichte 41 (1928), S. 248–301.

Furtwängler, Martin, Die Standesherren in Baden (1806–1848). Politische und soziale Verhaltensweisen einer bedrängten Elite, Frankfurt 1996.

Gaceta Extraordinaria de Madrid del jueves 12 de mayo de 1814.

Gates, David, The Spanish Ulcer. A History of the Peninsular War, Cambridge, Mass., 1986.

Geheimes Staatsarchiv Preußischer Kulturbesitz, Berlin, I. HA Rep. 92, Nachlaß Albrecht, Nr. 56.

[*Gentz, Friedrich von*], Briefe von und an Friedrich von Gentz, hg. von *Friedrich Carl Wittichen* und *Ernst Salzer*, Band 3, Teil I, München 1913.

Gerlach, Lepold von, Denkwürdigkeiten, hg. von seiner Tochter, Band 1, Berlin 1891.

Gerner, Joachim, Vorgeschichte und Entstehung der württembergischen Verfassung im Spiegel der Quellen (1815–1819), Stuttgart 1989.

Ghisalberti, Alberto Maria, Nuove ricerche sugli inizi del pontificato di Pio IX e sulla Consulta di Stato, Roma 1939.

Ghisalberti, Carlo, Dalla monarchia amministrativa alla monarchia consultiva, in: ders., Contributi alla storia delle amministrazioni preunitarie, Milano 1963, S. 145–183.

Ghisalberti, Carlo, Dall'Antico Regime al 1848. Le origini costituzionali dell'Italia moderna, Bari 1974.

Ghisalberti, Carlo, Storia costituzionale d'Italia 1848/1948, 17. Aufl., Bari 1998.

Ghisalberti, Carlo, Istituzioni e società civile nell'età del Risorgimento, Bari 2005.

Godechot, Jacques, Les institutions de la France sous la Révolution et l'Empire, 2. Aufl., Paris 1968.

Godechot, Jacques (Hg.), Les Constitutions de la France depuis 1789, Paris 1970.

Goldschmidt, Paul, Die oktroyierte preußische Verfassung, in: Preußische Jahrbücher 125 (1906), S. 197–216.

Gollwitzer, Heinz, Die Standesherren. Die politische und gesellschaftliche Stellung der Mediatisierten 1815–1918. Ein Beitrag zur deutschen Sozialgeschichte, 2. Aufl., Göttingen 1964.

Gollwitzer, Heinz, Ludwig I. von Bayern. Königtum im Vormärz. Eine politische Biographie, München 1986.

Greer, Donald M., L'Angleterre, la France et la Révolution de 1848. Le troisième ministère de Lord Palmerston au Foreign Office (1846–1851), Paris 1925.

Griewank, Karl, Der Wiener Kongress und die europäische Restauration 1814/15, 2., völlig neubearbeitete Aufl., Leipzig 1954.

Grimsted, Patricia Kennedy, The Foreign Ministers of Alexander I. Political Attitudes and the Conduct of Russian Diplomacy, 1801–1825, Berkeley/Los Angeles 1969.

Grünthal, Günther, Parlamentarismus in Preußen 1848/49–1857/58. Preußischer Konstitutionalismus – Parlament und Regierung in der Reaktionsära, Düsseldorf 1982.

Grünthal, Günther, Zwischen König, Kabinett und Kamarilla. Der Verfassungsoktroi in Preußen vom 5.12.1848, in: Jahrbuch für die Geschichte Mittel- und Ostdeutschlands 32 (1983), S. 119–174.

Gurko, Vladimir Iosifovič, Features and Figures of the Past. Government and Opinion in the Reign of Nicholas II, New York 1939.

Haan, Heiner (Hg.), Hauptstaat – Nebenstaat. Briefe und Akten zum Anschluß der Pfalz an Bayern 1815/17, Koblenz 1977.

Härter, Karl, Reichstag und Revolution 1789–1806. Die Auseinandersetzung des Immerwährenden Reichstags zu Regensburg mit den Auswirkungen der Französischen Revolution auf das Alte Reich, Göttingen 1991.

Halicz, Emanuel, La question polonaise à Tilsitt, in: Acta Poloniae Historica 12 (1965), S. 44–65.

Handelsman, Marcel, Napoléon et la Pologne 1806–1807, Paris 1909.

Handelsman, Marceli (Hg.), Konstytucje Polskie, 1791–1921, Warszawa 1922.

Harcave, Sidney, The Russian Revolution of 1905, London 1964.

Harcave, Sidney (Hg.), The Memoirs of Count Witte, Armonk, N. Y./London 1990.

Harcave, Sidney, Count Sergei Witte and the Twilight of Imperial Russia. A Biography, Armonk, N. Y./London 2004.

Hartley, Janet M., Alexander I, London/New York 1994.

Hartley, Janet M., The "Constitutions" of Finland and Poland in the Reign of Alexander I: Blueprints for Reform in Russia?, in: *Michael Branch/Janet Hartley/Antoni Mączak* (Hg.), Finland and Poland in the Russian Empire, London 1995, S. 41–59.

Hartley, Janet M., Russia, 1762–1825. Military Power, the State, and the People, Westport 2008.

Hecker, Michael, Napoleonischer Konstitutionalismus in Deutschland, Berlin 2005.

Heydemann, Günther, Konstitution gegen Revolution. Die britische Deutschland- und Italienpolitik 1815–1848, Göttingen 1995.

Hildermeier, Manfred, Die Russische Revolution 1905–1921, Frankfurt 1989.

Hömig, Klaus Dieter, Der Reichsdeputationshauptschluß vom 25. Februar 1803 und seine Bedeutung für Staat und Kirche, Tübingen 1969.

Hoff, Johann Friedrich, Die Mediatisiertenfrage in den Jahren 1813–1815, Berlin/Leipzig 1913.

Huber, Ernst Rudolf, Deutsche Verfassungsgeschichte seit 1789, Bände 1–3, Stuttgart 1957–1963.

Huber, Ernst Rudolf, Dokumente zur deutschen Verfassungsgeschichte, Bände 1–2, 3. Aufl., Stuttgart 1978–1986.

Izdebski, Hubert, Litewskie projekty konstytucyjne z lat 1811–1812 i ich wpływ na Konstytucję Królestwa Polskiego, in: Csasopismo Prawno-Historyczne 24/1 (1972), S. 93–136.

Izdebski, Hubert, Ustawa konstytucyjna Królestwa polskiego z 1815 r., in: *Marian Kallas* (Hg.), Konstytucje polski. Studia monograficzne z dziejów polskiego konstytucjonalizmu, Warszawa 1990, S. 185–232.

Jedruch, Jacek, Constitutions, Elections and Legislatures of Poland, 1493–1977. A Guide to Their History, Washington 1982.

Kallas, Marian, Konstytucja Księstwa Warszawskiego. Jej powstanie, systematyka i główne instytucje w związku z normami szczegółowymi i praktyka, Toruń 1970.

Kallas, Marian (Hg.), Konstytucje polski. Studia monograficzne z dziejów polskiego konstytucjonalizmu, 2 Bände, Warszawa 1990.

Kann, Robert A., The Problem of Restoration. A Study in Comparative Political History, Berkeley/Los Angeles 1968; deutschsprachige Ausgabe: Die Restauration als Phänomen in der Geschichte, Graz 1974.

Klinkowström, Clemens von (Hg.), Aus der alten Registratur der Staatskanzlei. Briefe politischen Inhalts von und an Friedrich von Gentz aus den Jahren 1799–1827, Wien 1870.

Knecht, Ingo, Der Reichsdeputationshauptschluß vom 25. Februar 1803. Rechtmäßigkeit, Rechtswirksamkeit und verfassungsgeschichtliche Bedeutung, Berlin 2007.

Körner, Hans-Michael, Geschichte des Königreichs Bayern, München 2006.

Kondylis, Panajotis, Art. Reaktion, Restauration, in: *Otto Brunner/Werner Conze/ Reinhart Koselleck* (Hg.), Geschichtliche Grundbegriffe. Historisches Lexikon zur politisch-sozialen Sprache in Deutschland, Band 5, Stuttgart 1984, S. 179–230.

Korostowetz, Wladimir von (Hg.), Der letzte Zar. Briefwechsel Nikolaus' II. mit seiner Mutter, Berlin 1938.

Kraus, Andreas, Geschichte Bayerns. Von den Anfängen bis zur Gegenwart, 3. Aufl., München 2004.

Kukiel, Marian, Czartoryski and European Unity 1770–1861, Princeton 1955.

Kusber, Jan, Krieg und Revolution in Rußland 1904–1906. Das Militär im Verhältnis zu Wirtschaft, Autokratie und Gesellschaft, Stuttgart 1997.

Kusber, Jan/Frings, Andreas (Hg.), Das Zarenreich, das Jahr 1905 und seine Wirkungen. Bestandsaufnahmen, Berlin 2007.

Langewiesche, Dieter (Hg.), Demokratiebewegung und Revolution 1847 bis 1849. Internationale Aspekte und europäische Verbindungen, Karlsruhe 1998.

Langewiesche, Dieter, Nation, Nationalismus, Nationalstaat in Deutschland und Europa, München 2000.

Langewiesche, Dieter, Reich, Nation, Föderation. Deutschland und Europa, München 2008.

Langewiesche, Dieter, Die Monarchie im Jahrhundert Europas. Selbstbehauptung durch Wandel im 19. Jahrhundert, Heidelberg 2013.

Lasa Iraola, Ignacio, El primer proceso de los liberales (1814–1815), in: Hispanica 30 (1970), S. 327–383.

Laue, Theodor H. von, Count Witte and the Russian Revolution of 1905, in: American Slavic and East European Review 17 (1958), S. 25–46.

Le Moniteur universel, Paris.

Le riforme del 1847 negli Stati italiani. Atti del Convegno di studi, Firenze, 20–21 marzo 1998, in: Rassegna storica toscana 45 (1999).

Leeb, Josef, Wahlrecht und Wahlen zur Zweiten Kammer der bayerischen Ständeversammlung im Vormärz (1818–1845), 2 Teilbände, Göttingen 1996.

Lentz, Thierry (Hg.), Napoléon et l'Europe. Regards sur une politique. Actes du colloque organisé par la direction des Archives du Ministère des Affaires étrangères et la Fondation Napoléon, 18 e 19 novembre 2004, Paris 2005.

Lentz, Thierry, Quelle place pour la Pologne dans le système napoléonien?, in: *Isabelle Davion u. a.* (Hg.), La Pologne et l'Europe du partage à l'élargissement (XVIIIe-XXIe siècles), Paris 2007, S. 29–39.

Léon, Paul L. (Hg.), Lettres de Nicolas II et de sa mère, l'Impératrice douairière de Russie, Paris 1928.

Lerchenfeld, Gustav von, Geschichte Bayerns unter König Maximilian Joseph I. mit besonderer Beziehung auf die Entstehung der Verfassungs-Urkunde, Berlin 1854.

Levra, Umberto (Hg.), Il Piemonte alle soglie del 1848, Torino 1999.

Lodolini Tupputi, Carla, Sulla tacita soppressione dello statuto di Pio IX, in: Rassegna storica del Risorgimento 94 (2007), S. 323-344.

Lord, Robert Howard, The Second Partition of Poland. A Study in Diplomatic History, Cambridge, Mass./London 1915.

Lotti, Luigi, Leopoldo II e le riforme in Toscana, in: Rassegna storica toscana 45 (1999), S. 241-251.

Lovett, Gabriel H., Napoleon and the Birth of Modern Spain, Band 1: The Challenge to the Old Order; Band 2: The Struggle, without and within, New York 1965.

Lukowski, Jerzy, Liberty's Folly. The Polish-Lithuanian Commonwealth in the Eighteenth Century, 1697-1795, London/New York 1991.

Luzio, Alessandro, Dalle riforme allo Statuto di Carlo Alberto, in: Archivio storico italiano 84 (1926), S. 89-127.

Mager, Wolfgang, Das Problem der landständischen Verfassungen auf dem Wiener Kongreß 1814/15, in: Historische Zeitschrift 217 (1974), S. 296-346.

Manifest 17 oktjabrja 1905 g., in: Krasnyj Archiv 11-12 (1925), S. 46-51.

Mannori, Luca, Le consulte die Stato, in: Rassegna storica Toscana 45 (1999), S. 347-379.

Mansel, Philip, Louis XVIII, London 1981.

Manteuffel, Otto Freiherr von, Unter Friedrich Wilhelm IV. Denkwürdigkeiten, hg. von *Heinrich von Poschinger*, Band 1: 1848-1851, Berlin 1901.

Martens, Georg Friedrich von (Hg.), Nouveau recueil de traités, Band 1 (1808-1814), Göttingen 1817.

Martina, Giacomo, Nuovi studi sulle riforme e sullo statuto di Pio IX, in: Rivista di storia della chiesa in Italia 21 (1967), S. 131-146.

Martina, Giacomo, Pio IX, Band 1 (1846-1850), Roma 1974.

Martínez de la Rosa, Francisco, Obras, hg. von *Carlos Seco Serrano*, 8 Bände, Madrid 1962.

Mazohl-Wallnig, Brigitte, Österreichischer Verwaltungsstaat und administrative Eliten im Königreich Lombardo-Venetien 1815-1859, Mainz 1993.

Mazzonis, Filippo, La monarchia sabauda, in: *Umberto Levra* (Hg.), Il Piemonte alle soglie del 1848, Torino 1999, S. 149-180.

Mehlinger, Howard D./Thompson, John M., Count Witte and the Tsarist Government in the 1905 Revolution, Bloomington/London 1972.

Meriggi, Marco, Amministrazione e classi sociali nel Lombardo-Veneto (1814-1848), Bologna 1983.

Meriggi, Marco, Il Regno Lombardo-Veneto, Torino 1987.

Mesonero Romanos, Ramón de, Memorias de un setentón, Madrid 1975.

[*Wenzel Clemens Metternich*], Aus Metternich's nachgelassenen Papieren, hg. von *Richard Metternich-Winneburg*, 8 Bände, Wien 1880-1884.

Michajlovič, Velikij Knjas' Nikolaj, Imperator Aleksandr I, Moskva 1999.

Mironenko, S. V., Samoderžavie i reformy. Političeskaja bor'ba v Rossii v načale XIX v., Moskva 1989.

Monsagrati, Giuseppe, Pio IX, lo Stato della Chiesa e l'avvio delle riforme, in: Rassegna storica toscana 45 (1999), S. 215–238.

Montgelas, Maximilian Joseph von, Denkwürdigkeiten über die innere Staatsverwaltung Bayerns (1799–1817), hg. von *G. Laubmann* und *M. Doeberl*, München 1908.

Montholon, Charles-Tristan, comte de, Mémoires pour servir à l'histoire de France sous Napoléon. Notes et Mélanges, Band 2, Paris 1823.

Morley, Charles, Alexander I and Czartoryski. The Polish Question from 1801 to 1813, in: The Slavonic (and East European) Review 25 (1946/47), S. 405–426.

Moscati, Ruggero (Hg.), Il Regno delle Due Sicilie e l'Austria. Documenti dal marzo 1821 al novembre 1830, 2 Bände, Napoli 1937.

Moscati, Ruggero, Un duro antagonista della rivoluzione del '48: Ferdinando II, in: Archivio storico per le province napoletane 70 (1947–1949), S. 1–27.

Nada, Narciso, Dallo Stato assoluto allo Stato costituzionale. Storia del Regno di Carlo Alberto dal 1831 al 1848, Torino 1980.

Nada, Narciso (Hg.), Le relazioni diplomatiche fra l'Austria e il Regno di Sardegna, II^a serie, 1830–1848, Band 4 (4.1.1847–24.3.1848), Roma 1997.

Nada, Narciso, Le riforme carlo-albertine del 1847, in: Rassegna storica toscana 45 (1999), S. 253–268.

Napoléon Ier, Correspondance, 32 Bände, Paris 1858–1870.

Navas-Sierra, J. Alberto, El tratado de Valençay o el fracaso del pacto imperial napoleónico. El caso de la España peninsular, in: Jahrbuch für Geschichte von Staat, Wirtschaft und Gesellschaft Lateinamerikas 27 (1990), S. 259–304.

Negri, Paolo, Genesi ed elementi fondamentali dello Statuto carlo albertino, in: Il Risorgimento italiano, nuova serie, 17 (1924), S. 781–822.

Nesselrode, A. de (Hg.), Lettres et papiers du chancelier comte de Nesselrode 1760–1850. Extraits de ses archives, Band 4: 1812, Paris 1905.

Nieuwazny, Andrzej, Le dilemme polonais de Napoléon: des légionnaires aux "Varsoviens", in: *Thierry Lentz* (Hg.), Napoléon et l'Europe, Paris 2005, S. 84–102.

Notario, Paola/Nada, Narciso, Il Piemonte sabaudo. Dal periodo napoleonico al Risorgimento, Torino 1993.

Ogiński, Michał, Denkwürdigkeiten über Polen, das Land und seine Bewohner, 3. Teil, Belle-Vue 1845.

Oncken, Wilhelm, Das Zeitalter der Revolution, des Kaiserreiches und der Befreiungskriege, Band 2, Berlin 1886.

Ostadal, Hubert, Die Kammer der Reichsräte in Bayern von 1819 bis 1848 (Ein Beitrag zur Geschichte des Frühparlamentarismus), München 1968.

Ostrovskij, A. V./Safonov, M. M., Neizvestnyj proekt manifesta 17 oktjabrja 1905 goda, in: Sovetskie Archivy 2 (1979), S. 63–65.

Palme, Anton, Die Russische Verfassung, Berlin 1910.

Pando Fernández de Pinedo, Manuel, Marqués de Miraflores, Apuntes histórico-criticos para escribir la historia de la revolucion de España, desde el año 1820 hasta 1823, Band 1, London 1834.

Pando Fernández de Pinedo, Manuel, Marqués de Miraflores, Memorias del Reinado de Isabel II, 3 Bände, Madrid 1964.

Parente, Luigi, Francesco Paolo Bozzelli e il dibattito sulla costituzione, in: Archivio storico per le province napoletane 117 (1999), S. 75–101.

Pares, Bernard, The Peterhof Conference of 1905, in: The Russian Review 2/4 (1913), S. 87–120.

Pene Vidari, Gian Savino, Lo Statuto albertino dalla vita costituzionale subalpina a quella italiana, in: Studi piemontesi 27 (1998), S. 303–314.

Pesendorfer, Franz (Hg.), Il governo di famiglia in Toscana. Le memorie del granduca Leopoldo II di Lorena (1824–1859), Firenze 1987.

Pesendorfer, Franz, Zwischen Trikolore und Doppeladler. Leopold II. Großherzog von Toskana 1824–1859, Wien 1987.

Pienkos, Angela T., The Imperfect Autocrat. Grand Duke Constantine Pavlovich and the Polish Congress Kingdom, New York 1987.

Pingaud, Léonce, L'empereur Alexandre Ier, Roi de Pologne – La „Kongressovka" (1801–1825), in: Revue d'Histoire Diplomatique 31 (1917), S. 513–540.

Pokrovskij, M. N., Perepiska Nikolaja II i Marii Fedorovny (1905–1906 gg.), in: Krasnyj Archiv 22 (1927), S. 153–209.

Polovtsoff, A. (Hg.), Correspondance diplomatique des ambassadeurs et ministres de Russie en France et de France en Russie avec leurs gouvernements de 1814 à 1830, Band 1, Saint-Pétersbourg 1902.

Predtečenskij, A. V., Očerki obščestvenno-političeskoj istorii Rossii v pervoj četverti XIX veka, Moskva-Leningrad 1957.

Prutsch, Markus J., Making Sense of Constitutional Monarchism in Post-Napoleonic France and Germany, Houndmills 2013.

Radowitz, Joseph von, Nachgelassene Briefe und Aufzeichnungen zur Geschichte der Jahre 1848–1853, hg. von *Walter Möring*, Stuttgart/Berlin 1922.

Raeff, Marc, Michael Speransky. Statesman of Imperial Russia, 1772–1839, The Hague 1957.

Raeff, Marc, Plans for Political Reform in Imperial Russia, 1730–1905, Englewood Cliffs 1966.

Recueil des traités, conventions et actes diplomatiques concernant l'Autriche et l'Italie, Paris 1859.

Rimscha, Wolfgang von, Die Grundrechte im Süddeutschen Konstitutionalismus. Zur Entstehung und Bedeutung der Grundrechtsartikel in den ersten Verfassungsurkunden von Bayern, Baden und Württemberg, Köln 1973.

Röhl, John C. G. (Hg.), Der Ort Kaiser Wilhelms II. in der deutschen Geschichte, München 1991.

Romanelli, Raffaele, Nazione e costituzione nell'opinione liberale avanti il '48, in: *Pier Luigi Ballini* (Hg.), La rivoluzione liberale e le nazioni divise, Venezia 2000, S. 271–304.

Romeo, Rosario, Il Risorgimento in Sicilia, Bari 1970.

Romeo, Rosario, Cavour e il suo tempo, 3 Bände, Roma-Bari 1971–1984.

Romeo, Rosario, Vita di Cavour, Bari 1984.

Sabbatucci, Giovanni/Vidotto, Vittorio (Hg.), Storia d'Italia, Band 1: Le premesse dell'unità, Bari 1994.

Šacillo, K. F. (Hg.), Dnevniki Imperatora Nikolaja II, Moskva 1991.

Sánchez Agesta, Luis, Historia del constitucionalismo español, 3. Aufl., Madrid 1974.

Sánchez Almeida, Angélica, Fernando VII. El deseado, Madrid 1999.

Sánchez Mantero, Rafael, Fernando VII. Un reinado polémico, Madrid 1996.

Sarrailh, Jean, Un homme d'état espagnol: Martínez de la Rosa (1787–1862), Poitiers 1930.

Schieder, Theodor, Das Deutsche Kaiserreich von 1871 als Nationalstaat, Köln/Opladen 1961.

Schiemann, Theodor, Geschichte Rußlands unter Kaiser Nikolaus I., Band 1: Kaiser Alexander I. und die Ergebnisse seiner Lebensarbeit, Berlin 1904.

Schnabel, Franz, Deutsche Geschichte im 19. Jahrhundert, Band 3: Monarchie und Volkssouveränität, Freiburg/Basel/Wien 1964.

Scirocco, Alfonso, L'Italia del Risorgimento 1800–1871, 2. Aufl., Bologna 1993.

Scirocco, Alfonso, I sovrani e le riforme, in: L'Italia tra rivoluzioni e riforme 1831–1846. Atti del congresso di storia del Risorgimento italiano (Piacenza, 15–18 ottobre 1992), Roma 1994, S. 53–107.

Scirocco, Alfonso, Il 1847 a Napoli: Ferdinando II e il movimento italiano per le riforme, in: Archivio storico per le province napoletane 115 (1997), S. 431–456; idem in: Rassegna storica toscana 45 (1999), S. 271–302.

Scirocco, Alfonso, Ferdinando II Re delle Due Sicilie: La gestione del potere, in: Archivio storico per le province napoletane 117 (1999), S. 3–42; idem in: Rassegna storica del Risorgimento 86 (1999), S. 483–518.

Seitz, Johannes, Entstehung und Entwicklung der preußischen Verfassungsurkunde im Jahre 1848 (mit dem bisher ungedruckten Urentwurf), Greifswald 1909.

Sellin, Volker, Art. Regierung, Regime, Obrigkeit, in: *Otto Brunner/Werner Conze/Reinhart Koselleck* (Hg.), Geschichtliche Grundbegriffe. Historisches Lexikon zur politisch-sozialen Sprache in Deutschland, Band 5, Stuttgart 1984, S. 361–421.

Sellin, Volker, „Heute ist die Revolution monarchisch". Legitimität und Legitimierungspolitik im Zeitalter des Wiener Kongresses, in: Quellen und Forschungen aus italienischen Archiven und Bibliotheken 76 (1996), S. 335–361.

Sellin, Volker, Die geraubte Revolution. Der Sturz Napoleons und die Restauration in Europa, Göttingen 2001.

Sellin, Volker, Die Erfindung des monarchischen Prinzips. Jacques-Claude Beugnots Präambel zur Charte constitutionnelle, in: *Armin Heinen/Dietmar Hüser* (Hg.), Tour de France. Eine historische Rundreise. Festschrift für Rainer Hudemann, Stuttgart 2008, S. 489–497.

Sellin, Volker: Die Restauration in Italien, in: *Reiner Marcowitz/Werner Paravicini* (Hg.), Vergeben und Vergessen? Vergangenheitsdiskurse nach Besatzung, Bürgerkrieg und Revolution, München 2009, S. 125–140.

Sellin, Volker, Gewalt und Legitimität. Die europäische Monarchie im Zeitalter der Revolutionen, München 2011.

Šil'der, Nikolaj Karlovič, Imperator Aleksandr Pervyj. Ego žizn' i carstvovanie, 4 Bände, Sankt Peterburg 1897/98.

Simon, Pierre, L'élaboration de la Charte constitutionnelle de 1814 (1er avril – 4 juin 1814), Paris 1906.

Singer, Kerstin, Konstitutionalismus auf Italienisch. Italiens politische und soziale Führungsschichten und die oktroyierten Verfassungen von 1848, Tübingen 2008.

Skowronek, Jerzy, Antynapoleońskie koncepcje Czartoryskiego, Warszawa 1969.

Smith, Nathan, The Constitutional-Democratic Movement in Russia, 1902–1906, PhD Thesis, University of Illinois, Urbana 1958.

Späth, Jens, Revolution in Europa 1820–23. Verfassung und Verfassungskultur in den Königreichen Spanien, beider Sizilien und Sardinien-Piemont, Köln 2012.

Spagnoletti, Angelantonio, Storia del Regno delle Due Sicilie, Bologna 1997.

Spindler, Max, Handbuch der Bayerischen Geschichte, Band 4: Das neue Bayern. Von 1800 bis zur Gegenwart, 2., völlig neu bearbeitete Auflage, neu herausgegeben von *Alois Schmid*, München 2003.

Stein, Karl, Freiherr vom, Briefe und amtliche Schriften, Band 4, neu bearbeitet von *Walther Hubatsch*, Stuttgart 1963; Band 5, neu bearbeitet von *Manfred Botzenhart*, Stuttgart 1964.

Straus, Hannah Alice, The Attitude of the Congress of Vienna Toward Nationalism in Germany, Italy, and Poland, New York 1949.

Szeftel, Marc, The Form of Government of the Russian Empire Prior to the Constitutional Reforms of 1905–06, in: *John Shelton Curtiss* (Hg.), Essays in Russian and Soviet History in Honor of Geroid Tanquary Robinson, Leiden 1965, S. 105–119.

Szeftel, Marc, Nicholas II's Constitutional Decisions of Oct. 17–19, 1905, and Sergius Witte's Role, in: Album J. Balon, Namur 1968, S. 461–493.

Szeftel, Marc, The Russian Constitution of April 23, 1906. Political Institutions of the Duma Monarchy, Bruxelles 1976.

[*Talleyrand-Périgord, Charles Maurice de, duc de Bénévent*], Correspondance du prince de Talleyrand avec la duchesse de Courlande, in: L'Amateur d'Autographes. Revue historique et biographique, Band 1, Paris 1862/63, S. 28–46.

Talleyrand-Périgord, Charles Maurice de, duc de Bénévent, Mémoires, hg. von *duc de Broglie*, 3 Bände, Paris 1891/92.

Tatarov, I. (Hg.), Manifest 17 oktjabrja, in: Krasnyj Archiv 11–12 (1925), S. 39–106.

Thackeray, Frank W., Antecedents of Revolution: Alexander I and the Polish Kingdom, 1815–1825, New York 1980.

Thaden, Edward C., Russia's Western Borderlands, 1710–1870, Princeton 1984.

Timmermann, Andreas, Die „gemäßigte Monarchie" in der Verfassung von Cadiz (1812) und das frühe liberale Verfassungsdenken in Spanien, Münster 2007.

Tomás Villarroya, Joaquín, El sistema politico del Estatuto real (1834–1836), Madrid 1968.

Tomás Villarroya, Joaquín u. a., La era isabelina y el sexenio democrático (1834–1874), 3. Aufl., Madrid 1991.

Trifone, Romualdo, La costituzione del Regno delle Due Sicilie dell'11 febbraio 1848, In: Archivio storico per le province napoletane 70 (1947–1949), S. 28–39.

Turgenev, Nikolaj, Rossija i russkie (aus dem Französischen übersetzt von *S. V. Žitomirskij*), Moskva 2001.

Ullmann, Hans-Peter, Staatsschulden und Reformpolitik. Die Entstehung moderner öffentlicher Schulden in Bayern und Baden 1780-1820, Göttingen 1986.

Ullmann, Hans-Peter, Die öffentlichen Schulden in Bayern und Baden 1780-1820, in: Historische Zeitschrift 242 (1986), S. 31-67.

Ullmann, Hans-Peter, Baden 1800 bis 1830, in: *Hansmartin Schwarzmaier* (Hg.), Handbuch der baden-württembergischen Geschichte, Band 3: Vom Ende des Alten Reiches bis zum Ende der Monarchien, Stuttgart 1992, S. 25-77.

Varnhagen von Ense, Karl August, Tagebücher, Band 5, Leipzig 1862.

Verhandlungen der constituirenden Versammlung für Preußen, Bände 6-8, Berlin 1848.

Verner, Andrew M., The Crisis of Russian Autocracy. Nicholas II and the 1905 Revolution, Princeton 1990.

Viarengo, Adriano, Cavour, Roma 2010.

[*Vitte, Sergej Jul'evič*], Zapiska Vitte ot 9 oktjabrja, in: Krasnyj Archiv 11-12 (1925), S. 51-61.

[*Vitte, Sergej Jul'evič*], Černovik vsepoddannejšego doklada Vitte, in: Krasnyj Archiv 11-12 (1925), S. 62-66.

Vitte, Sergej Jul'evič, Vospominanija, 3 Bände, Moskva 1960.

Vodovosov, V. (Hg.), Carskosel'skija soveščanija, Teil I: Protokoly sekretnago soveščanija pod predsedatel'stvom byvšago imperatora po voprosu o rašširenii izbiratel'nago prava, in: Byloe. Žurnal posvjaščennyj istorii osvoboditel'nago dviženija, Nr. 3 (25), September 1917, S. 217-265; Teil II: Protokoly sekretnago soveščanija v aprele 1906 goda pod predsedatel'stvom byvšago imperatora po peresmotru osnovnych zakonov, in: Byloe Nr. 5-6 (27-28), November-Dezember 1917, S. 183-245; Teil III: Protokoly sekretnago soveščanija v fevrale 1906 goda pod predsedatel'stvom byvšago imperatora po vyrabotke Učreždenij Gosudarstvennoj Dumy i Gosudarstvennago Soveta, in: Byloe Nr. 4 (26), Oktober 1917, S. 289-318.

Volz, Günther (Hg.), Briefe Andreas Georg Friedrich Rebmanns an Johann Peter Job Hermes aus den Jahren 1815 und 1816, in: Mitteilungen des Historischen Vereins der Pfalz 57 (1959), S. 173-203.

[*Vuič, Nikolaj I.*], Zapiska Vuiča, in: Krasnyj Archiv 11-12 (1925), S. 66-69.

Wandycz, Piotr S., The Lands of Partitioned Poland, 1795-1918, Seattle/London 1974.

Weber, Max, Rußlands Übergang zum Scheinkonstitutionalismus (1906), in: *ders.*, Zur Russischen Revolution von 1905. Schriften und Reden 1905-1912, hg. von *Wolfgang J. Mommsen*, in Zusammenarbeit mit *Dittmar Dahlmann*, Tübingen 1989, S. 281-684 (Max Weber Gesamtausgabe, Abteilung I, Band 10).

Webster, Charles K. (Hg.), British Diplomacy 1813-1815. Select Documents Dealing with the Reconstruction of Europe, London 1921.

Weech, Friedrich von, Geschichte der badischen Verfassung, Karlsruhe 1868.

Wegelin, Peter, Die Bayerische Konstitution von 1808, in: Schweizer Beiträge zur Allgemeinen Geschichte 16 (1958), S. 142-206.

Weis, Eberhard, Zur Entstehungsgeschichte der bayerischen Verfassung von 1818. Die Debatten in der Verfassungskommission von 1814/15, in: Zeitschrift für bayerische Landesgeschichte 39 (1976), S. 413-444.

Weis, Eberhard (Hg.), Reformen im rheinbündischen Deutschland, München 1984.

Weis, Eberhard, Die Begründung des modernen bayerischen Staates unter König Max I. (1799–1825), in: *Max Spindler/Alois Schmid* (Hg.), Handbuch der bayerischen Geschichte, Band 4: Das neue Bayern. Von 1800 bis zur Gegenwart, Teil 1: Staat und Politik, neu herausgegeben von *Alois Schmid*, zweite, völlig neu bearbeitete Auflage, München 2003, S. 1–126.

Weis, Eberhard, Montgelas. Eine Biographie 1759–1838, München 2008.

Witte, Graf [Sergej Jul'evič], Erinnerungen, mit einer Einleitung von *Otto Hoetzsch*, Berlin 1923.

Witte, Count [Sergej Jul'evič], The Memoirs of Count Witte, hg. von *Sidney Harcave*, Armonk, N. Y., 1990.

Würtenberger, Thomas, Art. Legitimität, Legalität, in: *Otto Brunner/Werner Conze/ Reinhart Koselleck* (Hg.), Geschichtliche Grundbegriffe. Historisches Lexikon zur politisch-sozialen Sprache in Deutschland, Band 3, Stuttgart 1982, S. 677–740.

Wunder, Bernd, Landstände und Rechtsstaat. Zur Entstehung und Verwirklichung des Art. 13 DBA, in: Zeitschrift für historische Forschung 5 (1978), S. 139–185.

Zakonodatel'nye akty perechodnago vremeni 1904–1906 gg., Sankt Peterburg 1906.

Zanichelli, Domenico (Hg.), Lo Statuto di Carlo Alberto secondo i processi verbali del Consiglio di Conferenza dal 3 febbraio al 4 marzo 1848, Roma 1898.

Zawadzki, W. H., A Man of Honour. Adam Czartoryski as a Statesman of Russia and Poland 1795–1831, Oxford 1993.

Zernack, Klaus, Preußen – Deutschland – Polen. Aufsätze zur Geschichte der deutsch-polnischen Beziehungen, hg. von *Wolfram Fischer* und *Michael G. Müller*, Berlin 1991.

Personenregister

Alexander I., Kaiser von Russland 11, 15–23, 27f., 35–48, 50–53, 58
Alexander II., Kaiser von Russland 118
Alexander III., Kaiser von Russland 129
Álvarez Mendizábal, Juan 91
Ancillon, Friedrich 17

Balbo, Cesare 107
Beauharnais, Eugène de 97
Bentinck, William Cavendish 98
Beugnot, Jacques-Claude 8, 31, 55
Bernadotte, Jean-Baptiste-Jules, 1817 König von Schweden 17
Bonaparte, Napoleon Franz 17, 20, 22, 27
Borbone, Carlos María Isidro di 85, 87
Borchardt, Friedrich 68
Borelli, Giacinto 107, 109f.
Bourbon, Louis Charles de 25
Bozzelli, Francesco Paolo 105f.
Blücher, Gebhard Leberecht von 16, 18
Brandenburg, Friedrich Wilhelm von 68, 70
Budberg, Aleksandr A. 125, 133
Bülow 69f.
Bulygin, Aleksandr Grigorevič 119f., 123f., 130

Cabella, Cesare 107
Carlo Alberto, König von Sardinien 67, 100f., 104, 106–112, 126
Carlos María Isidro di (s. Borbone, Carlos María Isidro)
Castaños, Francisco Javier 78
Castlereagh, Robert Stewart 15–18, 36, 48, 52
Caulaincourt, Armand Augustin Louis 16–19
Cavour, Camillo di 107f., 110f.
Cea Bermúdez, Francisco 85–87
Christian IX., König von Dänemark 127

Coigny, Aimée de 26
Comellas, José Luis 82
Corsini, Neri 112
Czartoryski, Adam 37f., 40f., 43, 45f., 50–53
Czartoryski, Adam Kazimierz 37
Czartoryski, Konstantin 37

Dąbrowski, Jan Henrik 42f.
Dambray, Charles-Henri 30
Derossi di Santa Rosa, Pietro 110
Des Ambrois de Nevâche, Luigi Francesco 110
Doria, Andrea 107

Ermolov, Aleksej Sergeevič 118, 121
Esterházy, Paul Anton 20

Ferdinand I., König beider Sizilien 14, 97–100
Ferdinand II., König beider Sizilien 67, 104–106, 109, 113f.
Ferdinand III., Großherzog von Toskana 61
Ferdinand VII., König von Spanien 11f., 33, 76–87, 89, 92–95
Feuerbach, Anselm 66
Ficquelmont, Karl Ludwig von 14, 100
Fouché, Joseph 28
Franz I., Kaiser von Österreich 15, 35, 57
Franz Joseph, Kaiser von Österreich 57, 114, 139
Frederiks, Vladimir Borisovič 125
Friedrich I., König von Württemberg 62
Friedrich August I., König von Sachsen 35, 41
Friedrich Wilhelm II., König von Preußen 37
Friedrich Wilhelm III., König von Preußen 15, 20f., 35, 41, 46, 66
Friedrich Wilhelm IV., König von Preußen 11, 13f., 67–73, 126

Gentz, Friedrich von 18–20
Georg IV., König von England 15
Gerlach, Leopold 68
Ghisalberti, Carlo 104
Giovanetti, Giacomo 110
Girón, Pedro Augustín 83
Godoy, Manuel de 75f.
Goremykin, Ivan Logginovič 125
Goya, Francisco de 77
Grünthal, Günther 70
Gučkov, Aleksandr Ivanovič 130–132

Hardenberg, Karl August von 17
Heinrich IV., König von Frankreich 27

Ignat'ev, Aleksej Pavlovič 134
Isabella II., Königin von Spanien 85–88, 90, 93–95
Istúriz, Francisco Javier de 91

Jakob II., König von England 23
Jérôme Bonaparte, König von Westphalen 62
Joseph Bonaparte, 1806 König von Neapel, 1808 König von Spanien 20f., 77f., 81f., 97, 105
Junot, Jean Andoche 76

Kann, Robert A. 12
Karl, Großherzog von Baden 65
Karl IV., König von Spanien 75–77, 85
Karl X., König von Frankreich 27f., 50, 52
Karl Friedrich, Großherzog von Baden 55
Katharina II., Kaiserin von Russland 37, 48
Klenze, Leo von 63
Kočubej, Viktor Pavlovič 38
Kondylis, Panajotis 12f.
Korf, Pavel Leopol'dovič 132f.
Kościuszko, Tadeusz 37
Kurland, Anna-Charlotte-Dorothea von Medem, Herzogin von 22
Kuzmin-Karavaev, Vladimir Dmitrjevič 121

La Harpe, Frédéric-César de 37
La Plenargia 109

La Rive, Mathilde de 111
Lambrechts, Charles-Joseph-Mathieu 23
Langewiesche, Dieter 138
Lanskoj, Vasilij S. 35
Leopoldo II., Großherzog von Toskana 67, 104, 111–114
List, Friedrich 117
Liverpool, Robert Jenkinson, Earl of 48
Louis-Philippe, König der Franzosen 26
Ludwig IX., der Heilige, König von Frankreich 55
Ludwig XIV., König von Frankreich 22
Ludwig XVI., König von Frankreich 8, 15, 24f., 27, 78, 139f.
Ludwig XVII. (s. Bourbon, Louis Charles de)
Ludwig XVIII., König von Frankreich 7–9, 12, 14f., 18, 22, 24–34, 36, 50, 52, 55, 59, 61, 64, 70, 72, 79f., 82, 92, 94, 98, 119f., 130, 135, 140
Luisa, Königin von Spanien 75–77

Manteuffel, Otto von 70
Maria II. Stuart, Königin von England 27
Maria Cristina, Königin von Spanien 85–88, 90f., 93–95
Marie-Luise von Habsburg, Kaiserin von Frankreich 20, 27
Marija Fedorovna, Kaiserin von Russland 127–130
Marmont, Auguste-Frédéric-Louis Viesse de 20, 27
Martina, Giacomo 101
Martínez de la Rosa, Francisco 88–88
Masséna, André 78
Maximilian Joseph, König von Bayern 60f., 64f.
Mesonero Romanos, Ramón de 81
Metternich, Clemens Wenzel von 14–18, 20, 52, 60, 98–100, 103, 105
Miljukov, Pavel Nikolaevič 119
Mirabeau, Honoré Gabriel de Riqueti 7
Miraflores (s. Pando Fernández de Pinedo, Manuel)

Montesquieu, Charles de Secondat, baron de la Brède et de 58
Mortier, Adolphe-Édouard-Casimir-Joseph 20
Murat, Joachim, König von Neapel 76f., 97

Napoleon I., Kaiser der Franzosen 7, 10–12, 14–28, 30f., 33, 35, 39–47, 51f., 55–62, 64, 67, 72, 75–79, 82, 92, 97, 137
Napoleon III. 114
Naryškina, Marija Antonovna 42
Nelson, Horatio 39
Nesselrode, Karl Robert von 21, 46f.
Nikolaus I., Kaiser von Russland 53
Nikolaus II., Kaiser von Russland 117–135
Novosil'cev, Nikolaj Nikolaevič 35, 38, 50f.

Obolenskij, Aleksis Dmitrjevič 124, 132
Obolenskij, Nikolaj Dmitrjevič 123
Ogiński, Michał 44f.
Orlov, Vladimir Nikolaevič 124

Pando Fernández de Pinedo, Manuel, Marqués de Miraflores 86f.
Paul I., Kaiser von Russland 38
Pfuel, Ernst von 68
Philipp II., König von Spanien 23
Pietracatella Ceva Grimaldi, Francesco 105
Pius IX. 67, 101–106, 113–115
Pozzo di Borgo, Carlo Andrea 47

Radowitz, Joseph Maria von 13f., 68f., 137
Razumovskij, Andrej Kirillovič 16
Rebmann, Andreas Georg Friedrich 61
Ricasoli, Bettino 112
Riego, Rafael del 83f.
Romanov, Konstantin Pavlovič 50
Romanov, Nikolaj Nikolaevič 125

Romanov, Sergej Aleksandrovič 118
Roosevelt, Theodore 118
Rotteck, Carl von 66

Schönborn-Wiesentheid, Franz Erwein von 63
Schulze-Delitzsch, Hermann 68
Schwanebach, P. K. 120
Schwarzenberg, Karl Philipp zu 21
Scott, Walter 91
Serracapriola, Nicola Maresca di 105
Sieyès, Emmanuel Joseph 7
Šipov, Dmitrij Nikolaevič 130–133
Sol'skij, Dmitrij Martynovič 117, 128, 134
Speranskij, Michail Michajlovič 130
Stein, Karl vom 19, 47, 58f.
Stroganov, Pavel Aleksandrovič 38
Struve, Petr Berngardovič 118

Talleyrand-Périgord, Charles Maurice de 15, 21–23, 26f., 29
Tomás Villarroya, Joaquín 90
Trepov, Dmitrij Fedorovič 124, 127
Türckheim, Johann von 58

Vakulenčuk, Grigorij Nikitič 121
Varnhagen von Ense, Karl August 72
Verner, Andrew M. 133
Viktor Emanuel I., König von Sardinien 97
Viktor Emanuel II., König von Sardinien 115
Vitte, Sergej Jul'evič 117f., 121–130, 132–135
Voroncov, Aleksandr Romanovič 38

Weber, Max 135
Wellesley, Arthur, Duke of Wellington 78
Wilhelm I., König von Württemberg 16
Wilhelm III., König von England 27
Wunder, Bernd 58
Wybicki, Józef 43

Zajączek, Józef 50

www.ingramcontent.com/pod-product-compliance
Lightning Source LLC
Chambersburg PA
CBHW030807100426
42814CB00002B/36